桥梁结构用耐久性混凝土设计与施工手册

Handbook for Design and Construction of Durability Concrete for Bridge Structures

张 雄 主 编

陈艾荣 张永娟 副主编

人民交通出版社

内 容 提 要

为了使桥梁混凝土结构设计适应我国科学发展观和现代化建设的需要，真正做到安全、适用、经济、合理，本书从材料组成与性能设计的角度提出桥梁结构用耐久性混凝土的设计和施工方法。手册共分为总则、术语及符号、基本规定、混凝土原材料的选择、桥梁用耐久性混凝土配合比设计、耐久性混凝土质量控制指标及评定方法以及附录七大部分。附录部分主要介绍耐久性混凝土性能测试和评价方法。

本书适合桥梁结构设计人员、桥梁结构用混凝土制备技术人员及施工技术人员参考使用。

图书在版编目(CIP)数据

桥梁结构用耐久性混凝土设计与施工手册/张雄主编.
—北京：人民交通出版社，2012
ISBN 978-7-114-10247-9

Ⅰ. ①桥… Ⅱ. ①张… Ⅲ. ①钢筋混凝土桥—桥梁结构—结构设计—技术手册②钢筋混凝土桥—工程施工—技术手册 Ⅳ. ①U448.34-62

中国版本图书馆 CIP 数据核字(2012)第 294041 号

书　　名：桥梁结构用耐久性混凝土设计与施工手册
著 作 者：张　雄
责任编辑：曲　乐　卢俊丽
出版发行：人民交通出版社
地　　址：(100011)北京市朝阳区安定门外外馆斜街 3 号
网　　址：http://www.ccpress.com.cn
销售电话：(010)59757973
总 经 销：人民交通出版社发行部
经　　销：各地新华书店
印　　刷：北京交通印务实业公司
开　　本：787 × 1092　1/16
印　　张：15.25
字　　数：246 千
版　　次：2013 年 1 月　第 1 版
印　　次：2013 年 1 月　第 1 次印刷
书　　号：ISBN 978-7-114-10247-9
定　　价：56.00 元

前　言

《桥梁结构用耐久性混凝土设计与施工手册》针对现行桥梁混凝土结构设计与施工规范主要考虑荷载作用下结构承载力(强度)安全性与适用性的需要,较少顾及结构长期使用过程中环境作用引起材料性能的劣化对结构安全性及适用性的影响而制定。桥梁结构的耐久性问题,不仅会增加使用过程中的维修费用,影响桥梁的正常运营,而且会降低结构的服役年限,严重浪费资源。目前正值国家交通大开发阶段,各项工程特别是桥梁工程正处在兴建阶段,为使桥梁混凝土结构设计适应我国科学发展观和现代化建设的需要,真正做到安全、适用、经济、合理、耐久,特从材料组成和性能设计的角度编写本手册供设计、材料和施工技术人员使用。

本手册提出桥梁结构用耐久性混凝土(以下简称耐久性混凝土)技术路线;明确了耐久性混凝土设计原则、环境等级划分和耐久性指标设计方法;对耐久性混凝土各项原材料选用提出具体要求,并制定了耐久性混凝土配合比设计基本原则和方法;就耐久性混凝土的质量控制指标及评定方法加以规范;附录部分提供耐久性混凝土各项性能试验与评价方法。

本手册为西部交通科技项目"混凝土桥梁耐久性设计方法和设计参数研究"的主要研究成果之一。该项目由同济大学等六家单位联合承担,历时五年,开展了混凝土桥梁设计理论、方法、参数等方面大量的基础研究工作。项目研究还编制了《公路桥梁混凝土结构耐久性设计指南》,形成了一批重要的研究成果。该项目同时也是交通运输部组织的交通运输重大专项"桥梁耐久性关键技术研究"中的子课题一。

本手册由同济大学张雄教授担任主编,陈艾荣教授、张永娟教授担任副主编。参编人员还有同济大学沈中林、周云、高翔、廖晓敏、闫文涛、冷达、赵明、苏卿、潘子超、尹志逸等。

由于编者水平的局限性,手册难免有不妥之处,诚请广大读者批评指正。

编　者

2011-10-05

目　　录

1 总　　则

1.0.1　为了使耐久性混凝土在桥梁工程中得到合理应用，做到技术先进、经济合理、安全适用，确保耐久性混凝土结构在规定的使用年限内安全可靠地工作，特制定本手册。

1.0.2　本手册为设计和施工人员提供不同环境作用下桥梁结构用耐久性混凝土设计与施工的基本原则。

条文说明

现行的桥梁混凝土结构设计与施工规范，主要考虑荷载作用下结构承载力(强度)安全性与适用性的需要，较少顾及结构长期使用过程中环境作用引起材料性能的劣化对结构安全性及适用性的影响。耐久性不足，不仅会增加使用过程中的修理费用，影响工程的正常使用，而且会降低结构的使用年限，严重浪费资源。目前正值国家交通大开发阶段，各项工程特别是桥梁工程正处在兴建阶段，为使桥梁混凝土结构设计能适应我国科学发展观和现代化建设的需要，真正做到安全、适用、经济、合理，特从材料设计的角度编写本手册供设计和施工人员使用。

1.0.3　本手册主要适用于桥梁、涵洞、隧道等普通钢筋混凝土结构和预应力混凝土结构。对于特殊的环境(腐蚀、冻融、磨蚀、机械磨损和冲击等)以及生产、使用、排放或储存各种有害化学腐蚀物质的构筑物，应参照专门的标准进行设计，但本手册提供的原则和数据对这些环境和构筑物的设计有一定的参考价值。

条文说明

本手册是针对使用年限为100年桥梁混凝土的耐久性设计。本条所说的特种混凝土,是指所用胶凝材料或集料有别于普通硅酸盐水泥或普通砂石集料的混凝土,如耐火混凝土、防辐射混凝土以及轻集料混凝土等。高性能混凝土只反映混凝土的一种质量指标,不在特殊混凝土之列。特殊腐蚀环境以及生产、使用、排放或储存各种有害化学腐蚀物质的结构混凝土也往往并不使用普通混凝土材料。

1.0.4 本手册考虑的常见环境作用因素有:温度、湿度(水分)及其变化,空气中的氧、二氧化碳和空气污染物(盐雾、二氧化硫、汽车尾气、酸雨等),所接触的土体与水体中的氯盐、硫酸盐、镁盐、碳酸盐等物质,碳化环境、磨蚀环境(风蚀,流冰、泥沙冲刷)及冰浪撞击等因素,还有寒冷地区为溶化降雪而喷撒的化学除冰盐等。本手册不涉及振动与磨损等力学作用对耐久性的影响,也不涉及生物作用、辐射作用与电磁作用。

条文说明

材料的耐久性是在各种作用下长期维持其原设计性能的能力。荷载长期作用下的耐久性如持久强度、疲劳强度等通常在结构的承载力(强度)设计中已予考虑,本规范所指的耐久性则为环境腐蚀作用下的耐久性。环境对混凝土结构的腐蚀作用主要体现为钢筋的锈蚀和混凝土的腐蚀或损伤。

钢筋锈蚀的生成物体积膨胀,导致混凝土顺筋开裂和混凝土保护层剥落,锈蚀会损害钢筋与混凝土之间的黏结力,削弱钢筋的截面面积,并使钢筋变脆,从而影响结构的适用性(裂缝和表面锈迹)和安全性。正常情况下混凝土呈高碱性,此时在钢筋表面会形成钝化膜,隔绝水分和氧气与钢筋接触,保护钢筋。有两种情况会导致钝化膜失效:一种是碳化作用,一种是氯盐的侵入。

对混凝土材料造成腐蚀或损伤的环境作用主要有反复冻融以及水、土介质中的盐、酸等化学腐蚀。混凝土内的孔隙水经反复冻融而逐渐达到临界饱和度后,冰冻产生的压力很快就会使混凝土的表层崩裂,并发展到剥落及骨料裸露。硫酸盐与混凝土中的水化产物$Ca(OH)_2$和水化铝酸钙发生化学作用生成石膏和钙矾石,这两种反应均可发生体积膨胀而使混凝土开裂剥落;此外,在干湿交替的环境下,侵入混凝土毛细孔隙中的硫酸盐溶液浓度会不断增加至过饱和而结晶,对孔壁产生的极大结晶压力会使混凝土遭到破坏。酸会与 $Ca(OH)_2$ 及其他含钙产物反应,破坏混凝土内部结构和密实性。空气中的二氧化硫与水结合形成酸雨,对混凝土有很大的侵蚀作用,还会与水泥组分反应生成有害的硫酸盐。除冰盐不但能对钢筋造成严重腐蚀,而且对表层混凝土也有很大的破坏作用,使表层起皮剥落。高水胶比、密实性差的混凝土,在中性水的渗透下也能使 $Ca(OH)_2$ 析出。环境作用对混凝土的侵蚀与损伤首先发生在表层混凝土,使混凝土截面或混凝土材料强度受到损失。

1.0.5 由于本手册是针对桥梁耐久性混凝土而制定的规范,除了一般的环境特点外,桥梁混凝土所要面对的特殊环境特点还有:一是部分地区沙漠化面积大。沙漠环境中时常有沙尘暴发生,高速的风沙对各种设施的保护层冲刷作用较强,使保护层材料受到机械磨蚀而过早地失去保护作用。二是部分地区大面积的盐碱荒漠和戈壁滩。风沙卷起的粉尘中带有大量的盐粒子沉降在材料表面,这些沉降物极易吸潮,对一些金属材料产生腐蚀作用。三是存在着较严重的酸雨大气环境,对材料腐蚀产生加速作用。四是高原环境。高海拔、强紫外线都会对高分子材料产生较严重的老化破坏作用。五是盐湖及咸水湖环境。这种介质环境对材料的腐蚀破坏比较特别。六是昼夜温差大。温度的变化及其引发的干湿交替会影响混凝土的耐久性质量。

条文说明

本手册是针对桥梁混凝土耐久性设计的,并结合某些特殊的地理和气候条件进行考虑。

1.0.6 对于桥梁耐久性混凝土的设计,除本手册做出的规定以外,在结构材料、结构构造、结构施工方面尚应符合国家标准及特殊环境作用下的行业标准。在结构设计方面执行现行《公路钢筋混凝土及预应力混凝土桥涵设计规范》(JTG D62)及《混凝土结构设计规范》(GB 50010);在施工技术方面执行现行《公路桥涵施工技术规范》(JTG/T F50)及《高性能混凝土应用技术规程》(CECS 207);在配合比设计方面参考现行《水工混凝土配合比设计规程》(DL/T 5330)及《普通混凝土配合比设计规程》(JGJ 55);评定标准应执行现行《混凝土结构耐久性评定标准》(CECS 220)。

条文说明

本手册的内容只是根据结构耐久性的需要,对现行桥梁混凝土结构设计、材料选用、质量检验规程的一种修正或补充,因此,本手册的要求与现行的规范或规程中的某些规定存在一些差别甚至有个别抵触之处实为必然。除本手册已经提到的以外,现行规范和规程中的其他规定根据工程要求一般还应参照执行。

1.0.7 规范实施应配备必要检测及试验设备和专业性人员。

1.0.8 由于环境的复杂性、不确定性与不确知性以及缺乏足够的经验和数据,目前尚难在设计阶段对混凝土结构的耐久性及其使用年限作出准确的预测。本手册所提供的只是一种基于现有认识的近似判断和估计,用于不同环境条件下结构用混凝土耐久性设计。本手册中的要求只是通常情况下为满足结构的安全性、适用性和可修复性的一般要求,设计人员要结合工程及所处环境的具体特点,如工程的重要性、环境作用的不确定性与不确知性、材料劣化导致结构失效的后果严重性、使用过程中进行维修的可行性等,必要时采取更为严格的要求。混凝土材料的耐久性与许多因素有关,通过专门的论证,可以修正和取代本手册的个别规定和要求。

1.0.9 本手册把环境作用类别和作用等级进行了细分,根据密实性、抗蚀性、抗裂性三大指标,选择原材料进行桥梁混凝土配合比设计,最后进行质量检验。

条文说明

环境作用下混凝土结构的耐久性设计方法,应在规定的环境作用下,满足结构设计的使用年限要求。混凝土结构耐久性设计不可能是一门精确的科学,即使在结构的承载力(强度)设计中,许多要求也是近似的工程判断,在设计配合比时很可能各项指标有冲突,但设计人员可以根据优先选择原则进行配合比设计。同样,本手册提出的耐久性设计要求有很多是根据经验并结合大量的工程实例总结出来的，可以把该手册看成是为满足不同环境作用条件需要而设定的一种标准。

本手册以传统的设计方法为基础，简单易行，便于工程技术人员掌握和使用。此外，对环境类别和环境条件及其作用等级作了细化，对设计使用年限提出的要求为100年，根据密实性、抗蚀性、抗裂性三大指标进行混凝土耐久性配合比设计。尽管如此，本手册仍有许多不足之处，所以如有可靠的依据并经过专门的论证，应能修正和取代本手册中的某些规定和要求。

2 术语及符号

2.1 术语

2.1.1 混凝土结构耐久性(Durability of concrete structure)

在预定作用和预期的维护与使用条件下,结构及其部件能在预定的期限内维持其所需的最低性能要求的能力。

2.1.2 环境作用(Environmental effect)

能引起结构材料性能劣化或腐蚀的环境因素如温度、湿度及各种有害物质等施加于结构上的作用。

2.1.3 腐蚀(Corrosion)

材料与周围的环境因素发生物理、化学或电化学反应而受到的渐进性损伤与破坏。对钢材则为锈蚀。

2.1.4 劣化(Deterioration)

材料性能随时间逐渐降低。

2.1.5 外部劣化因素(External worsening factors)

导致混凝土结构性能降低的外部环境原因。

2.1.6 内部劣化因素(Internal worsening factors)

导致混凝土和混凝土结构性能降低的内在原因。

2.1.7 允许劣化状态(Allowable deterioration state)

随着混凝土结构性能降低而出现的劣化状态中,尚能满足结构正常使用要求的最低性能状况。

2.1.8 混凝土工作性(Workability of concrete)

混凝土宜于施工操作,满足施工要求的性能的总称。

2.1.9 混凝土体积稳定性(Volume stability of concrete)

混凝土初凝后,能抵抗收缩或膨胀而保持原有体积的性能。

2.1.10 混凝土力学性能(Mechanical properties of concrete)

混凝土强度和受力变形性能的总称。

2.1.11 设计使用年限(Designed service life)

设计人员用以作为结构耐久性设计依据并具有足够安全度或保证率的目标使用年限。设计使用年限应由业主或用户与设计人员共同确定,并满足有关法规的要求。

2.1.12 结构使用年限(Service life of structure)

结构建造完成后,在预定的使用与维护条件下,结构的所有性能(如安全性、适用性)均能满足原定要求的实际使用年限。

2.1.13 混凝土耐久性设计强度(Designed strength for durability of concrete)

满足混凝土结构耐久性要求的最低强度。

2.1.14 胶凝材料(Cementitious material or binder)

用于配制混凝土的水泥与粉煤灰、磨细矿渣粉和硅灰等活性矿物掺和料的总称。矿物掺和料掺量以其占胶凝材料总量的百分比计。

2.1.15 水胶比(Water to binder ratio)

混凝土配合比中的用水量与胶凝材料总量之比。

2.1.16 混凝土侵入性(Penetrability of concrete)

表达外部物质(水,气,及溶于水、气中的其他分子和离子等)入侵到混凝土内部难易程度的混凝土性能。根据入侵物质的不同传输机理与特征,常用渗透系数、扩散系数、吸收率等不同参数表示,作为混凝土材料耐久性的综合度量指标,混凝土侵入性又常被称为渗透性(permeability),但渗透(permeation)通常单指水或溶液在压力差驱动下的传输,并用渗透系数表示渗透性。

2.1.17 扩散(Diffusion)

流体中的分子或离子通过无序运动从高浓度区向低浓度区的传输,其驱动力为浓度差。

2.1.18 混凝土的氯离子扩散系数(Chloride diffusion coefficient of concrete)

表示混凝土中氯离子扩散性的一个参数。氯离子在混凝土中的扩散是溶于混凝土孔隙水中的氯离子从高浓度区向低浓度区的传输。因为氯离子可以同时通过扩散、渗透和吸附等不同机理侵入到混凝土内部,并在传输过程中有部分氯离子与水泥水化产物相结合,所以通过试验和计算得到的扩散系数有时在一定程度上也包含了其他传输机理与被结合等因素的影响。

2.1.19 混凝土中氯离子迁移的电通量(Chloride diffusion charge of concrete)

按照 ASTM C1202,氯离子在60V 直流电压作用下 6h 内迁移通过混凝土的电量,可作为快速评价混凝土密实性的一个参数。

2.1.20 混凝土耐久性指数 DF(Durability factor)

反映混凝土抗冻性能的一个指标,用混凝土标准试件和标准试验方法经规定次数快速冻融循环试验后的动弹性模量与初时弹性模量的比值表示。

2.1.21 含气量(Entrained air content)

混凝土中掺入引气剂后,在混凝土内形成大量球形微气泡,气泡体积与混凝土体积之比即为含气量。这些气泡相邻边缘之间距离的平均值称为气泡间距系数(air bubble spacing)。

2.1.22 钢筋的混凝土保护层最小厚度(Minimum concrete cover to reinforcement)

为防止钢筋锈蚀,从混凝土表面到最外层钢筋最外缘所必需的混凝土最小厚度。

2.1.23 附加防腐蚀措施(Additional protective measures)

在采取改善混凝土密实性和增加钢筋的混凝土保护层厚度等常规措施仍不足以保证结构的耐久性时所需要进一步采取的其他措施。

2.1.24 养护(Maintenance)

为维持结构或其构件在使用年限内所需功能而采取的各种经常性和周期性技术和管理活动。

2.1.25 维修(Repair or restore)

通过修补、更换或加固,使损伤的结构或其构件恢复到可接受的状态。按维修的规模、费用及其对结构正常使用的影响程度,可分为大修、中修和小修。大修时,修复活动需在一定期限内停止结构的正常使用,或需大面积置换结构构件中的受损混凝土,或需更换结构的主要构件。

2.1.26 可修复性(Restorability or repairability)

结构或其构件在所考虑的作用下受到损伤后能够经济合理地进行修复的能力。

2.1.27 大掺量矿物掺和料混凝土(Concrete with high volume mineral admixtures)

本手册所指的大掺量矿物掺和料混凝土,为单掺粉煤灰时的掺量不小于胶凝材料总量的30%(质量比),单掺磨细粒化高炉矿渣时的掺量不小于胶凝材料总量的50%;复合使用两种或两种以上的矿物掺和料时,其中的粉煤灰掺量不小于胶凝材料总量的30%,或各种矿物掺和料掺量之和不小于胶凝材料总量的50%。需水量很大的矿物掺和料如硅灰、沸石岩粉等不适合于大掺量,宜与其他矿物掺和料复合使用。

2.1.28 混凝土表面涂层(Surface protective membrane to concrete)

用无机或有机材料如树脂、橡胶或沥青类涂料分层涂刷于混凝土表面的防腐层,一般由底层、面层或有中间层的涂层组成。涂层的总厚度一般较薄。

2.1.29 饱水度(Degree of saturation)

混凝土内部孔隙的充水程度,为混凝土孔隙中水的总体积与孔的总体积的比值。混凝土的抗冻性能与其饱水度紧密相关。本手册将饱水度定性地分为中度饱水和重度饱水,作为冻融环境下划分环境作用等级的依据之一。

2.1.30 基准混凝土(Reference concrete)

对比试验用的不掺外加剂和掺和料的混凝土。

2.1.31 粉煤灰取代水泥率(Replacement rate from fly ash to cement)

基准混凝土中的水泥被粉煤灰取代的质量百分率。

2.1.32 超量取代法(Over replacement method)

为达到粉煤灰混凝土与基准混凝土等稠度、等强度的目的,粉煤灰的掺入质量超过其取代的水泥质量的配合比设计方法。

2.1.33 高性能混凝土(High performance concrete)

以耐久性为基本要求并用常规材料和常规工艺制造的水泥基混凝土。这种混凝土在配合比上的特点是掺加合格的矿物掺和料和高效减水剂,取用较低的水胶比和较少的水泥用量,并在制作上通过严格的质量控制,使其达到良好的工作性、均匀性、密实性和体积稳定性。

2.1.34 环氧涂层钢筋(Epoxy coated rebar)

将填料、热固性环氧树脂与交联剂等外加剂制成的粉末,在严格控制的工厂流水线上,采用静电喷涂ㄒ艺喷涂于表面处理过的预热钢筋上,形成一层坚韧、抗渗透、连续的绝缘涂层钢筋。

2.1.35 钢筋阻锈剂(Corrosion inhibitor)

能抑制混凝土中钢筋电化学腐蚀的化学物质。掺入型钢筋阻锈剂为掺加到新拌混凝土中的化学外加剂,主要用于新建工程;渗透型阻锈剂涂于混凝土表面并渗透到混凝土中,主要用于已有的工程修复。

2.1.36 混凝土表面硅烷掺涂(Silane coated concrete)

用硅烷类液体掺涂混凝土表层,使其具有低吸水率、低氯离子扩散率的防腐蚀措施。

2.1.37 混凝土防护面层(Protective layer)

涂抹、浇筑或覆盖在混凝土表面并与之牢固黏结的防护层,如水泥基聚合物砂浆抹面层,油毡防水面及玻璃钢面层等,防腐面层厚度远大于涂层。

2.1.38 耐久性混凝土的密实度指标(Compactness index of durability concrete)

用混凝土抵抗渗透性表征:其一用混凝土的氯离子电通量以及抵抗氯离子渗透的扩散系数表征;其二用混凝土抵抗压力水渗透能力表征。

2.1.39 耐久性混凝土的抗蚀性指标(Corrosion resistance index of durability concrete)

耐久性混凝土抗蚀性指标包括抗物理侵蚀指标和抗化学侵蚀指标两方面。抗物理侵蚀包括抗冻融、抗磨蚀;抗化学侵蚀包括抗碳化、抗硫酸盐、抗酸雨和抗碱集料反应。

2.1.40 耐久性混凝土的抗裂性指标(Crack resistance index of durability concrete)

用混凝土抵抗开裂的抗裂等级表征。

2.2 符号

$f_{cu,0}$—— 混凝土配制强度;

$f_{cu,k}$—— 混凝土设计龄期立方体抗压强度标准值；

σ—— 混凝土立方体抗压强度标准差；

Y—— 使用年限；

D—— 抗冻等级；

β—— 环境影响系数；

K_r—— 相对渗透系数；

D_m—— 平均渗水深度；

f_{ce}—— 水泥 28d 抗压强度实测值；

K—— 胶凝材料体系强度效应系数；

R_{28}—— 试验胶砂 28d 抗压强度；

R_{028}—— 对比胶砂 28d 抗压强度；

α_a、α_b—— 回归系数；

m_{b0}—— 每立方米混凝土的胶凝材料用量；

m_{c0}—— 每立方米混凝土的水泥用量；

m_{p0}—— 每立方米混凝土的矿物掺和料用量；

m_{g0}—— 每立方米混凝土的粗集料用量；

m_{s0}—— 每立方米混凝土的细集料用量；

m_{w0}—— 每立方米混凝土的用水量；

α—— 混凝土的含气量百分数；

δ—— 配合比校正系数；

$D_{RCM,0}$——RCM 法测定的混凝土氯离子扩散系数；

x_d—— 氯离子扩散深度；

C_0—— 混凝土表面 Cl^- 浓度；

D_{Cl}——Cl^- 在混凝土中的扩散系数；

KL—— 抗裂性能指标；

M—— 塑性指数；

R_c—— 混凝土中含碱量；

$P_{\omega c}$—— 拌和水的碱含量；

W_R—— 减水率；

B_R—— 泌水率之比；

B_t—— 掺外加剂混凝土泌水率；

B_c—— 基准混凝土泌水率；

T_t—— 掺外加剂混凝土的初凝或终凝时间；

T_c—— 基准混凝土的初凝或终凝时间；

R—— 贯入阻力值；

R_ε—— 收缩率比；

α—— 混凝土吸水率。

3 基本规定

3.1 设计原则

3.1.1 下列标准所包括的条文,通过在本技术条件中引用而构成为本技术条件的条文。本技术条件出版时,所示版本均为有效。所有标准都会被修订,使用本技术条件的各方应探讨使用下列标准最新版本的可能性。

铁建设 157 号　铁路混凝土结构耐久性设计暂行规定

科技基 101 号　客运专线高性能混凝土暂行技术条件

DB23/T 087　桥梁结构高耐久性混凝土设计与施工规程

CCES 01　混凝土结构耐久性设计与施工指南

JTJ 275　海港工程混凝土结构防腐蚀技术规范

JJG/T B07-01　公路工程混凝土结构防腐蚀技术规程

CECS 207　高性能混凝土应用技术规程

GB 175　通用硅酸盐水泥

GB 748　抗硫酸盐硅酸盐水泥

GB/T 176　水泥化学分析方法

JC/T 420　水泥原料中氯离子的化学分析方法

GB/T 1596　用于水泥和混凝土中的粉煤灰

GB/T 18046　用于水泥和混凝土中的粒化高炉矿渣粉

GB/T 18736　高强高性能混凝土用矿物外加剂

JGJ 52　普通混凝土用砂、石质量及检验方法标准

GB/T 14684　建设用砂

TB/T 2922.1　铁路混凝土用骨料碱活性试验方法　岩相法

TB/T 2922.4　铁路混凝土用骨料碱活性试验方法　岩石柱法

TB/T 2922.5　铁路混凝土用骨料碱活性试验方法　快速砂浆棒法

TB/T 3054　铁路混凝土工程预防碱—骨料反应技术条件

GB/T 8077　混凝土外加剂匀质性试验方法

GB 8076　混凝土外加剂

JC 473　混凝土泵送剂

JGJ 63　混凝土用水标准

GB 50010　混凝土结构设计规范

JGJ 55　普通混凝土配合比设计规程

DL/T 5330　水工混凝土配合比设计规程

CECS 220　混凝土结构耐久性评定标准

GB/T 50080　普通混凝土拌和物性能试验方法标准

GB/T 50081　普通混凝土力学性能试验方法标准

GB/T 50082　普通混凝土长期性能和耐久性能试验方法标准

GB/T 749　水泥抗硫酸盐侵蚀试验方法

JC/T 421　水泥胶砂耐磨性试验方法

JGJ/T 10　混凝土泵送施工技术规程

TB 10426　铁路工程结构混凝土强度检测规程

DL/T 5150　水工混凝土试验规程

3.1.2　本手册为设计使用年限为100年的桥梁结构用耐久性混凝土参考使用。

根据桥梁所处的环境及不同部位来设计结构类别和工作寿命，见表3.1-1。当环境条件特别恶劣、严酷，采取较高的耐久性受技术的制约不再经济时，经主管部门同意，可按较低的设计寿命进行设计。

表3.1-1　结构设计工作寿命

结构物名称	设计工作寿命
特大型桥梁，如跨海大桥	>100年
大型桥梁，如运河上的大桥和公路立交桥	>70年
低等级公路上的中小型桥梁，湖上桥梁	>50年
桥梁上可更换构件（桥面伸缩缝、吊杆、拉索、支撑杆、栏杆等）	>30年

条文说明

1)设计使用年限(设计工作寿命)是混凝土结构在正常使用和维护条件下,能够保持其使用功能而无需进行大修加固的时间,也是设计人员向业主或用户说明并据以设计的结构约定使用寿命。寒冷地区工程结构处于不良、恶劣或严酷环境作用下,大型桥梁或高等级公路上的混凝土桥梁设计使用年限为100年以上。

2)钢筋锈蚀与使用年限的关系

海工混凝土钢筋锈蚀破坏主要是由于海水中氯离子的渗透破坏钢筋钝化膜而引起。海工混凝土中钢筋锈蚀过程可分以下2个阶段,见图3.1-1。

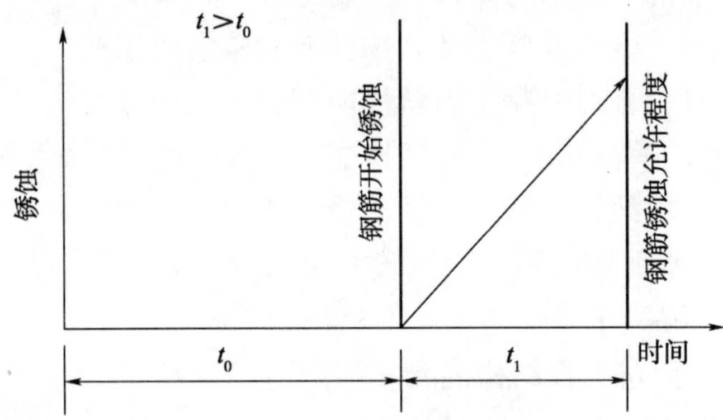

图3.1-1　混凝土中钢筋锈蚀模型示意图

(1)预备阶段:从浇筑混凝土时到氯离子侵入混凝土致使钢筋去钝化,即钢筋开始锈蚀时止,这段时间以 t_0 表示。

(2)发展阶段:从钢筋开始锈蚀发展到严重锈蚀,以致结构破坏到不能再安全使用时止,这段时间以 t_1 表示。

可以说 t_0 是真正的结构安全使用期,最保守的使用年限预测应当是 t_0 的预测。由于这一阶段主要是氯离子在混凝土中的传输,故可用Fick第二定律对 t_0 进行预测,见式(3.1-1)。

$$C(x,t) = C_0\left(1 - \mathrm{erf}\frac{x}{2\sqrt{D_{\mathrm{Cl}}}}\right) \tag{3.1-1}$$

式中:$C(x,t)$——t 时刻距离混凝土表面 x 处的 Cl^- 浓度;

C_0——混凝土表面 Cl^- 浓度;

D_{Cl}——Cl^-在混凝土中的扩散系数；

t——时间；

erf——误差函数。

例如在海洋环境中(以 NaCl 含量 3.5% 计)，$[Cl^-]/[OH^-]$临界值为0.6，钢筋保护层厚度 50mm，利用上述公式计算两种 Cl^-扩散系数的钢筋去钝化的时间见表 3.1-2。

表 3.1-2　Cl^-扩散系数与使用年限的关系

Cl^-扩散系数($10^{-10}cm^2/s$)	t_0(a)	Cl^-扩散系数($10^{-10}cm^2/s$)	t_0(a)
30	20	5	120

由此可见，混凝土密实度提高，使 Cl^-扩散系数减小，则使用年限大大延长，可达 100 年以上，混凝土中 Cl^-扩散系数与其渗透性的关系见表 3.1-3，现行行业标准《海港工程混凝土结构防腐蚀技术规范》(JTJ 275—2000)规定高性能混凝土(HPC)抗氯离子渗透性以通电量表示，并要求≤1000 C，但这仅是对使用年限 50 年而言。ASTM C1202 标准规定，当混凝土通电量小于 100C 时，可忽略其 Cl^-渗透性，见表 3.1-4。因此，耐用 100 年以上海工混凝土的 Cl^-渗透系数应$\leq 5\times10^{-10}cm^2/s$ 或通电量 <100C。

表 3.1-3　Cl^-渗透性分级与 Cl^-扩散系数的关系

Cl^-扩散系数($10^{-10}cm^2/s$)	Cl^-渗透性	Cl^-扩散系数($10^{-10}cm^2/s$)	Cl^-渗透性
>1000	很高	500 ~ 1000	高
100 ~ 500	中	50 ~ 100	低
5 ~ 50	很低	<5	可忽略

表 3.1-4　Cl^-渗透性分级与通电量的关系

通电量(C)	Cl^-渗透性	通电量(C)	Cl^-渗透性
>4000	高	2000 ~ 4000	中
1000 ~ 2000	低	100 ~ 1000	很低
<100	可忽略		

3)抗冻性与使用年限的关系

对有冻融破坏的北方海工混凝土工程而言，可用式(3.1-2)表述混凝土抗冻等级与使用年限的关系：

$$Y=\beta\frac{DR}{N} \tag{3.1-2}$$

式中：Y——使用年限(a)；

D——抗冻等级；

R——室内1次冻融循环相当于天然冻融的循环次数(次)，取15；

N——每年天然冻融循环次数(次/年)；

β——环境影响系数，取0.5。

例如天津新港使用年限100年的混凝土抗冻等级可按式(3.1-2)计算推求如下：

$$D=\frac{YN}{\beta R}=\frac{100\times 82}{0.5\times 15}=1093$$

因此天津新港设计使用年限100年的混凝土工程应选择混凝土抗冻等级≥F1100。

3.1.3 桥梁混凝土应针对混凝土结构所处的环境和预定功能进行耐久性设计。应选用适当的水泥品种、矿物掺和料以及适当的水胶比，并采用适当的化学外加剂。尤其是桥梁海工混凝土，最好采用高性能混凝土。

条文说明

高性能混凝土(简称HPC)是保证结构耐久性的首选技术途径，关键在于：一是改变混凝土的孔隙结构，提高混凝土的抗渗、抗冻和抗碳化性能；二是防止温度裂缝产生和混凝土本身的收缩；三是抑制碱—集料反应，提高抗化学侵蚀能力。实际上，耐久性为HPC的首要控制指标，从混凝土结构的母体上使混凝土结构的使用年限得以延长，必然使混凝土结构的设计使用年限得到实质有效的保持。对设计使用年限为100年以上的海工混凝土必须采用HPC。现行行业标准《海港工程混凝土结构防腐蚀技术规范》(JTJ 275—2000)在国内率先将HPC写入规范，可见HPC在实现海工混凝土耐久化方向上的应用和推广的必然性。

实现海工混凝土耐久化的根本技术是采用HPC。结合国内外HPC的大量资料，提出下述几点建议：

(1)必须采用HPC；

(2)HPC必须掺入第5组分高效减水剂和第6组分高效活性细矿物掺和料；

(3)制订详细的试验计划；

(4)执行质量保证体系;

(5)设计者应适当增加钢筋保护层厚度,建议75mm;

(6)设计使用年限为100年以上的HPC建议采用的性能指标:①高抗冻性,建议≥F600;②高阻止钢筋锈蚀性,Cl^-渗透系数≤$5\times10^{-10}cm^2/s$或通电量<100C;③强度等级≥C80;④高体积稳定性,收缩应变<600×10^{-6},水位变动区及浪溅区无裂缝;⑤抑制碱—集料反应,碱含量≤$3kg/m^3$,水泥碱含量<0.6%;⑥适宜的工作性,满足混凝土成形密实;⑦最大水胶比为0.30;⑧胶凝材料用量为400~$500kg/m^3$,最低水泥用量$360kg/m^3$。

3.1.4 桥梁混凝土必须具有设计要求的强度等级,在设计使用年限内必须满足结构承载和正常使用功能要求。

条文说明

本条规定了桥梁混凝土必须保证混凝土配合比设计所要求的强度等级,保证结构在所处环境条件下的耐久性,使结构在设计使用期内有足够的承载安全性和满足正常使用功能。结构设计所需要的强度等级和抵抗环境作用的耐久性,这两方面是混凝土结构耐久性设计的基础。

3.1.5 按桥梁混凝土有关技术指标提出混凝土耐久性的施工质量控制和工程质量保证要求。不但要保证混凝土的工作性能和强度性能,更要保证混凝土的耐久性能,对其密实性、抗裂性和抗蚀性提出具体的指标要求。

条文说明

环境作用下的结构耐久性设计,其基本目标是在结构的设计使用年限内,考虑到环境因素可能引起的材料性能劣化后,仍能保证结构应有的安全性与适用性。由于材料性能劣化是一个长期的过程,在混凝土结构腐蚀到丧失安全性并进入承载力极限状态以前,通常会首先出现混凝土上表面剥蚀、锈迹、裂缝,并进而发展到顺筋开裂、混凝土保护层剥落等有碍适用性的迹象,所以一般说来,结构的使用年限首先与适用性失效的极限状态相联系。结构的使用年限还可以通过修复延长,从可修复的角度看,不能等到结构已临近承载能力极限状态时再进行修复,这样付出的代价更大,所以结构的使用年限又与可修复性的极限状态有关。对混凝土耐久性设计主要考虑三个方面：密实性、抗蚀性、抗裂性。

3.1.6 桥梁混凝土破坏原因有物理作用和化学作用。物理作用有：海浪冲刷、冰冻作用、盐类结晶膨胀和风蚀作用等；化学作用有：SO_4^{2-}、Cl^-、Mg^{2+}腐蚀，钢筋锈蚀，CO_2侵蚀，碱—集料反应，微生物腐蚀，碳化，干湿交替等。作用于桥梁的部位分为桥梁基础、墩台、主梁、桥面板、桥面混凝土、拉索、吊杆、支撑杆件、栏杆、伸缩缝等。桥梁混凝土结构及其构件的耐久性应根据不同的设计使用年限及其相应的极限状态和不同的环境类别及其作用等级进行设计。同一结构中的不同构件或同一构件中的不同部位由于所处的局部环境条件有异，应予区别对待。结构耐久性设计必须考虑施工质量控制与质量保证对结构耐久性的影响，必须考虑结构使用过程中的维修与检测要求。

条文说明

1)桥梁破坏特征

在所调查的几十座桥梁中，其破坏特征可概括为以下几个方面。

(1)破坏部位

主梁、盖梁、桥面板、桥墩、护栏都有破坏，但边梁的破坏最为严重，中梁尚完好，所调查的T形梁桥和板梁都是如此。

(2)破坏形式

①钢筋严重锈蚀，混凝土严重开裂，甚至成块脱落，许多桥梁钢筋锈蚀已经到了非常严重的程度。有的桥梁早已开裂，并进行了修补，但修补后又开裂了。从脱落于地面上的混凝土块可以看到其表面上锈迹斑斑。保护层脱落后，钢筋直接外露，更加剧了其锈蚀。

②混凝土呈层状剥落。建于1989年的某桥挑梁的表面层已完全剥落，粗集料外露，钢筋也已外露，其断面尺寸已远小于原设计尺寸。

③溶蚀破坏。建于1989年的某桥梁的一个桥墩，其长期与侵蚀性水接触的部位约有10 cm厚的混凝土已被溶蚀掉。

2)桥梁破坏原因分析

根据破坏情况以及桥梁所处的环境，破坏原因可能有以下几个方面。

(1)物理化学原因

①Cl^-侵蚀,造成钢筋锈蚀,导致混凝土开裂。所调查的桥梁均处于盐碱地带,距海岸较近,空气中及与之接触的水中含有较高的Cl^-成分。有些桥梁靠近晒盐场,运盐车辆在其上通过时,有大量的盐粒洒落在桥面上。这些盐粒随雨水直接流至梁、板及桥墩上。众所周知,由于Cl^-的侵入,破坏了钢筋的钝化膜,引起钢筋生锈,而钢筋生锈是一个体积增大的过程,可导致混凝土开裂。混凝土的开裂又使得Cl^-更容易渗入,进而引起更严重的锈蚀及开裂,直至混凝土保护层完全脱落。

②硫酸盐侵蚀。硫酸盐侵蚀有两种类型:一种是钙矾石结晶型侵蚀,一种是石膏结晶型侵蚀。前者造成混凝土开裂,后者引起混凝土剥落或松散。从现场破坏形式看,两种形式都有可能存在。

③冻融破坏。某地区冬季气温一般在-10℃左右,低时可达到-15℃,冻融破坏造成混凝土开裂及砂浆剥落,粗集料外露、脱落等。

④碱—集料反应引起开裂破坏。我们对潍坊市及周边地区的几个主要石料场的集料进行了碱活性检验,其中某石料场检验结果如图3.1-2所示。从检验结果看,大部分石料场的集料是碱活性的。由此可见,不能排除碱—集料反应引起的破坏。

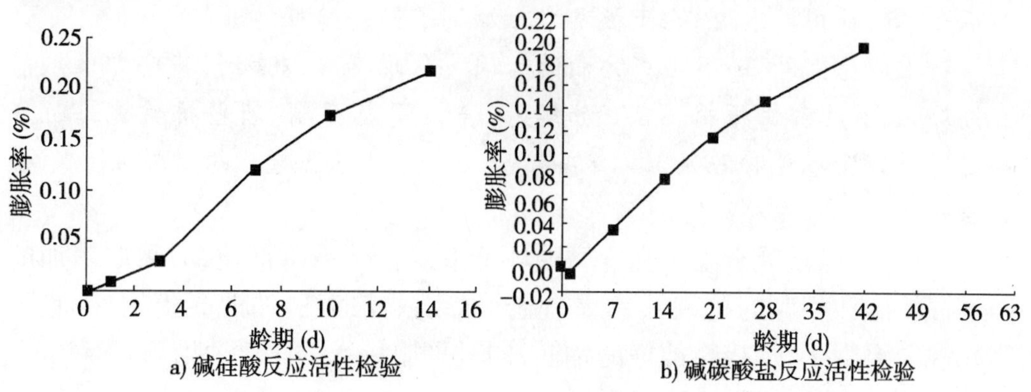

图3.1-2　某石料场集料的碱活性检验

⑤盐类结晶侵蚀。由于混凝土是多孔材料,盐分可以沿毛细孔隙进入混凝土内部。当水分蒸发时,孔溶液达到盐的饱和浓度,一方面由于侵蚀介质的浓度升高加速了化学侵蚀的速度,另一方面由于盐分析晶,可以产生很大的结晶膨胀力,导致混凝土开裂、剥落等破坏。研究显示NaCl在过饱和度等于2、温度为8℃时产生的结晶压力可达55.4 MPa,远远超过了混凝土的抗拉强度,足以使混凝土开裂。由盐类析晶引起的混凝土破坏程度有时

甚至比化学侵蚀还快、还严重。

⑥镁盐侵蚀。所调查的桥梁距海岸都很近，当涨潮时，海水可直接接触桥墩。海水中的大量Mg^{2+}可与混凝土浆体中的$Ca(OH)_2$生成溶解度极小的$Mg(OH)_2$和可溶性钙盐，直接导致水化硅酸钙(C－S－H)凝胶发生分解，使硅酸盐凝胶的胶结性能下降，造成溶蚀性破坏。

⑦碳化破坏。碳化使混凝土的碱度降低，当碳化深度超过钢筋保护层的厚度，到达钢筋表面时，可使钢筋脱钝，从而产生锈蚀。经对某座桥梁的检测，碳化深度为8.15 mm，局部已超过了保护层的厚度。因此，钢筋锈蚀除了上述Cl^-侵蚀作用外，还有碳化的作用。

(2)结构方面的原因

①钢筋保护层厚度过小。从已脱落处看到，保护层厚度大都在15～20mm之间，局部在15 mm以下。由于保护层过薄，就使得Cl^-在不长的时期内就可以渗透到钢筋表面，碳化层也易达到钢筋表面，造成锈蚀。

②桥面水的排放方式不当。桥面水排出后，直接流在梁上，有些桥尽管安装了排水管，但由于安装角度不当，部分水仍可回流至梁上。从调查情况来看，排水口处的破坏往往比较严重。这是由于上述物理化学侵蚀过程都离不开水的作用。水流在梁、板及墩上加剧了侵蚀过程的进行。

除上述原因外，还有施工方面的原因。从现场可以看到，某些部位钢筋直接外露，有些部位振捣不实、疏松多孔等。另据了解，有些桥梁施工时直接用当地的卤水拌和混凝土。这些都会大大地降低混凝土的耐久性。

3.1.7 当混凝土处于强烈腐蚀环境下或特殊承重部位，应采取附加的防腐蚀措施和相应的抗裂及承重措施。特别是浪溅区的混凝土构件，宜采用高性能混凝土、焊接性能好的钢筋，同时采用特殊的防腐蚀措施。

条文说明

桥梁混凝土结构防腐蚀是系统工程，必须在勘察、规划、设计、施工、使用等各个阶段就所涉及的防腐蚀问题进行细致的了解、分析和处理，各部门应通力合作共同完成。

混凝土结构要想获得良好的抗腐蚀耐久性，除要求结构选型和构造合理外，最主要的是保证混凝土质量，这是基础工作。再加上其他特殊防腐蚀措施的优化组合运用，从而起到多方面、多阶段的防护，使结构达到其使用寿命的概率更高。

在严重腐蚀环境下，如寒冷盐湖地区、严重酸雨地区、沙漠化严重风沙大的地区等，为了保证混凝土的使用年限，必须采用特殊防腐蚀措施，如预应力混凝土能有效地控制裂缝的产生，应优先采用，但必须保证结构有一定的延性，如在预应力构件中掺有一定数量的非预应力筋。

浪溅区的构件比较难维修，所以要采用焊接性能好的钢筋便于维修。

3.1.8 桥梁混凝土耐久性设计，应针对结构预定功能和所处的环境条件，选择合理的结构形式和构造，可以参照现行《海港工程混凝土结构防腐蚀技术规范》(JTJ 275)；还应满足相应的设计和施工要求，可以参照现行《公路工程混凝土结构防腐蚀技术规范》(JTG/T B07-01)。

3.1.9 桥梁耐久性混凝土设计包括：

(1)桥梁混凝土环境作用的类别和等级。

(2)根据环境和结构设计要求提出桥梁混凝土的密实性、抗裂性和抗蚀性的设计指标。

(3)根据耐久性混凝土的选用，提出混凝土原材料选用(水泥品种与等级，掺和料种类，集料品种、级配和质量要求，外加剂种类及掺和方法，水的要求)，混凝土配合比的主要参数(最大水胶比、最小水泥用量、最小胶凝材料用量、掺和料掺量等)及引气要求，根据要求提出混凝土的氯离子扩散系数、抗冻耐久性指数或抗冻等级等具体指标。在设计施工图和相应说明中，必须标明水胶比等与耐久性混凝土相关的重要参数和要求。

(4)耐久性混凝土的配合比设计，包括配制强度的确定，基本参数的确定，配合比的计算及配合比的试配、调整与确定。

(5)与混凝土耐久性有关的结构构造措施与裂缝控制措施。

(6)材料使用过程中的检测、质量控制和评定。

(7)当环境作用非常严重或极端严重时，应考虑是否需要采取防腐蚀附加措施，如局部选用环氧涂层钢筋，在混凝土组成中加入阻锈剂或水溶性聚合物乳液，在混凝土表面涂刷或覆盖防护材料或采用阴极保护等；此外，还可考虑在浇筑混凝土时采用特殊的织物衬里透水模板，以有效提高表层混凝土的密实性。采用防腐蚀措施，尤其是防腐蚀新材料和新工艺时，需通过专门的论证。

(8)对于特殊环境下和有特殊要求的桥梁混凝土,可根据具体情况进行混凝土配合比设计(海洋工程混凝土配合比设计、自密实混凝土配合比设计、大体积混凝土配合比设计、水下不分离混凝土配合比设计、抗冻融混凝土配合比设计、抗扰动加固混凝土配合比设计、低收缩混凝土配合比设计)。

条文说明

混凝土结构的耐久性设计,要求设计人员提出对混凝土材料和施工的特殊要求。我国现行的混凝土结构设计与施工规范主要侧重荷载作用下的强度需要,在混凝土质量要求上往往以强度作为唯一的指标,未能充分考虑环境作用下的耐久性要求。同样强度等级但原材料组分不同的混凝土,一般不会影响荷载作用下的构件强度,但在特定的环境条件下,其耐久性可能迥异。所以在耐久性设计中必须提出混凝土耐久性指标、原材料选择、配合比设计和质量控制等。在以往传统的设计中,只规定了混凝土的强度性能指标,而在耐久性设计中,必须对材料和施工提出更具体的要求。

3.1.10 提高桥梁耐久性混凝土一般设计原则:

(1)采用的结构类型、结构布置和结构构造应尽可能有利于阻挡或减轻环境对结构的作用,便于施工并有利于保证施工质量,便于工程今后使用过程中的检查和维修。

(2)选用质量稳定并有利于改善混凝土密实性和抗裂性的水泥和集料等原材料;尽可能降低混凝土的拌和水用量与水胶比,并在混凝土中掺入适宜的矿物掺和料、高效减水剂和引气剂。

(3)增加钢筋的混凝土保护层厚度。

(4)注重防、排水和密封等构造措施,尽可能避免水和氯盐等有害物质接触混凝土表面,尽可能防止混凝土在使用过程中遭受干湿交替。

(5)从混凝土耐久性出发,提出混凝土施工质量的要求,特别是混凝土养护的温度、湿度控制。

(6)对于严重环境作用下的重要工程,宜采取多重防护对策,即综合采用多种防护措施,可以在一种措施失效后启动下一种措施,如结构锈蚀后启动阴极保护;也可以多种措施同时平行地起作用,如同时采用阻锈剂和涂层钢筋等。

条文说明

1)改善耐久性的措施

(1)选用适当的原材料

海工桥梁混凝土的耐久性主要取决于水泥品种。配制海工混凝土的水泥要求耐腐蚀能力强、抗冻融性能好、水化热低,铝酸三钙(C_3A)的含量最好能降至5%以下。有关人士对5种水泥做了长达5年的研究,得到如下结论:①耐腐蚀能力:矾土水泥>抗硫酸盐水泥>矿渣硅酸盐水泥>普通硅酸盐水泥>快硬硅酸盐水泥;②抗冻融能力:普通硅酸盐水泥>抗硫酸盐水泥>矾土水泥>矿渣硅酸盐水泥>快硬硅酸盐水泥。因此,配制海工混凝土应优先选用普通硅酸盐水泥或其他耐腐蚀水泥,例如抗硫酸盐硅酸盐水泥、矾土水泥,而不得采用快硬硅酸盐水泥等。

掺入海工混凝土中的外加剂不得含有 Cl^- 或 SO_4^{2-} 等有害物质,宜选用引气剂、缓凝剂、减水剂或阻锈剂等。掺入引气剂可提高混凝土的抗冻性。缓凝剂能延长大体积混凝土的放热时间,从而减少温差裂纹,阻止海水中的有害物质进入混凝土内部。掺入减水剂有利于提高混凝土的密实度。掺入阻锈剂可以防止Cl^-对钢筋钝化膜的破坏,有效地保护钢筋。某些引气剂和减水剂还可以提高$Ca(OH)_2$和 $CaSO_4$ 的溶解度,对提高混凝土的抗化学腐蚀能力十分有效。然而,目前国内还缺少一种专门用于海工混凝土的外加剂,以全面地提高海工混凝土的各项耐久性指标。

(2)提高混凝土密实性和抗渗性

首先应从选择混凝土配合比入手,尽量降低水灰比。我国港口工程技术规范中的《海港工程混凝土结构防腐蚀技术规范》(JTJ 275—2000)对水灰比及水泥用量的规定见表3.1-5,国外有关规范对水灰比的规定见表3.1-6。

表3.1-5 JTJ 275—2000 中的有关规定

部　　位	水灰比	水泥用量(kg/m^3)	保护层厚度(cm)
大气区	≤0.5	≥360	5.0
浪溅区	≤0.45	≥400	6.0
水位变动区	≤0.5	≥360	5.0
水下区	≤0.5	≥325	3.0

表3.1-6　世界各国有关规定

编制单位	名　　称	水灰比	保护层厚度(cm)
美国混凝土协会	《离岸固定式混凝土设计施工手册》(ACI-357—84)	≤0.4	≥6.5
国际预应力混凝土协会	《海工混凝土设计与施工建议》	≤0.45,最好≤0.4	≥6.5
美国混凝土学会	《离岸固定式混凝土结构实施规范》	≤0.4	≥6.5

由表3.1-5和表3.1-6可见,国内海工混凝土所采用的水灰比偏高,结合我国海工混凝土耐久性破坏状况,建议提高我国海工混凝土耐久性设计标准,减小水灰比的规定值。

其次,可以通过掺入硅灰来提高混凝土的密实度,这已被国内外许多试验所证实。由于硅灰颗粒极细,活性极强,掺入混凝土后不仅可以提高混凝土的密实度,而且还能改善混凝土的孔结构,使原来连通的孔变成封闭的微孔,因而有效降低了混凝土的透水性及透气性。近年来开发的优质粉煤灰、超细矿渣虽然也能提高混凝土的密实度和改善混凝土的孔结构,但是在海洋环境中,两者的抗海水腐蚀能力不如硅灰强,因此,可以认为在海工混凝土中以掺加硅灰为宜。

(3)足够的保护层厚度

适当增加保护层厚度,避免保护层开裂,既能防止在使用期内钢筋的碳化,又能阻止腐蚀介质渗透到钢筋表面,这是保护钢筋免遭锈蚀的重要措施。各国规范对混凝土保护层厚度的要求不一,一般在5~7cm之间。国内外对混凝土保护层厚度规定见表3.1-5、表3.1-6。由表可见,国内的混凝土保护层厚度较小,为提高海工混凝土建筑物的耐久性,考虑到施工偏差,笔者建议混凝土保护层厚度取7cm。

(4)采用保护措施或其他特殊途径

①混凝土表面保护

混凝土表面涂以涂层保护,可以阻止有害物质进入混凝土内部,防止碳化和Cl^-在钢筋表面的积聚。混凝土表面涂层材料较多,常用的有环氧树脂防腐材料、丙烯酸酯共聚乳液砂浆等。由交通运输部三航局科研所研制成功的大型辐射交联高分子特种防腐材料被证明具有优良的防止海工混凝土受侵蚀的能力。

②钢筋阴极保护

作为提高钢筋防腐蚀能力的有效措施之一,近年来钢筋的阴极保护正得到越来越多的应用,并取得了良好的经济效益。然而,值得注意的是,硅灰混凝土电阻率的增大将影响钢筋阴极保护的效果。

③采用特种混凝土

采用聚合物浸渍混凝土效果好,然而由于造价原因,除个别特殊工程外,一般很少采用。

④采用特种钢筋

在海洋环境中的混凝土结构应考虑使用耐腐蚀钢筋。常用的耐腐蚀钢筋有环氧涂层钢筋、镀锌钢筋,有时也采用不锈钢钢筋。

采用掺硅灰高性能混凝土和特种钢筋,混凝土表面再辅之以防腐涂料,由三航局施工的宝山钢铁集团马迹山矿石中转码头被认为具有50年的安全使用寿命。

2)耐久性保护策略

改善导致混凝土劣化的任何作用:

(1)改变与环境接触的状况,例如涂层等;

(2)选择与环境无作用的材料,例如不锈钢、抗硫酸盐水泥等;

(3)消除产生破坏的作用,例如阴极保护等;

(4)优化材料组分和细部构造以抵抗海洋环境的作用。

因此,在海工混凝土耐久性设计的具体措施中应当至少包括以下基本内容:

(1)选择合理的结构型式;

(2)确定混凝土的组分,包括特定的外掺料或外加剂;

(3)改进配置的细节,包括混凝土的保护层;

(4)规定表层混凝土的质量要求,包括表层的钢筋增强;

(5)限制或避免裂缝发展及限制裂缝宽度,例如施加预应力等;

(6)附加的保护措施,例如表面涂层等;

(7)规定监测和保养程序;

(8)规定特殊的保护措施,例如阴极保护等。

设计者可根据不同的可靠性要求,对上述具体措施进行取舍和组合,从而获得符合耐久性要求的海洋桥梁混凝土建筑物。

3.2 环境等级划分

环境等级划分见表3.2-1。

表3.2-1 环境等级划分

级别	作用程度	级别	作用程度
A	可忽略	D	严重
B	轻度	E	非常严重
C	中度	F	极端严重

3.2.1 冻融环境

1)一般冻融环境

一般冻融环境下的等级划分见表3.2-2。

表3.2-2 一般冻融环境下等级划分

级别	环境作用	示例特征	桥梁构件部位
B	长期潮湿(非干湿交替,长期润湿)	中高湿度环境($RH > 60\%$);不受雨淋或与水接触的露天构件;长期与水或湿润土体接触的土中或水中构件	桥台、基础、桥柱
	微冻地区+中度饱水	受雨淋构件竖向表面	水位线以上的桥墩
C	干湿交替	表面频繁淋雨或与水接触的构件;处于水位变动区构件;靠近地表,湿度受地下水位变动影响的构件	基础、桥墩、桥台、浪溅区混凝土、桥面人行道板、混凝土栏杆
	微冻地区+高度饱水	水位变动区构件,频繁受雨淋构件表面	桥柱、桥墩、桥面
	严寒和寒冷地区+中度饱水	受雨淋构件竖向表面	水位线以上的桥墩
D	严寒和寒冷地区+高度饱水	水位变动区构件,频繁受雨淋构件表面;在冰冻线以上的构件;冬季低于-10℃在145天以内的地区	桥柱、桥墩、桥面

注:①严寒地区、寒冷地区和微冻地区是根据其最冷月的平均气温划分的。严寒地区、寒冷地区和微冻地区最冷月的平均气温T分别为:$T \leqslant -8℃$、$-8℃ < T < -3℃$和$-3℃ \leqslant T \leqslant 2.5℃$。

②冻融条件下对于引气混凝土，可按表中的作用等级降低一个等级考虑。

③相对湿度 *RH* 指年平均值。

④高度饱水指冰冻前长期或频繁接触水或湿润土体，混凝土体内水高度饱和；中度饱和指冰冻前偶尔受雨水或潮湿，混凝土体内饱水程度不高。

⑤对可能遭受冻融作用的海水水位变化区及浪溅区混凝土应按抗冻引气混凝土进行设计。

⑥冰冻地区受冻前可能接触雨水或其他水体的露天桥梁构件必须按抗冻融环境设计。桥梁构件的设计应考虑由于路面层、防水层和桥面伸缩缝等各种连接部位的渗漏所造成的局部环境作用。对于桥面板的顶面以及可能遭受来自伸缩缝处渗漏水作用的下部梁、柱(墩)表面，应按干湿交替的环境条件设计，在冰冻地区需按一般冻融环境设计。

条文说明

(1)混凝土冻融环境受损机理分析

混凝土受到反复冻融造成内部损伤，产生开裂甚至剥落，导致集料裸露。混凝土保护层遭受冻害后，钢筋更易锈蚀。冻融破坏的主要环境因素是水、最低温度和反复冻融次数。混凝土的冻融损伤只发生在混凝土内部的含水量比较充足的情况下，通常认为，这与混凝土孔隙水结冰时的体积膨胀有关。如果混凝土毛细孔隙中有足够的空气或混凝土中有引气剂导入的气孔，就能释放冰冻产生的压力而防止冻害。一般冻害的危险性主要取决于混凝土的饱水度(混凝土内部孔隙中水的体积与孔隙中水和空气的总体积值之比)和混凝土的临界饱水度，后者是混凝土材料固有的性能，如果饱水度<临界饱水度，混凝土不会发生冻坏，但如果饱水度≥临界饱水度，混凝土只需要少许几次冻融循环就会很快破坏。混凝土的饱水度与所处的环境湿度有关，当表面接触水时可通过渗透和吸附使内部孔隙水量增加。试验表明，冻融循环的过程，可使混凝土孔隙中的水分不断积累，当反复冻融循环使混凝土的饱水度到达临界值时，混凝土便濒临破坏。饱水度随时间(或循环次数)不断增长，但两者不呈线性关系，开始时的增长率快，到后来越来越慢。冻害的危险性主要与混凝土孔隙中水的饱水度和年冻融次数有关，而本手册就是根据这两个因素划分的冻融环境等级，由于年冻融次数很难统计，而它和当地最冷月的平均气温有密切关系，本手册根据最冷月平均气温划分为微冻地区、寒冷地区、严寒地区。

(2)提高桥梁混凝土抗冻融耐久性的措施

通过对混凝土结构及其理化性质的分析，我们知道，影响混凝土抗冻性、抗渗性和防止钢筋腐蚀的主要因素是混凝土的渗透性。提高混凝土抗

冻融耐久性,可采取如下措施:

①提高混凝土抗冻等级,改善混凝土的显微结构及理化性质,能有效改善混凝土的抗冻融耐久性;

②在混凝土拌和物中掺入适量的引气剂或防冻引气复合外加剂,在负温条件下,对混凝土冻胀应力的破坏具有明显缓冲作用。采用高效减水剂对降低混凝土拌和物的水灰比,同时改善混凝土的和易性,减少泌水起重要作用;

③抗冻混凝土质量生产控制。严格选定抗冻混凝土组成材料的品种与质量,配合比的选择要慎之又慎。施工时对混凝土混合料的搅拌、浇筑、振捣、养护、运输、安装等工序应严格把关,避免外力对混凝土结构的破坏,也是提高混凝土抗冻融耐久性不可缺少的环节。

单纯提高抗冻等级,等于提高设计标准,既不科学,也不经济。而且抗冻等级是有一定的限度的,因此在设计标准确定的情况下,改善混凝土抗冻融耐久性,目前从国内外研究成果及使用的情况来看,最好的方法是在混凝土中掺加适量的引气剂和防冻剂,并使拌和物的含气量控制在适当的范围之内,从而使硬化后混凝土的孔隙率及孔隙特征符合抗冻融耐久性的要求。

(3)引气剂

在混凝土搅拌过程中加引气剂,引入大量分布均匀的微小气泡,可减少混凝土拌和物泌水离析,改善和易性,并能显著提高硬化混凝土抗冻融耐久性,同时也提高新拌混凝土抵抗早期冻害能力。

①引气剂作用机理

引气剂是一种憎水性表面活性剂。表面活性剂的加入,降低了水的表面张力及表面能,使在拌和过程中形成大量微小气泡。由于表面活性剂定向吸附于气泡表面,使气泡相互排斥而且分布均匀。经试验测定和观察可知,气泡直径在0.025~0.25mm之间。这些气泡可以阻止固体颗粒的沉降和水分上升,减少泌水。气泡在混凝土硬化后仍保留在混凝土中,可以缓和自由水受冻结引起的膨胀应力,从而提高混凝土抗冻融耐久性。

②掺引气剂对混凝土的强度及抗冻融性影响

引气剂能显著改善混凝土的性能,但含气量过分增加,强度将损失,而且对抗冻融耐久性提高不明显。试验表明,掺引气剂混凝土水灰比小于0.5时,含气量每增加1%,强度约损失5%;水灰比大于0.5时,含气量每增加1%,强度降低7%。加入引气剂后,20~30MPa普通混凝土,强度降低5%~10%;

30MPa 混凝土强度降低20%以上。在掺引气剂的混凝土中，气泡粒径分布状态对混凝土耐久性也有显著的影响，气泡间隔系数越小，耐久性越好，气泡间距大于0.3μm时，耐久性系数急剧下降。

③影响混凝土含气量的因素

掺引气剂混凝土的性能主要与引入混凝土中的含气量有关，影响含气量的因素有下列几点：

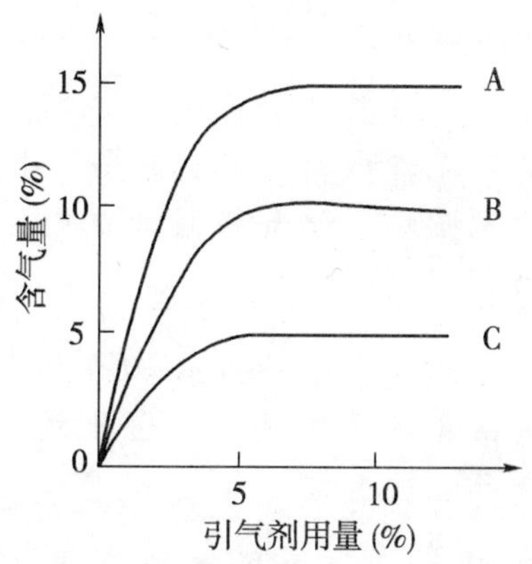

图3.2-1 引气剂用量、水灰比对混凝土含气量的影响曲线

A-水灰比0.68，硅酸盐水泥；B-水灰比0.60，硅酸盐水泥；C-水灰比0.50，硅酸盐水泥

a. 引气剂品种及掺量

使用的引气剂品种不同，在混凝土中产生的含气量不同；同一种品种掺量增大，含气量也增大，但掺量达到某一极限时，含气量不再随掺量增多而增大。掺量是根据工程抗冻融耐久性确定的混凝土含气量而定，即由含气量确定掺量。

b. 水泥品种及水泥用量

不同品种及不同厂家生产的水泥，在引气剂掺量相同情况下，含气量不同；水泥用量增加，含气量将减少；水泥细度增大，含气量亦将减少。如硅酸盐水泥引气剂用量、水灰比与混凝土含气量之间的关系，测试结果如图3.2-1所示。

c. 砂与石子

砂粒径在0.3~0.6mm之间时，含气量较大；大于0.6或小于0.3mm时含气量减少；砂率减少，含气量降低；石子粒径增大，含气量降低，经试验其适当的含气量见表3.2-3。

表3.2-3 粗集料与含气量的关系

粗集料最大粒径(mm)	10	20	31.5	40	63
含气量范围(%)	5.0~8.0	4.0~7.0	3.5~6.5	3.0~6.0	3.0~5.0

d. 水、温度、坍落度

水的硬度增加，含气量减少；温度升高，含气量减少。经测定PC-2型松香热聚物引气剂，夏天机拌泡沫度平均为18%，冬期平均为20%，因此，要获得同样的含气量，冬期掺量1/10 000左右，则夏天需要1.5/10 000。在水泥用量相同的情况下，坍落度增大，含气量也增大。

e. 搅拌及振捣

搅拌掺引气剂的混凝土时，生成气泡的多少不仅与引气剂掺量有关，而且同搅拌方法和搅拌时间有关。机拌含气量较多，时间延长则含量加大，时间继续延长，则含气量下降。因此掌握适宜的搅拌时间很重要，经现场试拌以3～4min为宜。振捣方法和时间对含气量的大小有很大影响，用内部振捣器并延长振捣时间含气量降低较多；振捣器频率大，含气量损失也大。因此要保证混凝土一定的含气量，提高混凝土耐久性，宜使用外部振捣器振捣，并控制适宜的振捣时间。经测试外部振捣器振动25～30s效果最好。另外，运输工具、装卸次数、停放时间都对含气量有影响。

(4)施工质量控制

①组成混凝土原材料的质量控制

a. 试验证明混凝土宜采用普通硅酸盐水泥和硅酸盐水泥，对于有抗冻要求的混凝土，火山灰质硅酸盐水泥在各种环境中不得使用。水泥等级不得低于32.5级。水泥进场应有水泥生产场的质量证明书，并应对其品种、强度等级、包装、包重、出厂日期等检查验收，按国家现行有关标准对其质量进行复检。

b. 混凝土所用细集料不宜采用海砂，不得不采用时，应检验其氯离子含量。集料质量不符合规定时，应采取措施处理，待其达到规定标准时方可使用。

c. 拌和用水宜采用饮用水，不得采用海水。水质标准应符合现行《水运工程混凝土施工规范》(JTS 202)的规定。

②混凝土配合比的确定

混凝土配合比的确定应使混凝土能达到设计要求的强度等级、耐久性指标，并做到经济合理。现行《水运工程混凝土施工规范》(JTS 202)对有抗冻要求的混凝土的水灰比、含气量、最低水泥用量等均有明确的规定。

③混凝土质量生产控制

a. 混凝土施工配料时，应按配料单准确称量，偏差不得超过规定。

b. 搅拌和运输合理选择机型和时间，并按试验结果检查并控制坍落度及含气量。应用分次投料的方法，先将水、引气剂和减水剂搅拌均匀，再投入水泥、砂石混合料。

c. 浇筑混凝土前认真检查模板内杂物、积水，并涂脱模剂；浇筑时控制混凝土均匀性及密实性;选择平板振动器振捣,并控制振捣时间、温度,浇筑温度和停歇时间。

d. 养护浇筑完后注意加以覆盖。终凝后,浇淡水养护,且养护时间一般不得少于10d。置于空气中碳化14~21d方可投入使用。缺乏淡水应及时采用覆盖塑料薄膜或涂养护剂养护。

2)盐冻环境

盐冻环境下等级划分见表3.2-4。

表3.2-4 盐冻环境下等级划分

级别	环境作用	示例特征	桥梁构件部位
D	微冻地区+高度饱水	受除冰盐溅射的构件的竖向表面	桥墩、桥台
E	微冻地区+水位变动区	直接接触除冰盐的构件表面;在冰冻线以上的构件;冬季低于-10℃在145天以上的地区	桥面、支座
	严寒和寒冷地区+高度饱水	受除冰盐溅射的构件的竖向表面;在冰冻线以上的构件;冬季低于-10℃在145天以上的地区	桥墩、桥台
F	严寒和寒冷地区+水位变动区	直接接触除冰盐的构件的表面;冬季低于-10℃在145天以上的地区	桥面、支座

注:①严寒地区、寒冷地区和微冻地区是根据其最冷月的平均气温划分的。严寒地区、寒冷地区和微冻地区最冷月的平均气温T分别为:$T\leqslant-8℃$、$-8℃<T<-3℃$和$-3℃\leqslant T\leqslant2.5℃$。

②冻融条件下对于引气混凝土,可按表中的作用等级降低一个等级考虑。

③高度饱水指冰冻前长期或频繁接触水或湿润土体,混凝土体内水高度饱和。

④对于在严寒和寒冷地区土中地表、地下水中有强腐蚀硫酸盐的地区应按F作用等级考虑。

⑤冬季使用除冰盐和将来可能使用除冰盐来融化道路和桥梁积雪的冰冻地区,其道路两旁的构件、桥梁构件以及附近的车库构件必须考虑除冰盐的侵蚀作用。

⑥沿海地区和盐碱地区应考虑当地大气的地下水、土中可能存在的腐蚀性化学物质作用,这些地区的构件设计不应随意套用一般的标准。

条文说明

盐冻环境主要指喷洒除冰盐的环境。盐冻不仅造成混凝土内部损伤,而且使混凝土表面起皮剥落,盐中的氯离子还引起钢筋严重锈蚀。除冰盐环境的作用等级与混凝土湿度和混凝土表面累积的氯离子浓度有关,后者取决于冬季撒盐的频度、除冰盐的类别和用量以及受雨冲淋等许多因素,不同的构件及部位由于方向、位置不同,受除冰盐直接、间接污染或溅射的程度也会有很大区别。参照国外资料,一般多将除冰盐环境作用等级的严重程度看成与海水浪溅区相同。寒冷地区海洋和近海环境中的混凝土当接触水分时也会发生盐冻,但海水的含盐浓度要比除冰盐融雪水低得多。

3.2.2 化学腐蚀环境

一般化学腐蚀环境下等级划分见表 3.2-5。

表 3.2-5 一般化学腐蚀环境下等级划分

<table>
<tr><th colspan="2" rowspan="2">化学侵蚀类型</th><th colspan="4">环境作用等级</th></tr>
<tr><th>C</th><th>D</th><th>E</th><th>F</th></tr>
<tr><td rowspan="2">硫酸盐侵蚀</td><td>强透水性环境土中 SO_4^{2-} 含量(mg/kg)</td><td>≥2 000,≤3 000</td><td>>3 000,≤12 000</td><td>>12 000,≤24 000</td><td>>24 000</td></tr>
<tr><td>弱透水性环境土中 SO_4^{2-} 含量(mg/kg)</td><td>≥3 000,≤12 000</td><td>>12 000,≤24 000</td><td>>24 000</td><td>—</td></tr>
<tr><td>盐类结晶侵蚀</td><td>环境土中 SO_4^{2-} 含量(mg/kg)</td><td>—</td><td>≥2 000,≤3 000</td><td>>3 000,≤12 000</td><td>>12 000</td></tr>
<tr><td>酸性侵蚀</td><td>环境水中 pH 值</td><td>≤6.5,≥5.5</td><td><5.5,≥4.5</td><td><4.5,≥4.0</td><td>—</td></tr>
<tr><td>二氧化碳侵蚀</td><td>环境水中侵蚀性 CO_2 含量(mg/L)</td><td>≥15,≤40</td><td>>40,≤100</td><td>>100</td><td>—</td></tr>
<tr><td colspan="2">桥梁构件部位</td><td>桥梁上部结构</td><td>承台、支座、桥墩内侧</td><td>桥墩外侧</td><td>水下桥墩</td></tr>
</table>

注:①对于盐渍土地区的混凝土结构,埋入土中的混凝土遭受化学侵蚀;当环境多风干燥时,露出地表的毛细吸附区内的混凝土遭受盐类结晶型侵蚀。

②对于一面接触含盐环境水(或土)而另一面临空且处于干燥或多风环境中的薄壁混凝土,接触含盐环境水(或土)的混凝土遭受化学侵蚀,临空面的混凝土遭受盐类结晶侵蚀。

③当环境中存在酸雨时,按酸性环境考虑,但相应作用等级可降一级。

④受硫酸盐、酸化作用下的混凝土不得使用仅有硅酸盐水泥和普通硅酸盐水泥的混凝土。

⑤硫酸盐作用等级或二氧化碳作用等级为 D 和 D 以上的构件,如处于流动地下水中,应考虑在构件的混凝土表面设置防腐面层或涂层。

⑥高压水头可加重硫酸盐化学腐蚀。

⑦沿海地区地下工程或海底工程,如土和地下水中的含盐成分与海水相似,则与水、土相接触的构件环境作用等级按海洋环境中的水下区考虑(但在地下水位的变动区内则需适当提高等级),而构件与空气接触的另一侧,则宜按接近于干湿交替的海洋环境条件考虑。

⑧除了上述化学腐蚀环境,桥梁混凝土耐久性设计还必须高度重视混凝土发生碱—集料反应、钙矾石延迟反应和软水浸出作用破坏的可能性。

条文说明

1)腐蚀机理分析和环境分析

(1)酸性气体的影响。混凝土劣化的一个重要原因就是混凝土碳化。碳化是混凝土受到酸性气体(主要是CO_2)的作用,使水泥石中$Ca(OH)_2$不断减少,生成碳酸盐的过程。

混凝土是一个多孔的结构,容易积聚水分,海洋潮湿环境又提供了充足的水源。混凝土从外界环境中吸入水和空气,给碳化创造了条件。生成的$CaCO_3$体积较原来的组分大,体积膨胀,造成裂缝,使得内部混凝土和腐蚀介质充分接触,从而加速了混凝土的腐蚀破坏。

(2)二氧化碳侵蚀。二氧化碳在充足水分参与下生成碳酸,碳酸与混凝土中氢氧化钙反应生成碳酸钙,使混凝土碳化,碳化由混凝土表面向内部发展。试验数据表明,混凝土中pH值保持大于12.5,即可对钢筋起到良好的保护作用,而碳化反应可使混凝土内部pH值降低至8.5左右,在这种低pH值条件下,钢筋表面钝化膜破坏导致钢筋锈蚀。碳化反应还会降低混凝土强度。由于温度高、蒸发量大,沿岸地区海水中含有较高浓度的二氧化碳,海水中的二氧化碳以碳酸根离子形式存在,碳酸与混凝土中氢氧化钙反应生成碳酸钙,碳酸钙会与二氧化碳水溶液进一步反应生成易溶于水的碳酸氢钙,其他水泥矿物质也会发生分解使混凝土受到侵蚀。这种侵蚀的结果会使浸泡于海水中的混凝土构造物不断剥蚀,最终造成严重破坏。

(3)盐类结晶环境。主要指环境中的盐在干湿交替的环境下侵入混凝土微孔中并集聚,饱和而析出结晶,同时在混凝土内部产生很大的结晶压力,使混凝土开裂、破坏。在海洋地质的地区,电杆、墩柱等混凝土构件会吸附潮湿土体中的盐分,在地面以上约1m高的范围内常出现这类破坏。海工混凝土在干湿交替的条件下也会出现这种破坏。不同的盐碱种类和浓度以及湿度和温度的频繁变化是这种侵蚀环境的主要作用因素。

(4)土中及地表、地下水中的化学腐蚀环境。需考虑的主要环境因素是化学腐蚀物质的种类和浓度、干湿交替程度、温度以及土体的渗透性等。地下水中的腐蚀物质可通过透水性强的土体不断输送补充,处于这种土体中的地下构件,受到的环境作用就更严重。

(5)硫酸盐的侵蚀。通常硫酸盐侵蚀主要表现在混凝土硬化后,混凝土中铝酸三钙(钙矾石)晶体生长可产生较大的膨胀力,引起混凝土开裂破坏。

(6)气候影响。研究表明,温度每升高10℃,腐蚀反应速度增加1倍,同时高温可大大缩短钢筋脱钝的时间(30℃比10℃缩短66%),加快腐蚀破坏进程。我国南方沿海气温常年较高,因而有助于腐蚀反应的发生。北方地区温差变化大,冬季气温正负变化,混凝土孔隙内水反复发生冻融循环,构筑物受到冻融破坏。

2)防腐蚀机理与防护方法

混凝土的腐蚀破坏主要是由于与外界环境的密切接触,从而造成混凝土内部材质的反应劣化。防腐蚀的途径也就有两种:一是隔绝或减少外界环境与内部材质的接触;二是增强混凝土内部材质的惰性,降低腐蚀破坏反应的活性。

(1)结构形式的选取

截面细薄会使氯离子容易渗透到钢筋表面,因此海工混凝土构件不宜采用细薄构件。经验表明,构件暴露面积与构件体积之比越小,也就越有利于防止氯离子渗透,因此大体积混凝土结构对防腐有利。在结构选型和细部设计时,应尽量减少在混凝土面上、接缝和密封处排水、积水;尽量减少潮湿和溅湿的表面积;构件截面几何形状应简单、平顺,力戒单薄、复杂、带棱角,结构的关键部位应便于检测和维修,特别是要使这些部位避开干湿交替的浪溅区域。

(2)加大保护层厚度

对钢筋混凝土结构,提高混凝土密实度,合理加大保护层厚度,能有效阻止外部 Cl^- 渗透到钢筋表面,增强抗腐蚀能力。建议浪溅区保护层厚度不小于65mm。

(3)混凝土表面涂层

以环氧树脂、聚氨酯、丙烯酸树脂、氯化橡胶、乙烯树脂等涂料作为混凝土表面涂层,将混凝土与外界环境较好地隔离起来,使其免受腐蚀。

(4)使用外加剂

使用高效引气剂以使混凝土中产生孔径小、间隔均匀的封闭气孔,提高混凝土的耐冻融性,增强对有害物质渗入的阻隔和对有害应力的缓冲作用。减水剂能减少毛细孔数量、细化毛细孔径,增强混凝土的密实度。

(5)使用矿物掺和料

掺高炉矿渣、硅灰或粉煤灰等矿物掺和料,可减少混凝土内部的孔隙率和孔隙尺寸,改善集料界面上的水泥浆体结构,提高混凝土的密实度,增强抗渗透性,抵抗腐蚀介质的侵入。

研究表明,粉煤灰(一般为水泥质量的15%~30%)混凝土能较好地抵抗硫酸盐的腐蚀,但不宜含量过高,50%以上时,抗碳化性能急剧下降。Rob B. Polder等人的试验研究也表明,与普通混凝土相比,掺有高炉矿渣和粉煤灰的混凝土能较好地抵抗 Cl^- 侵入,提高混凝土的电阻率,增强阻抗,降低腐蚀。

电通量测试表明,掺硅灰的混凝土早期电通量降低最为明显,硅灰对早期混凝土耐久性能改善最为有利,而掺粉煤灰混凝土的电通量随着时间的增长较其他更为有利。从微观角度分析,早期粉煤灰的水化程度尽管较慢,但其微集料效应超过了水化效应,因此渗透性有所降低;硅灰效应早期比较明显,这是因为硅灰容易与水泥的水化物 $Ca(OH)_2$ 发生反应生成水化硅酸钙(C-S-H)胶体,填充于混凝土的孔隙内,减小混凝土的孔隙率,改善孔结构,从而降低混凝土的渗透性。Metha教授也指出,大掺量粉煤灰(或磨细矿渣)混凝土是今后混凝土技术进展最有效也是最经济的途径。

(6)控制水胶比(W/B)、水固比(W/S)

水的相对用量是影响混凝土耐久性的重要指标,ACI已将水的用量纳入设计标准。通过W/B(水和胶结料的比值)、W/S(水和固体材料的比值)可控制水的用量。试验研究证明,采用较低的W/B、W/S,混凝土防腐性能较好。推荐使用水胶比不大于0.4。较低的W/S能增大混凝土的电阻率,P. K. Chang等的试验证明,当 $W/S < 8\%$ 时,混凝土的耐久性大大增强。

(7)级配设计

选取合理的集料颗粒级配易提高混凝土的密实度,至少采用三种以上不同级配的砂、石。适当减小粗集料最大粒径,可减小混凝土内钢筋周围氯离子的集聚量,延长钢筋锈蚀发生的时间。由于海洋的特殊环境,使得构筑物在水位变化区和浪花飞溅区的破坏比其他地方要快得多,考虑到经济和安全问题,而结构设计时往往只考虑荷载的因素,在施工设计时对该特殊区域应作出重点防腐。

(8)阻锈剂的使用

钢筋阻锈剂的作用机理在于使钢筋表面形成致密的钝化膜,钝化膜局部破坏时,“修补”作用自动进行,因而能阻止或延缓 Cl^- 对钢筋钝化膜的破坏，被ACI和CCIA确认为最经济、简易和长期有效的防钢筋锈蚀和提高耐久性的措施。目前使用的钢筋阻锈剂是以亚硝酸盐（亚硝酸钙、亚硝酸钠等）和氟基磷酸盐为主的多种化合物（铬酸钠等）的组合。但由于亚硝酸盐具有一定毒性，会对环境产生一定影响，还有待在这方面进行研究改善。

（9）钢筋表面涂层与耐腐蚀钢筋

由于钢筋锈蚀危害在世界范围的不断发生与发展，于是出现了镀锌钢筋、包铜钢筋、合金钢钢筋（耐蚀钢筋）、不锈钢钢筋及环氧树脂涂层钢筋等一系列钢筋新品种或防护方法。到目前为止，镀锌钢筋、包铜钢筋已很少使用，合金钢钢筋在日本得到一定发展，而美国、加拿大与欧洲，对不锈钢钢筋及环氧涂层钢筋研究较多，特别是环氧涂层钢筋，得到了较广泛的工程应用，被确认为是防钢筋锈蚀的有效措施之一。

试验与实践表明，如果涂层不完整，有孔洞、破伤或膜层太薄等“缺欠”，在腐蚀环境下，结构中的钢筋依然会锈蚀。值得注意的是，在涂层不完整的“缺欠”处，局部锈蚀发展常常比无涂层钢筋还要快。因此，一方面要保证环氧涂层钢筋的自身质量，另一方面，在运输、装卸过程中，应最大限度地保证不碰伤、划伤钢筋表面的环氧涂层，同时，施工过程中更为重要，人工和机械振捣，都不应碰伤、划伤、损坏钢筋表面的环氧涂层。

（10）阴极保护

外加电流阴极保护于20世纪90年代研制成功，其方法是在混凝土构件表面覆盖一阳极材料，通过直流电源强制钢筋成阴极，并维持一定的阴极电流密度。有人断言，在已经遭受氯盐侵入的钢筋混凝土结构中，实施阴极保护是最有效的方法。特别对于已受“盐害”的现有钢筋混凝土建筑物的进一步防护，有其独特的效能。在电场的作用下，带负电的氯离子可向阳极（混凝土表面）迁移，等于从钢筋表面除掉氯离子，这对于钢筋的防护十分有利，甚至不必除掉钢筋表面的混凝土层（已含氯离子），就可以实施阴极保护。阴极保护法有良好的防腐效果，但因电源设备及线路需经常维护，工作量较大，一定程度上限制了推广使用。

（11）使用纤维塑料筋等惰性材料

不锈钢、锰钢等合金钢等具有较好的防锈性能，可有效延长钢筋混凝土结构物的使用寿命，但因其造价相对较高而制约了发展。纤维塑料筋是近年发展的新兴材料。目前研究使用中的碳素、芳纶、玻璃等连续纤维具有耐腐蚀、质量轻、强度高、无磁性等一系列优良特性，如碳纤维强度是钢筋的

9~11倍,而质量仅为钢筋的1/4,且不存在锈蚀问题。把这类纤维含浸热硬性树脂形成高性能复合筋(Fiber Reinforced Plastics,简称FRP筋),替代钢筋作为混凝土加强材料可以根本解决钢筋锈蚀问题,目前这方面的研究工作还有待大力发展。

(12)严格控制裂缝等级

由于受自身性能、化学作用、温度变化、荷载等因素的影响,混凝土建筑物的裂缝不可避免。裂缝的产生给腐蚀介质的侵入创造了条件,加速了混凝土的腐蚀进程。耐久性要求高的工程,必须严格控制裂缝等级。建议海工混凝土裂缝等级不大于0.1~0.15mm。

(13)施工管理及维护

施工质量是影响混凝土工程耐久性的关键性环节。施工过程中,必须注意加强管理监督力度,浇筑过程中做好振捣工作,浇筑完毕后注意养护,严把质量关。

3.2.3 海洋环境

1)海洋环境下桥梁部位划分

海洋环境下桥梁部位划分见表3.2-6。

表3.2-6 海洋环境下桥梁部位划分

掩护条件	划分类别	大气区	浪溅区	水位变动区	水下区
有掩护	按港工设计水位	设计高水位加1.5m以上	大气区下界至设计高水位减1.0m之间	浪溅区下界至设计低水位减1.0m之间	水位变动区以下
无掩护	按港工设计水位	设计高水位加(η_0+1.0m)以上	大气区下界至设计高水位减η_0之间	浪溅区下界至设计低水位减1.0m之间	水位变动区以下
	按天文潮潮位	最高天文潮位加0.7倍百年一遇有效波高$H_{1/3}$以上	大气区下界至最高天文潮位减百年一遇有效波高$H_{1/3}$之间	浪溅区下界至最低天文潮位减0.2倍百年一遇有效波高$H_{1/3}$之间	水位变动区以下

续上表

掩护条件	划分类别	大气区	浪溅区	水位变动区	水下区
	桥梁构件部位	引桥桩基、承台、桥墩、索塔、箱梁、其他梁板结构、整体化现浇板、混凝土铺装层、附属构件	承台、桥墩、索塔	桩基、承台	桩基、引桥承台

注：①η_0 值为设计高水位时的重现期 50 年 $H_{1\%}$（波列累积频率为 1% 的波高）波峰面高度。

②当浪溅区上界计算值低于码头面高程时，应取码头面高程为浪溅区上界。

③当无掩护条件的海港工程混凝土结构无法按港工有关规范计算设计水位时，可按天文潮潮位确定混凝土的部位划分。

④海洋环境下的混凝土即使没有抗冻要求也要适量引气。

条文说明

根据我国有掩护海港的调查分析，钢筋锈蚀最严重部位在设计水位以上 1.0m 至设计高水位以下 0.8m 的区段。而终年在水下的部位很少有腐蚀损坏，其他部位介于二者之间，因此根据《海港工程混凝土结构防腐蚀技术规范》（JTJ 275—2000）将混凝土部位划分为大气区、浪溅区、水位变动区、水下区四个区段。设计高水位加 1.5m 以上为大气区，大气区下界至设计高水位减 1.0m 之间为浪溅区。浪溅区下界至设计低水位减 1.0m 之间为水位变动区，水位变动区以下为水下区。

此处设计高、低水位是为确定码头面板高程及码头最小工作水位而定的，设计高水位为高潮累积频率 10% 的潮位，设计低水位为低潮位累积频率 90% 的潮位，这是我国港工特有的确定方法。

关于无掩护的开敞式码头部位划分，由于无系统的腐蚀情况调查资料，只有借鉴有掩护的划分办法进行处理。

有掩护码头前沿高程为设计高水位加 1.0 ~ 1.5m 的超高，其中考虑了约 0.6m 的波浪高，本条规定浪溅区上界（大气区下界）为设计高水位加 1.5m处，即扣除 0.6m 波高外，浪溅影响高度取为 0.9m，同时也不低于码头前沿高程。

该海洋环境等级部位是根据我国一些地区桥梁混凝土按设计水位和天文

潮潮位划分的对比结果进行分析而得出的,一些计算公式和划分的具体数值是参考《海港工程混凝土结构防腐蚀技术规范》(JTJ 275—2000)来规定的。

2)海洋环境作用等级划分

海洋环境作用等级划分见表3.2-7。

表3.2-7 海洋环境作用等级划分

侵蚀类型	环境作用等级			
	C	D	E	F
镁盐(环境水中 Mg^{2+} 含量)(mg/L)	≥300且≤1000	>1000且≤3000	>3000	—
氯盐(氯离子浓度)(mg/L)	≥100且<500	≥500且<5000	≥500	—
硫酸盐(环境水中 SO_4^{2-} 含量)(mg/L)	≥200且≤600	>600且≤3000	>3000且≤6000	>6000
环境条件特征	长期在海水水下区;离平均水位15m以上的海上大气区;离涨潮岸线100~300m的陆上近海区	离平均水位15m以内的海上大气区;离涨潮岸线100m以内的陆上近海区;海水潮汐区或浪溅区(非炎热地区)	海水潮汐区或浪溅区(炎热地区)	昼夜温差大,严重腐蚀条件下的浪溅区;水位变动区

注:①受硫酸盐、镁盐和酸化作用下的混凝土不得使用仅有硅酸盐水泥和普通硅酸盐水泥的混凝土。

②以上适用于受干湿交替的情况,如永久处于水下,可以降低一级考虑。

③海洋环境的陆上及大气区中的盐雾作用分为轻度盐雾(D)和重度盐雾(E)。

条文说明

(1)镁盐、硫酸盐的影响

海洋环境中常含有大量的 Mg^{2+}、SO_4^{2-}(主要有 $MgCl_2$、$MgSO_4$),在含盐量为3.5%的海水中,常含有约1.3g的 Mg^{2+},镁盐占到海水总盐量的1.55%~1.8%。其腐蚀过程的主要反应方程式如下:

$$MgSO_4 + Ca(OH)_2 \rightarrow CaSO_4 + Mg(OH)_2$$

或

$$MgCl_2 + Ca(OH)_2 \rightarrow CaCl_2 + Mg(OH)_2$$

$Mg(OH)_2$ 取代了 $Ca(OH)_2$，但它并无胶结能力，因而造成了混凝土的破坏。硫酸盐作用下，对水泥石抗蚀性具有重大影响的是水化硫铝酸钙（或称钙矾石）和石膏。研究表明，从外界环境渗透到混凝土内部的 SO_4^{2-}，在水泥石与集料的过渡区（混凝土中的薄弱环节）产生了积聚。这种积聚是由于 SO_4^{2-} 与水泥水化产物反应，在该区生成了膨胀性的钙矾石和石膏，达到一定程度，混凝土就会开裂、剥落，造成硫酸盐侵蚀破坏。

另一方面镁盐、硫酸盐的腐蚀又相互促进。如果没有 SO_4^{2-}，随着 $Mg(OH)_2$ 的沉淀，它将堵塞水泥石的毛细孔，显著地阻止 Mg^{2+} 向水泥石内部扩散，使镁盐的侵蚀滞缓或完全停止，反过来由于镁盐的侵蚀又相当于提供了大量的钙离子，又促进了钙钒石和石膏结晶型侵蚀。

（2）氯盐影响和钢筋锈蚀

海洋环境中存在大量的氯盐。氯盐渗透到混凝土中，提高了 $Ca(OH)_2$ 的溶解度，增加了对混凝土的“溶解”侵蚀，同时促进混凝土的冻融破坏，有时还产生结晶腐蚀。但是，氯盐最主要的破坏作用是对钢筋的腐蚀，Housmen 等人的试验研究结果表明，在混凝土的液相中，当浓度比值 $Cl^-/OH^- > 0.61$ 时，钢筋开始锈蚀，并以此作为“临界值”。

通常混凝土中的钢筋处于碱性环境中，其阳极表面有一层钝化膜（成分主要为 Fe_3O_4 或 Fe_2O_3），使钢筋不易锈蚀。但混凝土一方面受到酸性气体作用后，pH 值下降，当 pH 值≤11.5 时，钝化膜就会处于不稳定状态，当 pH 值≤9.88 时，钝化膜逐渐遭到破坏。更主要的是，外部环境中丰富的 Cl^- 通过混凝土孔隙扩散到钢筋表面，吸附于局部钝化膜处时，可使该处的 pH 值迅速下降至 4 以下，钝化膜遭到破坏。

局部钝化膜破坏后，露出铁基体，成为“腐蚀电池”中的阳极，未破坏的钝化膜为阴极，水或潮湿气体为电解质，“腐蚀电池”的形成加速了钝化膜的破坏。钝化膜破坏后，钢筋就失去了保护，此时使钢筋锈蚀的主要因素就是 O_2 和 H_2O。反应如下：

阳极区　$n\,H_2O + Fe \rightarrow Fe^{2+} \cdot nH_2O + 2e^-$

阴极区　$4e^- + O_2 + 2H_2O \rightarrow 4OH^-$

$$2Fe^{2+} + 6OH^- \rightarrow 2Fe(OH)_3 \downarrow + 2e^-$$

海工构筑物中，长期处于水下的部位，由于缺乏氧气，一般较难锈蚀；长期处于水上的部位因缺水，也不易锈蚀；而水位变化区，尤其是浪花飞溅区，干湿交替,既潮湿又能充分与氧气接触,因此比较容易遭到破坏。大量 Cl^- 的存在又强化了离子通路,降低了阴、阳两极的电阻,加速了电化学腐蚀的进程。钢筋的锈蚀,因体积膨胀(1~6 倍)使得混凝土开裂,加速了破坏进程。

3.2.4 碳化环境

碳化环境下作用等级划分见表 3.2-8。

表 3.2-8 碳化环境下作用等级划分

环境等级	环境条件特征	桥梁构件部位
B	年平均相对湿度 <60%;长期在水下(不包括海水)或土中	大部分桥梁构件
C	年平均相对湿度≥60%	大部分桥梁构件
D	地上或地下水位变动区;干湿交替	桥墩,基础,桥面,桥台
E	有酸雨作用 pH <4	水上部分

注:①当钢筋混凝土薄型结构的一侧干燥而另一侧湿润或饱水时,其干燥一侧混凝土的碳化作用等级应按 D 级考虑。

②对于梁部结构,碳化作用等级应按不低于 C 级考虑。

条文说明

1)混凝土碳化原因

混凝土的主要成分有水泥、粗细集料、水以及外加剂。水泥中主要成分是 CaO,经水化作用后生成 $Ca(OH)_2$。混凝土的碳化,是指混凝土中的 $Ca(OH)_2$ 与空气中的 CO_2 起化学反应,生成中性的碳酸盐 $CaCO_3$。

未碳化的混凝土呈碱性,混凝土中钢筋保持钝化状态的最低(临界)碱度是 pH 值为 11.5,碳化后的混凝土 pH 值为 8.5~9.5。碳化使混凝土的碱度降低,同时,增加混凝土孔溶液中氢离子数量,使混凝土对钢筋的保护作用减弱。当碳化超过混凝土的保护层时,在水与空气存在的条件下,就会使混凝土失去对钢筋的保护作用,钢筋开始生锈。锈蚀产生的体积比原来膨胀 2~4 倍,从而对周围混凝土产生膨胀应力,锈蚀越严重,铁锈越多,膨胀力越大,最后导致混凝土开裂形成顺筋裂缝。裂缝的产生使水和 CO_2 得以顺利地进入混凝土内,从而又加速了碳化和钢筋的锈蚀。

2)影响混凝土碳化的因素

影响混凝土碳化的因素有环境条件、原材料、施工操作等。很多地区空气污染较重，空气中二氧化硫含量较多，酸雨也较多，是影响混凝土质量的主要原因，另外影响混凝土碳化的因素还有如下几点。

(1)水泥品种

水泥品种是影响混凝土碳化的主要因素。矿渣水泥和粉煤灰水泥中的掺和料含有活性氧化硅和活性氧化铝，它们和 $Ca(OH)_2$ 结合形成具有胶凝性的活性物质，降低了碱度，因而加速了混凝土表面形成碳酸钙的过程，故而碳化速度较快。普通水泥碳化速度慢。

(2)粗、细集料

铜陵地区使用的是江砂，细集料及粉料过多，则碳化速度加快。

(3)水灰比

水灰比小的混凝土由于水泥浆的组织密实，透气性小，碳化速度较慢。

(4)外加剂

混凝土外加剂的种类较多，但不可使用含有氯化物的外加剂，因为氯化物会加剧钢筋的腐蚀。

(5)浇筑和养护质量

混凝土浇筑时，振捣不密实、养护方法不当、养护时间不足会造成混凝土内部毛细孔道粗大，使水、空气、侵蚀性化学物质进入混凝土内部，加速混凝土的碳化和钢筋腐蚀。

《混凝土结构工程施工质量验收规范(2011 年版)》(GB 50204—2002)中规定，在混凝土试件强度评定不合格及结构实体检验中，可采用非破损或局部破损的检测方法，按国家现行有关标准的规定对结构构件中的混凝土强度进行推定。常用的有回弹法、超声回弹综合法、钻芯法、后装拔出法等，其中最常用的是回弹法。而回弹法中碳化深度对混凝土强度的推定值影响很大。碳化是一个缓慢发展的过程，在进行混凝土结构及构件强度的检验时，为取得比较准确的混凝土的实际强度，应在28d 后尽早进行，即在未碳化或碳化程度很小时进行。

3)混凝土碳化的防治

(1)在使用时合理选用水泥品种

对于水位变化区以及干湿交替作用的部位或较严寒地区选用抗硫酸盐普通水泥；对矿渣水泥和粉煤灰水泥要控制掺量；普通水泥掺粉煤灰，可以在水泥用量不变的情况下，用外掺粉煤灰取代部分砂子，或同时掺用粉煤灰的减水剂，即采用“双掺”的技术措施，这样可以提高混凝土的抗碳化能力。

(2)选择合适的配合比、适量的外加剂,控制细集料、粉料用量

分析集料的性质,如抗酸性集料与水、水泥的作用对混凝土的碳化有一定的延缓作用。对于使用江砂的地方,砂的级配不合理,粉料较多,更应选择合适的配合比,控制水灰比。科学地搅拌和运输,及时地养护,以减少渗水量和其他有害物的侵蚀,确保混凝土的密实性。混凝土的密实度也是保证工程质量的关键因素。

(3)碳化混凝土构件处理

碳化后的混凝土构件还可采用涂刷环氧基液的方法,对建筑物地下部分在其周围设置保护层;用各种溶注液浸注混凝土,如用溶化的沥青涂抹。对碳化深度较大的,可凿除混凝土松散部分,洗净进入的有害物质,将混凝土衔接面凿毛,用环氧砂浆或细石混凝土填补,最后以环氧基液做涂基保护。

3.2.5 磨蚀环境

磨蚀环境下作用等级划分见表3.2-9。

表3.2-9 磨蚀环境下作用等级划分

<table>
<tr><th>环境作用等级</th><th colspan="2">环境条件特征</th><th>桥梁构件部位</th></tr>
<tr><td>C</td><td>风蚀(有砂情况)</td><td>风力等级≥7级,且年累计刮风时间大于90d</td><td>桥面、主梁、栏杆、拉索、支撑杆件、桥墩</td></tr>
<tr><td rowspan="2">D</td><td>风蚀(有砂情况)</td><td>风力等级≥9级,且年累计刮风时间大于90d</td><td>桥面、主梁、栏杆、拉索、支撑杆件、桥墩</td></tr>
<tr><td>流冰冲刷</td><td>被强烈流冰撞击、磨损、冲刷(冰层水位下0.5m~冰层水位上1.0m)</td><td>桥墩、桥台</td></tr>
<tr><td rowspan="2">E~F</td><td>风蚀(有砂情况)</td><td>风力等级≥11级,且年累计刮风时间大于90d</td><td>桥面、主梁、栏杆、拉索、支撑杆件、桥墩</td></tr>
<tr><td>泥砂冲刷</td><td>被大量夹杂泥砂或物体磨损、冲刷</td><td>桥墩、桥台</td></tr>
</table>

条文说明

河口的流水、波浪对混凝土构筑物的磨损、冲刷,加强了腐蚀介质的渗透力度。对于海港码头等水工构筑物,又常会受到船舶撞击力等因素的影响,易使混凝土构筑物产生裂缝,以及荷载作用下结构的应力状态均给腐蚀破坏创造条件。特别在沙漠化严重的地区,风沙较大,长期作用使混凝土构件表层剥落,进而加速了有害物质的侵入,作用严重的会使混凝土完全脱落,裸露钢筋。

3.3 混凝土耐久性设计指标

3.3.1 密实性指标

1)抗氯离子渗透

(1)用氯离子电通量划分混凝土抗渗性

①本手册的应用对象为桥梁混凝土,是重要的土木基础设施工程(大型桥梁、隧道、高速和一级公路上的桥涵、城市干线上的大型桥梁、大型立交桥、城市地铁轻轨系统等),设计使用年限约100年(参照《混凝土结构耐久性设计与施工指南》(CCES 01:2004)中的规定)。

②钢筋混凝土中水泥、粉煤灰、硅灰、矿粉等胶凝材料以及粗集料、细集料中氯离子含量不宜超过各材料质量的0.02%;各外加剂中氯离子含量不宜超过0.2%;拌和用水中氯化物(以 Cl^- 计)含量:预应力混凝土中不宜大于500 mg/L,钢筋混凝土中不宜大于1000 mg/L,素混凝土中不宜大于3500mg/L。

条文说明

由于钢筋锈蚀的氯离子临界浓度可在0.17% ~2.5%之间的很大范围内变化,并与胶凝材料种类和数量、水胶比以及保护层厚度等因素有关,很难对混凝土定出一个统一的氯离子量限值,而且对于不同质量的混凝土也应该有所不同,设计时可结合工程特点灵活对待。当工程的使用环境有外界氯离子侵入时,必须从严控制混凝土生产时从原材料带入的氯离子总量。

③一般环境下,设计年限为100年的桥梁耐久性混凝土的电通量应满

足表 3.3-1 要求。

表 3.3-1　一般环境条件下混凝土的电通量

设计使用年限级别	一(100 年)		二(60 年)、三(30 年)
电通量(56d)(C)	<C30	<2000	<2500
	C30 ~ C45	<1500	<2000
	≥C50	<1000	<1500

条文说明

混凝土的抗侵入性(抗渗性)是抵抗外界水、气及溶于水、气中的其他物质侵入混凝土内部的能力。传统的混凝土渗透性测定方法就是采用高压水的渗透试验,并据此确定渗透系数或抗渗等级。但抗渗等级难以判定现代混凝土的耐久性,因为高质量的低水胶比混凝土几乎不透水,而且,抗渗等级也难以反映混凝土的防水性能,因为强度等级超过 C30 的混凝土几乎都能符合抗渗等级。所以,本手册对于 C30 以上的混凝土,采用了电量法和扩散系数法来评价混凝土的抗渗性能。电量法采用的是目前国内外最常用的美国 ASTM C1202 快速电量测定方法。这个方法也属于快速电迁移法的范畴,测定的是通过试件的电量,用库仑值表示。当电量小于 1000C 时认为抗氯离子性能优良。

④氯盐环境下的钢筋混凝土结构,混凝土的耐久性除应满足第 2 点的规定外,还应满足表 3.3-2 的规定。

表 3.3-2　氯盐环境下混凝土的电通量

使用年限级别	一(100 年)			二(60 年)		
作用等级	L1(C)	L2(D)	L3(E ~ F)	L1(C)	L2(D)	L3(E ~ F)
电通量(56d)(C)	<1000	<800	<800	<1500	<1000	<800

其中,氯盐环境下环境作用等级划分如表 3.3-3。

表 3.3-3　氯盐环境作用等级

环境作用等级	环境条件特征
L1(C)	长期在海水水下区
	离平均水位 15m 以上的海上大气区
	离涨潮岸线 100 ~ 300m 的陆上近海区

续上表

环境作用等级	环境条件特征
L2(D)	离平均水位15m以内的海上大气区
	离涨潮岸线100m以内的陆上近海区
	海水潮汐区或浪溅区(非炎热地区)
L3(E~F)	海水潮汐区或浪溅区(南方炎热地区)
	盐渍土地区露出地表的毛细吸附区
	遭受氯盐冷冻液和氯盐、除冰盐侵蚀部位

注:地表或地下水中的氯离子对钢筋混凝土构件的作用等级如下:氯离子浓度(mg/L)≥100且<500时,可按L1级;≥500且<5000时可按L2级;≥5000时可按L3级。以上适用于受干湿交替的情况,如永久处于水下,可以降低一级考虑。

⑤氯盐环境条件下钢筋混凝土结构的混凝土最低强度等级、最大水胶比、最小胶凝材料用量应满足表3.3-4的规定。单方混凝土胶凝材料总量不宜高于400kg/m^3(C30以下)、450kg/m^3(C40~C50)和500kg/m^3(C60以上),大掺量矿物掺和料混凝土水胶比不宜大于0.42。

表3.3-4 氯盐环境下混凝土配合比参数要求

环境作用等级	设计使用年限级别	最低强度等级	最大水胶比	最小胶凝材料用量(kg/m^3)
L1(C)	一(100年)	C40	0.45(0.40)	320(340)
	二(60年)	C35	0.50(0.45)	300(320)
	三(30年)	C35	0.50(0.45)	300(320)
L2(D)	一(100年)	C40	0.40(0.36)	340(360)
	二(60年)	C40	0.45(0.40)	320(340)
	三(30年)	C40	0.45(0.40)	320(340)
L3(E~F)	一(100年)	C45	0.36(0.32)	360(380)
	二(60年)	C40	0.40(0.36)	340(360)
	三(30年)	C40	0.40(0.36)	340(360)

注:①表中数据在其他物理和化学腐蚀环境下尚需符合相应要求。

②设计寿命为100年且环境作用等级为D级或D级以上时,可在混凝土胶凝材料中加入少量硅灰。

③表中胶凝材料最低用量指集料最大粒径为20mm的混凝土,当最大粒径较小或较大时需适当增减胶凝材料用量。

条文说明

限制混凝土最小胶凝材料用量与最大水胶比，是混凝土耐久性设计的常用做法。本手册用胶凝材料用量取代水泥用量，用水胶比取代水灰比作为控制混凝土耐久性质量的一个主要指标。在以往按强度设计的混凝土配合比设计方法中，首先是按混凝土强度等级计算水灰比；而现在按耐久性要求的设计方法中，首先要根据环境作用等级选择水胶比。如果满足表3.3-4的最大水胶比和最小胶凝材料总量的限制，混凝土的强度一般是足够而且有余的。目前在实际工程现场，由于强度仍是验收混凝土质量最简便的方法，而且在混凝土原材料保持不变的前提下，强度的高低也能在一定程度上反映水胶比的大小，所以在表3.3-4中仍然规定了不同环境下的最低强度要求。实际上，混凝土的强度等级与耐久性之间并不一定存在相关性，比如在硅酸盐水泥中掺入粉煤灰并保持水胶比不变，则28d强度往往有所降低，而抗氯盐侵入的能力却能成倍增加；在混凝土中加入引气剂后，强度也会受到影响，但抗冻融等多种耐久性能有极大改善。很高强度的混凝土，水灰(胶)比很低，如果硅酸盐水泥用量又较大，不但倾向于开裂，而且工作性往往较差，反过来又会对混凝土的耐久性能带来负面影响。

表3.3-4中的最低强度等级、最大水胶比、最小胶凝材料用量基本与国内其他大多数规范要求相同。而《客运专线高性能混凝土暂行技术条件》(科技基101号)(以下简称《客运专线》)在耐久性混凝土设计方面略显保守，这可能和其特殊的环境特点和工程质量要求有关。

⑥按照设计使用年限为100年的混凝土桥梁工程要求(电通量(56d) < 1000C)，复合矿物掺和料适宜掺量范围可控制在40% ~ 70%，矿粉∶粉煤灰∶硅灰的比例可控制为55.2∶36.8∶8。

条文说明

根据国内外研究资料可知：配制C30 ~ C40的海工混凝土，复合矿物掺和料属于矿粉—粉煤灰复合胶凝材料体系，在此定义为Ⅰ型；配制C50 ~ C80的海工混凝土，复合矿物掺和料属于矿粉—粉煤灰—硅灰复合胶凝材料体系，在此定义为Ⅱ型。为了满足耐久性要求，由表3.3-4可知，氯盐环境下混凝土最低强度等级为C35，因此选用矿粉—粉煤灰—硅灰复合胶凝材料体系。

图3.3-1表示将Ⅰ型复合矿物掺和料以30%～80%的比例替代水泥后，混凝土28d抗压强度和28d电通量的指标变化。根据其变化趋势可以看出，当复合矿物掺和料掺量增加时，混凝土的抗压强度下降，电通量不断降低，即抗氯离子渗透性能提高；在掺量从70%递增至80%时其抗压强度仍继续降低，但电通量却增加，即其抗氯离子渗透性能降低。根据ASTM1202－97的评定标准，设计使用年限为100年的混凝土，电通量要在1000C以下，所以对于Ⅰ型矿物掺和料而言，在50%～70%之间可以满足要求。如果以56d龄期混凝土的抗氯离子渗透性作为控制指标，则矿物掺和料掺量可控制在40%～70%。研究通过试验验证：Ⅱ型复合矿物掺和料适宜掺量范围与Ⅰ型相同。矿粉—粉煤灰—硅灰复合体系中矿粉：粉煤灰：硅灰的优化配合比为55.2：36.8：8时，具有较其他配合比要好的抗氯离子渗透性。

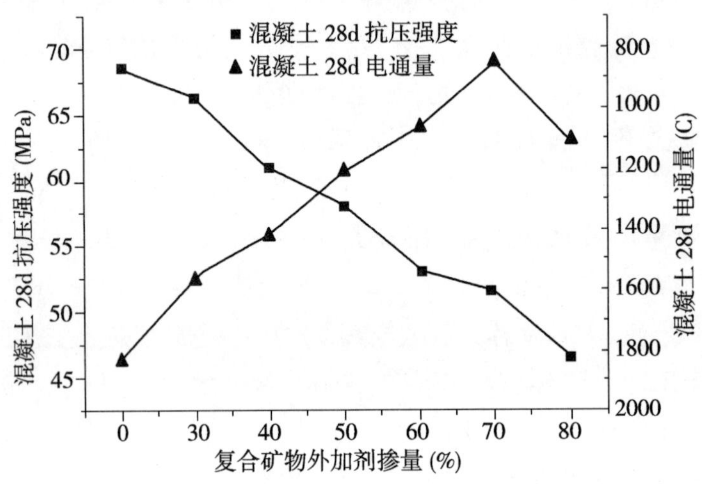

图3.3-1　复合矿物掺和料掺量与抗压强度、抗氯离子渗透性能的关系

(2)用氯离子扩散系数划分混凝土抗渗性

①氯盐环境下钢筋混凝土重要工程，也可以用氯离子扩散系数作为混凝土耐久性质量的一种控制指标。这一指标可用附录A.2介绍的氯离子扩散系数测试方法测得的氯离子扩散系数值D表示。表3.3-5为混凝土抗氯离子渗透性等级划分。

表 3.3-5 混凝土抗氯离子渗透性等级划分

水胶比 (*W/C*)	混凝土 28d 抗压强度 (MPa)	氯离子扩散系数 $D_{RCM}(10^{-12}m^2/s)$	混凝土渗透性等级	混凝土渗透性评价
>0.60	<30	>16	Ⅰ	很高
0.45~0.60	30~40	12~16	Ⅱ	高
0.40~0.45	40~60	8~12	Ⅲ	中
0.35~0.40	60~80	5~8	Ⅳ	低
0.30~0.35	80~100	4~5	Ⅴ	很低
<0.30	>100	<4	Ⅵ	极低

注:当氯离子扩散系数 D_{RCM} 恰好为两等级的边界值时,取为上一等级。

条文说明

氯盐环境下的混凝土抗渗性一般用氯离子扩散系数表示,测定氯离子扩散系数通常有两类方法。一类是自然扩散法,将试件长期浸泡在盐溶液中,或直接从现场混凝土中取样,通过测定混凝土内部不同深度上的氯离子浓度分布,用 Fick 第二定律拟合求出氯离子扩散系数,称为有效扩散系数或表观扩散系数 D_{ap}。这一扩散系数是时间的函数,既与开始浸泡时的龄期 t_0 有关,又随浸泡时间 t 的增长而降低。这种自然扩散过程非常缓慢,在实验室内进行需花费很长时间,通常要 3 个月以上,但表观扩散系数比较接近实际情况,可用于使用寿命的预测。另一类是快速电迁移法,这一方法是瑞典唐路平提出的,称为 CTH 法或 RCM 法。该方法采用直径 $\phi=(100\pm1)$mm,高度 $h=(50\pm2)$mm 的圆柱体试件。将其装入橡胶筒内,置于筒的底部,于试件齐高的橡胶筒体外侧处安装两个环箍(每个箍高 25mm)并拧紧,使试件的侧面处于密封状态。橡胶筒内注入约 300mL 的 KOH 溶液,使阳极板和试件表面均浸没于溶液中。然后把密封好的试件放置在浸没于氯源溶液(含有 5% NaCl 的 KOH 溶液)中的塑料支撑上,支撑设计成倾斜的,以便排出试验期间阳极板上可能产生的小气泡。试验时,试验室温度控制在(20±5)℃,在无负荷状态下,给试件两端加上(30±0.2)V 的直流电压。并同步测定初始串联电流和电解液初始温度。试验时间按测定的初始电流确定。经过若干小时后劈开试件测出氯离子侵入试件中的深度,利用理论公式可以计算得出扩散系数,称为非稳态快速氯离子迁移扩散系数 D_{RCM}。RCM 法是基于试件内部氯离子非稳态电迁移的一种试验方法,通过试验期间测得的氯离子渗透深度来计算氯离子的扩散系数。

②工程中,可参考表 3.3-6 的配合比设计进行桥梁施工。

表 3.3-6　桥梁不同部位混凝土抗氯离子渗透性要求及配合比设计

<table>
<tr><th rowspan="2">环境区分</th><th rowspan="2">桥梁构件部位</th><th rowspan="2">环境作用等级</th><th rowspan="2">渗透性等级最低要求</th><th colspan="2">配合比设计(100 年)</th><th rowspan="2">备　注</th></tr>
<tr><th>最大水胶比/最低强度等级</th><th>最小胶凝材料用量(kg/m³)</th></tr>
<tr><td>水下区</td><td>桩基、引桥承台</td><td>C</td><td>Ⅲ</td><td>0.45/C40</td><td>320</td><td rowspan="4">胶凝材料采用矿粉—粉煤灰—硅灰复合胶凝材料体系,具体掺量可按本手册 P44 第⑥点规定执行。粉煤灰采用一级灰,粉煤灰、矿粉、硅灰质量均应符合相关国家标准质量指标的规定</td></tr>
<tr><td>水位变动区</td><td>桩基、承台</td><td>E</td><td>Ⅴ</td><td>0.36/C45</td><td>260</td></tr>
<tr><td>浪溅区</td><td>承台、桥墩、索塔</td><td>F</td><td>Ⅴ或Ⅵ</td><td>0.32 /C50</td><td>380</td></tr>
<tr><td>大气区</td><td>引桥桩基、承台、桥墩、索塔、箱梁、其他梁板结构、整体化现浇板、混凝土铺装层、附属构件</td><td>D</td><td>Ⅳ</td><td>0.40/ C40</td><td>340</td></tr>
</table>

注:①海洋环境中的水下区、水位变动区、浪溅区和大气区的划分,按《海港工程混凝土结构防腐蚀技术规范》(JTJ 275—2000)的规定。

②桥梁部位及相应的环境作用等级依据《杭州湾跨海大桥专用技术规范》划分。

③配合比设计参照《混凝土结构耐久性设计与施工指南》(CCES 01:2004)设计使用年限为100 年时的配合比要求。

④当设计使用寿命为 100 年且环境作用等级为 D 或 D 级以上时,可在混凝土的胶凝材料中加入少量硅灰。

⑤对于冻融和化学腐蚀环境下的薄壁构件,其水胶比宜适当低于表中对应数值。

根据我国交通运输部《海港工程混凝土结构防腐蚀技术规范》(JTJ 275—2000)有关条文规定,海水环境结构部位划分为大气区、浪溅区、水位变动区及水下区。各区具体划分办法按表 3.3-7 进行。

表 3.3-7　海水环境混凝土部位划分

<table>
<tr><th>掩护条件</th><th>划分类别</th><th>大 气 区</th><th>浪 溅 区</th><th>水位变动区</th><th>水 下 区</th></tr>
<tr><td>有掩护条件</td><td>按港工设计水位</td><td>设计高水位加 1.5m 以上</td><td>大气区下界至设计高水位减 1.0m之间</td><td>浪溅区下界至设计低水位减 1.0m 之间</td><td>水位变动区以下</td></tr>
<tr><td rowspan="2">无掩护条件</td><td>按港工设计水位</td><td>设计高水位加 (η_0 +1.0m)以上</td><td>大气区下界至设计高水位减 η_0 之间</td><td>浪溅区下界至设计低水位减 1.0m 之间</td><td>水位变动区以下</td></tr>
<tr><td>按天文潮潮位</td><td>最高天文潮位加 0.7 倍百年一遇有效波高 $H_{1/3}$ 以上</td><td>大气区下界至最高天文潮位减百年一遇有效波高 $H_{1/3}$ 之间</td><td>浪溅区下界至最低天文潮位减 0.2 倍百年一遇有效波高 $H_{1/3}$ 之间</td><td>水位变动区以下</td></tr>
</table>

注:①η_0 值为设计高水位时的重现期 50 年 $H_{1\%}$(波列累积频率为 1% 的波高)波峰面高度。

②当浪溅区上界计算值低于码头面高程时,应取码头面高程为浪溅区上界。

条文说明

根据国内外海工混凝土的实践经验，混凝土结构中钢筋腐蚀最为严重的是浪溅区，依次是水位变动区、大气区、水下区。长期处于水下的混凝土结构由于缺乏供氧条件，钢筋腐蚀极为缓慢。因此，在设计跨海混凝土桥梁时应根据各构件所处的环境条件，有针对性的采取不同的防腐蚀要求和措施。

先根据环境区分确定各环境下的桥梁构件部位，进而由表3.3-3确定环境作用等级，以及在设计使用年限为100年条件下的配合比设计，根据表3.3-5对应的水胶比区间和抗压强度区间进而给出混凝土渗透等级的最低要求。

采用硅酸盐水泥、普通硅酸盐水泥配制耐久性混凝土时，宜适当掺加优质矿物掺和料，如粉煤灰、硅灰、矿渣等，才能满足混凝土耐久性的要求。掺加粉煤灰等矿物掺和料对提高混凝土抗氯盐侵蚀能力特别有利。因此，在氯盐条件下，不宜单独采用硅酸盐水泥作为胶凝材料，否则不能保证耐久性。硅酸盐水泥水化产生的$Ca(OH)_2$无论在强度上还是在化学稳定性上都很差，在软水、氯盐、酸或硫酸盐腐蚀下易被溶解，是混凝土耐久性的薄弱环节。

对于多数矿物掺和料，其掺入混凝土中的效应一般都有微集料效应、形态效应、火山灰效应、界面效应等。但不同的矿物掺和料在不同的效应形式下表现可能是正效应也可能是负效应，这主要取决于矿物掺和料的物理形态、化学组成等特征。如果矿物掺和料物理性能选择、掺量比例控制得当，多元复合矿物掺和料掺入混凝土可以改善混凝土的各种性能指标，特别是抗氯离子侵蚀性能，这可归结为多元复合矿物掺和料的复合效应。

复合矿物掺和料（矿粉、粉煤灰、硅灰）掺入混凝土中可以使得胶凝材料粉体比拌水前的堆积更为紧密，从而使得在胶凝材料的水化、凝结、硬化过程中产生的微集料效应，比单一的矿物掺和料的微集料作用更胜一筹。

由于加入矿物掺和料后，使得混凝土的孔结构得到大幅度的改善（从混凝土的孔结构和孔径分布可知），不仅总孔隙率降低，孔径减小，而且孔径分布趋于优化，即>20nm的有害孔的比例下降，而<20nm的无害孔比例增加。从而使混凝土的抗氯离子侵蚀能力得到大幅度的增强。孔结构的改善有利于提高抗氯离子渗透性能，这种现象可以用漫散双电层理论加以解释。

另外,从众多文献得知,C_3A 能结合氯离子生成 F 盐($C_3A \cdot CaCl_2 \cdot 10H_2O$)。因而胶凝材料中 Al_2O_3 含量对结合氯离子非常重要,Al_2O_3 含量高,则结合的氯离子量越多。

所以,掺加矿物掺和料的混凝土抗氯离子侵蚀能力较好的原因可以总结以下几点:a. 掺矿物掺和料高性能混凝土的孔结构得到很大程度的改善,水化产物所形成的双电层作用明显,从而降低了混凝土的渗透性,也包括氯离子的扩散性。b. 矿物掺和料中氧化铝含量比纯硅酸盐水泥的含量要高。

复合矿物掺和料等量取代水泥之后,混凝土的抗氯离子扩散性能改善,而且氯离子结合能力也显著提高,因而抗氯离子侵蚀的能力增强。

2)抗压力水渗透

(1)抗渗性等级的划分

混凝土的抗渗性能是指混凝土抵抗外部介质入侵的能力,是评价混凝土耐久性的重要指标之一。由于绝大多数对水泥混凝土有害的流动水、溶液和气体等介质均是从水泥混凝土的孔隙进入其内部,从而造成混凝土溶蚀、结构松散、密实度下降,甚至结构的破坏。混凝土的抗渗性与密实性息息相关,混凝土越密实,其抗渗性能越好,水泥混凝土抗渗性能的好坏,直接影响到混凝土结构的耐久性。

因此,本手册以混凝土抗渗性表征混凝土的密实性,作为耐久性控制的指标之一。

采用混凝土抗渗性试验测定的渗水深度将混凝土抗渗性划分为 4 个等级,见表 3.3-8。

表 3.3-8 抗渗性等级

抗渗性等级	渗水深度(mm)	最大水胶比	最小胶凝材料用量(kg/m^3)
D1	≥50	≥0.55	320
D2	30~50	0.55	340
D3	6~30	0.45	360
D4	≤6	0.40	380

(2)抗渗性指标的控制

①桥梁不同部位构件混凝土的抗渗性应满足表 3.3-9 的要求。

表 3.3-9 桥梁不同部位的混凝土抗压力水渗透性要求及配合比设计

环境区分	桥梁构件部位	环境作用等级	密实性等级	配合比设计(100 年)		粉煤灰掺量限制(%)
				最大水胶比	最小胶凝材料用量(kg/m³)	
水下区	桩基、引桥承台	C	D3	0.45	360	≤55
水位变动区	桩基、承台	E	D4	0.40	380	20~50
浪溅区	承台、桥墩、索塔	F	D4	0.40	380	20~45
大气区	引桥桩基、承台、桥墩、索塔、箱梁、其他梁板结构、整体化现浇板、混凝土铺装层、附属构件	D	D2	0.55	340	≤50

②暴露环境下的桥梁钢筋混凝土结构,混凝土的抗渗性应满足表 3.3-10 的要求。

表 3.3-10 桥梁暴露部位构件的耐久性(抗渗性)指标

暴露等级		环境条件	密实性等级	最大水胶比	
				钢筋混凝土	预应力混凝土
1		干燥环境:与土壤、水无直接接触;受风蚀小;相对湿度较高的时间短的地方的桥梁构件(1 年中相对湿度大于 60% 的时间小于 3 个月)		0.55	0.50
2	a	无冰冻的潮湿环境:与风和自然气候有接触但无冰冻;在无冰冻且无侵蚀性的土壤或水中的桥梁构件		0.50	
2	b	有冰冻的潮湿环境:暴露于风、自然气候;无侵蚀性的土壤或水中的桥梁构件	D2	0.45	
2	c	有冰冻且有除冰剂的潮湿环境:暴露于风、自然气候;无侵蚀性的土壤或水中有冰冻和除冰剂的桥梁构件	D2	0.45	

续上表

暴露等级		环境条件	密实性等级	最大水胶比	
				钢筋混凝土	预应力混凝土
3	a	海水环境:浪溅区;或一面暴露于空气的海水水下构件;在饱和盐空气中的构件(沿岸区)	D3	0.45	
	b	有冰冻的海水环境:浪溅区;或一面暴露于空气的海水水下构件;在饱和盐空气中的构件(沿岸区)	D3	0.40	
4	a	轻度侵蚀性的化学环境(气、液、固)	D2	0.45	
	b	中等侵蚀性的化学环境(气、液、固)	D2	0.40	
	c	强烈侵蚀性的化学环境(气、液、固)	D3	0.35	

(3)抗渗性等级的测定

我国混凝土抗渗性试验方法为水压法,分为以抗渗等级来表示的逐级加压法和测定渗水高度或相对渗透系数的一次加压法。逐级加压法费时费工,而且对低渗透性的高性能混凝土,有时无法获得试验结果。本手册采用一次加压法,具体试验方法如下。

混凝土相对抗渗性试验是测定混凝土在恒定水压下的渗水高度(即渗水深度),计算相对渗透系数,比较不同混凝土的抗渗性。本方法适用于抗渗性能较高的混凝土,本手册引用我国《水工混凝土试验规程》(DL/T 5150—2001)相对抗渗性试验的规定,具体步骤如下。

将抗渗仪压力一次加到 0.8MPa,当试件混凝土较密实,可将试验压力改用 1.0MPa 或 1.2MPa,同时开始记录时间并在此压力下恒定 24h,然后降压从试模中取出试件。在试件两端面直径处,按平行方向各放一根 6mm 钢垫条,用压力机将试件劈开。将劈开面的底边 10 等分,在各等分点处量出渗水高度(试件被劈开后,过 2 ~ 3min 即可看出水痕,此时可用笔画出水痕位置便于量取渗水高度)。在恒压过程中,如有试件端面出现渗水时,即停止试验,并记下出水时间(精确至分钟),此时该试件的渗水高度即为试件的高度(15cm)。以各等分点渗水高度的平均值作为该试件的渗水高度。在不需要作相对性比较的情况可直接取渗水高度表征混凝土的渗透性能,如需和其他混凝土的渗透性作比较,可进一步计算相对渗透系数。

相对渗透系数按式(3.3-1)计算:

$$K_r = \frac{\alpha D_m^2}{2tH} \tag{3.3-1}$$

式中:K_r——相对渗透系数(cm/h);

D_m——平均渗水深度(cm);

H——水压力,以水柱高度表示(cm),1MPa 水压力,以水柱高度表示为 10 200cm;

t——恒压时间(h);

α——混凝土吸水率,一般为 0.03。

以一组 6 个试件测值的平均值作为试验结果。

条文说明

混凝土的抗渗性能是指混凝土抵抗外部介质入侵的能力,是评价混凝土耐久性的重要指标之一。由于绝大多数对水泥混凝土有害的流动水、溶液和气体等介质均是从水泥混凝土的孔隙进入其内部,从而造成混凝土溶蚀、结构松散、密实度下降,甚至结构的破坏。混凝土的抗渗性与密实性息息相关,混凝土越密实,其抗渗性能越好,水泥混凝土抗渗性能的好坏,直接影响到混凝土结构的耐久性。

通常采用的提高抗渗性的措施都能提高混凝土的耐久性,诸如降低水胶比、使用矿物掺和料、延长养护时间等。特别是将矿物掺和料(如硅粉、粉煤灰和矿渣等)作为胶凝材料加入混凝土中,能起到增大混凝土的密实度、改善混凝土的孔结构、细化孔隙的作用,能明显提高混凝土的抗渗性。

因此,本手册以混凝土抗渗性表征混凝土的密实性,作为耐久性控制指标之一。

(1)影响混凝土渗透性因素

影响混凝土渗透性的因素很多。内部因素是指混凝土本身的材料组成和结构特性,外在因素是指混凝土所处的使用环境。混凝土本身的材料结构与性能可以通过配合比设计及适当的制作工艺来改善,如掺加矿物掺和料和高效减水剂、采用低水胶比、改善水泥浆体与集料界面的性能以及在混凝土表面采取适当的防护措施等。外部因素是客观存在的，提高混凝土抗渗性的关键在于减少混凝土对腐蚀介质易感的组分，提高混凝土本身的致密性，尽可能地减少原生裂缝，并加强混凝土硬化后的体积稳定性。

①水胶比

早在20世纪50年代，Powers就对水灰比对混凝土渗透性的影响作了研究，表明混凝土的渗透性与水灰比有很好的相关性。当水灰比大于0.55，渗透系数急剧增大；当水灰比低于0.6时，毛细孔径减小，水泥水化物局部堵塞了毛细孔通道，水流动的阻力增大，曲线的斜率逐渐减小。事实上，当水胶比低于0.3时，混凝土的渗透系数非常低，可以认为是不可渗透的。

赵铁军采用氯离子快速渗透法对高性能混凝土的强度与渗透的关系作了研究，得到的结论是：纯水泥混凝土的强度与渗透性之间有很好的相关性，矿渣混凝土和粉煤灰混凝土的强度与渗透性之间的相关性较差。并由此认为：除非用于同类的纯水泥混凝土之间相互比较，高性能混凝土（大量使用各种矿物掺和料）的强度通常不能反映其渗透性。

②集料

从理论上讲，混凝土中加入低渗透性的集料可以切断毛细管通道的连续性，尤其在高水灰比及高毛细孔隙率的情况下，这种作用应该更明显。然而，实验结果恰恰相反，当加入集料后混凝土的渗透性提高了，并且集料粒径越大，渗透系数越高。Metha把它归因于浆体与集料界面孔结构和微裂缝。Dhir等人发现，当采用20mm以下的集料时，混凝土的透气系数没有明显的差别，只有当集料粒径大于40mm时，浆体与集料界面的性能劣化，导致混凝土的渗透系数提高。Nyame就集料对混凝土渗透性的影响进行了研究，得到以下结论：随着集料掺量的增加，界面区对混凝土渗透性的影响加大，而集料吸收了浆体的部分水，导致浆体本身渗透性降低，对于轻骨料混凝土，不同渗透介质的测试结果差别很大，Sugiyama等人的研究表明：在相同集料掺量下，轻集料混凝土与普通混凝土的氯离子渗透系数非常接近，集料的影响几乎可忽略；而透气系数则相去甚远，采用轻骨料后混凝土的透气系数成倍增加。

③掺和料

许多研究表明，掺和料（火山灰、粉煤灰、矿渣）能显著降低混凝土的渗透性，这是由于浆体结构得到了改善，水化产物填充孔隙，毛细孔隙率降低，孔径细化，孔的连通性被阻断，从而渗透性降低。有研究者对普通混凝土和粉煤灰混凝土28d和90d的抗渗性能做了对比研究，结果表明，在等强度下，大掺量(30% ~50%)粉煤灰混凝土28d的渗透系数高于普通混凝土的渗透系数，而其90d的渗透系数要低于普通混凝土的渗透系数。这主要是由于粉煤灰早期的活性较低，反应程度较低，浆体结构中存在较多的孔隙，且孔的连通性很较好，从而混凝土的渗透系数较高；而到了后期，粉煤灰的火山效应逐渐发挥出来，大大改善浆体的结构，从而使得混凝土的抗渗性得到提高。

④引气

一般认为在混凝土中加入适量引气剂，生成大量微细气孔，可以起到切断毛细孔连续性的作用，从而提高混凝土的抗渗性。但有关引气混凝土渗透性能的报道却很少，Dhir研究了引气混凝土的透气性能，结论表明，在低水灰比(W/C)下引气混凝土的透气性要显著低于基准混凝土。笔者对比研究了不同强度等级普通混凝土、引气混凝土、粉煤灰引气混凝土的抗渗性能，结果表明，当控制混凝土的含气量为5%时，在等强度下，引气混凝土的抗渗(水)系数和抗透气系数为普通混凝土的1/5 ~1/3，而粉煤灰引气混凝土的抗渗性能的提高更为明显。

⑤龄期

随着龄期延长，水泥浆体水化程度增加，浆体孔隙率减小，同时孔径减小，毛细孔的贯通程度也减小，渗透性自然就降低。随着养护时间的延长，各种混凝土的渗透性降低幅度相差较大。赵铁军等人测试了龄期对混凝土氯离子渗透性的影响，得到了以下结果：以30d龄期的混凝土渗透性为基准，纯水泥混凝土，70d降至56% ~76%，130d降至50% ~60%；矿渣混凝土，70d降至52% ~72%，130d降至33% ~43%；粉煤灰混凝土，70d降至25% ~33 %，130d降至13% ~16%。其主要原因是，矿渣和粉煤灰混凝土在湿养护条件下，掺和料与水泥的水化产物$Ca(OH)_2$发生二次反应，使孔结构细化，养护时间延长，有利于水泥和矿物掺和料的进一步水化及相互反应，从而进一步填充和阻断毛细孔，使渗透性降低。

⑥养护及环境条件

Dhir等人研究了养护条件对混凝土抗渗性能的影响，随着水灰比的增大，混凝土的透气系数几乎呈指数增长。初始养护制度对混凝土透气系数有着重要的影响，水中养护时间越长，渗透性越小。Marsh测试了水泥浆体28d、90d的透水系数，W/C为0.4时，20℃养护的透水系数为1.5×10^{-13}m/s，而

35℃、50℃和65℃养护的透水系数介于$4\times10^{-2}\sim9\times10^{-2}$m/s之间。

环境因素(相对湿度、温度和大气中的CO_2)也显著地影响混凝土的渗透性。Merthin J等人研究了各种混凝土(普通混凝土、高强混凝土、聚合物改性混凝土、自密实混凝土)的抗渗(水)性能,水温从20℃变化到80~90℃,结果是:当温度从20℃提高到50℃,混凝土的渗透性提高13%~62%,温度再提高到80℃时,混凝土的渗透性又增加3%~55%。

混凝土内部的湿度对其抗渗性能有很大的影响,混凝土的抗透气性能对湿度尤其敏感,有不少文献报导,当混凝土中水分去除后,其透气性能显著增加。

⑦孔结构

可以说绝大部分影响混凝土强度的因素都影响混凝土的渗透性。这两者之间有一定的关系,但没有必然的联系,因为混凝土的渗透性与连通的孔隙有关,而抗压强度主要受总的孔隙率控制的。图3.3-2较形象地显示了孔隙率与渗透性的关系。Nyame等人和Metha等人的研究表明:混凝土的渗透性和孔径分布存在良好的关系。根据Nyame的研究,"最大连续孔径"是代表性的孔尺寸,水只能通过它在混凝土中渗透。同时Metha提出"临界孔径"是渗透性和孔径分布关系中的一个重要参数。这两种孔径的范围以132nm(1320Å)为界,大孔对渗透性的影响比小孔更为重要。杨志强等人比较了养护温度分别为27℃和60℃下水泥浆体的孔结构和渗透性,结果表明:60℃养护的样品具有较小的孔隙率,但渗透性较高。其主要差别是由60℃养护样品中75nm(750Å)~230nm(2300Å)的孔引起的,认为孔径大于75nm(75Å)的孔对混凝土的渗透性有很大的影响。

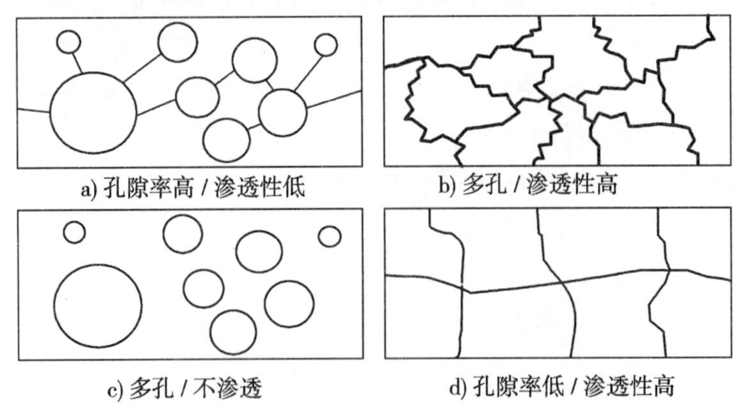

图3.3-2 孔隙率与渗透性关系示意图

(2)渗透性与耐久性的关系

混凝土的耐久性包括许多内容,这些内容又受许多因素影响,且作用机理复杂,但其共同点是:它们都与混凝土的传质能力有关。混凝土材料的腐蚀大多是在有水及有害离子侵入的条件下产生的,混凝土的耐久性与渗透性有着密切的联系。

①抗冻性与渗透性

干燥的混凝土不会遭受冰冻破坏。由于混凝土含水率存在一个临界饱和度,超过此值,且当混凝土暴露于低温下容易产生裂缝。混凝土经充分养护后含水率可能低于临界饱和度,但如果其渗透性较高,当暴露于潮湿环境时,可以再次达到或超过临界饱和度。因此,对处于冻融环境中的混凝土,其渗透性非常重要。渗透性不仅控制着冻结时与内部水的移动有关的渗透压力,而且控制着冰冻前的临界饱和度,国外已有学者研究了混凝土的渗透性与冻融循环的关系。

一般来说,在混凝土中引入适量的封闭气孔可以大大改善其抗冻能力。由于引入的封闭气孔既可降低混凝土的表面渗透性,使混凝土不易饱水,又可以在冰冻时为水压力提供外逸边界,使得膨胀力减小,从而可以大幅度提高混凝土的抗冻融能力。

②碳化与渗透性

由于混凝土的多孔性,大气中的CO_2在浓度差的作用下通过混凝土由外向内扩散,与混凝土中的碱性物质发生反应,这个过程称为混凝土的碳化。碳化对混凝土的危害是多方面的,例如使混凝土的韧性降低、产生碳化收缩裂缝等,而最大的危害是使表层混凝土碱性降低,对保护钢筋不利。

混凝土碳化是一个缓慢的过程。碳化速度可用一定时期内的碳化深度来表示。碳化深度一般通过实验室加速碳化试验来测定。另外,根据CO_2在混凝土中的扩散机理,很多学者都建立了预测混凝土碳化深度的数学模型。我们综合各种文献所建立的碳化模型,预测了文献中所用混凝土的碳化深度,预测结果见表3.3-11。由表3.3-11可见,混凝土的Cl^-渗透深度x和碳化深度D_c之间相关性很好,相关系数为0.858,相关程度为显著。以上分析表明:有可能利用混凝土的渗透性评价其抗碳化性能,并且因混凝土的交流电阻比Cl^-渗透深度更容易测量,用来评价混凝土碳化性能更具潜力。

表 3.3-11 混凝土渗透性与碳化、钢筋锈蚀指标数据统计

试件系列	1	2	3	4	5	6	7	8	9
Cl^- 渗透深度 x(mm)	8.5	9.0	10.4	10.4	10.5	12.2	12.4	14.1	14.5
碳化深度 D_c(mm)	9.3	9.3	7.9	10.7	8.7	12.9	11.7	11.9	13.7
钢筋锈蚀失重率 K(%)	0.24	0.05	0.23	0.23	0.08	0.18	0.23	0.38	0.32

③钢筋锈蚀与渗透性

混凝土的高碱性使内部钢筋表面形成一层致密的钝化膜，保护钢筋不受腐蚀。CO_2 通过表面渗入混凝土以后，与混凝土中的 $Ca(OH)_2$ 反应使之碳化，从而使混凝土碱性大大降低。随着混凝土碱性的降低，钢筋表面的钝化膜将变得不稳定，直至破坏。这样，失去保护的钢筋会在氧和水分渗入的情况下发生电化学腐蚀。已有研究者采用渗透性指标定性地评价混凝土的护筋性能，见表 3.3-12。

表 3.3-12 混凝土护筋质量与 Cl^- 渗透性指标的关系

混凝土护筋质量级别	Cl^- 渗透性指标		
	透气性 ($10N \cdot min^{-1}$)	吸水性 ($10^{-7}m^3 \cdot min^{-1}$)	透水性 ($10^{-7}m^3 \cdot min^{-1}$)
0(很差)	>0.90	3.40	>13.80
1(差)	0.50~0.90	2.50~3.40	9.40~13.8
2(良好)	0.10~0.50	1.30~2.60	3.70~9.40
3(极好)	<0.10	<1.30	<3.70

总之，混凝土材料的腐蚀主要是由于侵蚀性介质的侵入。渗透性决定了侵蚀性介质进入混凝土内部的速度，是影响混凝土耐久性最重要的因素。

曹芳等人对《普通混凝土长期性能和耐久性能试验方法》(GBJ 82—1985)介绍的水渗透方法和国际标准 ASTMC1202-97 中介绍的快速氯离子渗透方法进行了对比分析，认为快速氯离子渗透方法特别适用于不掺混合材的混凝土，对掺高含量 SiO_2 混合材的混凝土则夸大其抗渗性能；水渗透方法较真实反映了混凝土抗渗性能。其他研究也证明采用快速氯离子渗透方法快速而有效，但该方法也存在缺点：由于混凝土两侧施加 60V 的电压，从而产生极化反应，使溶液温度升高，而影响实验结果；实验结果受到混凝土孔溶液化学成分的影响；对于水灰比大于 0.6 和小于 0.35 的混凝土测量结果不可靠等。可见，快速氯离子渗透方法测氯离子渗透，在某些情况下并不能真实准确反映混凝土的抗渗性能，因此，本手册采用快速氯离子渗透方法与水渗透方法相互补充的方法，在不同的环境等级、构件使用部位使用其中一种测试方法为主，另一种为辅的方式。

我国混凝土抗渗性试验方法为水压法，分为抗渗等级的逐级加压法和渗水高度或相对渗透系数的一次加压法。逐级加压法费时费工，而且对低渗透性的高性能混凝土，有时无法获得试验结果，一次加压法对渗水高度较小的混凝土可能误差较大。本手册采用一次加压法。

3.3.2 抗蚀性指标

不同的环境作用等级下的桥梁耐久性混凝土，在满足相应的密实性等级的前提下，还应满足下列抗蚀性指标。

条文说明

腐蚀是指物质或材料与环境作用而引起的恶化变质或破坏。

提高抗蚀性是桥梁混凝土耐久性设计的重要组成部分，混凝土的腐蚀可以分为两种基本类型：①物理腐蚀，包括水的冰冻或盐类结晶等产生体积膨胀，在混凝土中形成内应力，造成混凝土结构的破坏；②化学腐蚀，水泥石组分和有害物质间发生化学反应，造成混凝土密实度进一步降低或碱度降低，由此引发钢筋锈蚀等破坏。

造成混凝土腐蚀破坏主要因素，一是混凝土材料自身的特点即材料因素，包括混凝土的水灰比、孔隙率、水泥品种等；二是混凝土所处侵蚀环境特点即环境因素。

使桥梁混凝土结构性能降低的外部环境作用有：大气中的 CO_2、SO_3、NO_x 以及酸雨等因素使桥梁水上部位混凝土产生中性化；水系统中特别是海水系统的氯化物侵入桥梁混凝土水下部位及水位变动区造成钢筋锈蚀；寒冷地区的桥梁混凝土特别是潮差区及浪溅区受冻融作用；盐碱地的酸碱使混凝土腐蚀等。

考虑到桥梁混凝土结构所处的上述侵蚀环境作用，将混凝土的抗蚀性分为抗物理腐蚀（抗冻融、抗磨蚀）和抗化学腐蚀（抗碳化、抗硫酸盐、抗酸雨、抑制碱—集料反应）。

1）抗物理腐蚀指标

（1）抗冻融

①冻融破坏环境下的混凝土结构，以抗冻等级作为抗冻融耐久性指标，将混凝土的抗冻融耐久性划分为 D1、D2、D3、D4 四级，见表 3.3-13。抗冻等

级应按照附录 B2 测定。

表 3.3-13　混凝土的抗冻融性等级

抗冻融性等级	D1	D2	D3	D4
抗冻等级	F300	F350	F350	F400

条文说明

混凝土的冻融破坏,是外部水分渗入硬化混凝土的空隙中,受冻时体积膨胀,迫使未受冻结的孔溶液从结冰区向外迁移。孔溶液在可渗透的水泥浆体结构中移动,必须克服粘滞阻力,因而产生静水压力。当静水压力超过混凝土的抗拉强度时就会使混凝土损伤、开裂,以至破坏。表层毛细吸附及细小缝隙中的水结冰膨胀时会造成混凝土剥落脱皮,内部细小缝隙中的水结冰膨胀时则造成混凝土内部损伤,导致混凝土性质改变(如动弹性模量降低)。

冻融破坏主要与环境的最低温度、混凝土饱水度和反复冻融次数有关。在相同条件下,含盐水的冻融破坏作用更大,青藏线盐湖区更为典型。

本手册参照《客运专线》,根据环境温度将冻融破坏划分为三个地区:严寒地区,如西藏、东北、西北、华北,这些地域的冬季最低温度可达 -16℃以下;寒冷地区,如安徽、山东、河南、湖北等地,冬季温度为 -16 ~ -10℃;微冻地区,如湖南、江西、贵州等地的一些山区,受冻害较轻微。根据环境水对混凝土的作用情况,分为频繁接触水区和水位变动区。根据环境中是否含有除冰盐或其他氯盐,分为氯盐环境与非氯盐环境。综合以上三点,将冻融破坏环境分为 D1、D2、D3、D4(B、C、D、E)四级,见表 3.3-14。

表 3.3-14　冻融破坏环境条件特征

作用等级代号	环境条件特征
D1(B)	微冻地区 + 频繁接触水
D2(C)	微冻地区 + 水位变动区
	严寒和寒冷地区 + 频繁接触水
	微冻地区 + 氯盐环境 + 频繁接触水
D3(D)	严寒和寒冷地区 + 水位变动区
	微冻地区 + 氯盐环境 + 水位变动区
	严寒和寒冷地区 + 氯盐环境 + 频繁接触水
D4(E ~ F)	严寒和寒冷地区 + 氯盐环境 + 水位变动区

注:严寒地区、寒冷地区和微冻地区是根据其最冷月的平均气温划分的。严寒地区、寒冷地区和微冻地区最冷月的平均气温 T 分别为:$T \leqslant -8$℃、-8 ℃ $< T <$ -3 ℃和 -3 ℃ $\leqslant T \leqslant 2.5$ ℃。

本手册中桥梁混凝土的抗冻等级采用《水运工程混凝土试验规程》(JTJ 270—1998)中混凝土抗冻性试验测定,取相对动弹性模量降到初始值75%或质量损失到5%的循环次数作为抗冻等级。《水运工程混凝土试验规程》(JTJ 270—1998)对混凝土抗冻性能的要求比水工、公路等规范相对较高,在水工、公路等规范中,定义快速冻融试验动弹性模量降到初始值60%或质量损失到5%(两个条件中只要有一个先达到时)的循环次数作为抗冻等级。

②各抗冻耐久性等级所要求的最大水胶比、最小胶凝材料用量及矿物掺和料掺量配合比参数见表3.3-15。

表3.3-15 抗冻融性等级要求的配合比参数

抗冻融性等级	抗冻等级	最大水胶比	最小胶凝材料用量(kg/m^3)	矿物掺和料最大掺量
D1	F300	0.50	300	粉煤灰:40%; 磨细矿渣粉:50%; 硅灰:5%
D2	F350	0.45	320	
D3	F350	0.40	340	
D4	F400	0.36	360	

条文说明

本手册参照《客运专线》、《高性能混凝土应用技术规程》(CECS 207:2006)抗冻融耐久性设计,规定不同冻害地区或盐冻地区的混凝土水胶比最大值见表3.3-16。

表3.3-16 不同冻害地区或盐冻地区混凝土水胶比最大值

外部劣化因素	水胶比最大值	外部劣化因素	水胶比最大值
微冻地区	0.50	寒冷地区	0.45
严寒地区	0.40		

矿物掺和料对混凝土抗冻性有一定影响,宜通过试验确定。通常情况下,掺加硅粉有利于抗冻,加入少量的硅灰一般都能起到比较显著的作用。粉煤灰和另外一些火山灰质材料因其本身的Al_2O_3含量有波动,效果差别较大,并非都是掺量越大越好。因此当单独掺加粉煤灰等火山灰质掺和料时,应当通过试验确定其最佳掺量。有资料表明,混凝土的抗冻能力随粉煤灰掺量的增加而降低,在低水胶比下,适量掺加粉煤灰和矿渣对抗冻能力的影响也不大,但应严格控制粉煤灰的品质,特别要尽量降低粉煤灰的烧失

量，后者对含气量有很大影响。

③冻融破坏环境的B、C、D、E、F情况除应满足相应的密实度等级外，还应该达到的抗冻融等级见表3.3-17。

表3.3-17　冻融破坏环境混凝土的抗冻融性等级

冻融破坏环境	B	C	D	E	F
抗冻融等级	D1	D1	D2	D3	D4

④当混凝土有抗冻要求时，混凝土的入模含气量宜满足的规定见表3.3-18。

表3.3-18　混凝土含气量

环境作用等级	D1					D2、D3					D4				
集料最大公称粒径(mm)	10	16	25	31.5	40	10	15	25	31.5	40	10	16	25	31.5	40
含气量(%)	5.5	5.0	4.5	4.5	4.0	6.5	6.0	5.5	5.5	5.0	7.0	6.5	6.0	6.0	5.5

注：①表中含气量为入模混凝土中取样测得的数值，允许绝对误差为1个百分点。

②对于蒸汽养护混凝土，在采取其他可靠的提高混凝土抗冻性技术措施的前提下，可适当降低入模含气量。

条文说明

混凝土的含气量是占混凝土体积的份额，但气泡只存在于浆体中，集料最大粒径大时，浆体体积相对就小，如混凝土含气量相同，浆体体积越小则浆体中气泡含量越大，混凝土强度损失也越大，因此混凝土中含气量应随集料最大粒径的增大而减小。

(2)抗磨蚀

①磨蚀破坏环境下的混凝土结构，以砂浆磨耗率作为抗磨蚀耐久性指标，将混凝土的抗磨蚀耐久性划分为M1、M2、M3三个等级，见表3.3-19。砂浆磨耗率应按《水工混凝土试验规程》(DL/T 5150—2001)中混凝土含砂水冲刷试验测定，见附录B.5。

表3.3-19　混凝土的抗磨蚀性等级

抗磨蚀性等级	M1	M2	M3
砂浆的磨耗率(kg/m²)	3.6	1.8	1

条文说明

磨蚀环境条件特征见表3.3-20。

表 3.3-20　磨蚀环境条件特征

作用等级代号	环境条件特征	
M1	风蚀(有砂情况)	风力等级≥7 级,且年累计刮风时间大于 90d
M2	风蚀(有砂情况)	风力等级≥9 级,且年累计刮风时间大于 90d
	流冰冲刷	被强烈流冰撞击、磨损、冲刷(冰层水位下 0.5m ~ 冰层水位上 1.0m)
M3	风蚀(有砂情况)	风力等级≥11 级,且年累计刮风时间大于 90d
	泥砂冲刷	被大量夹杂泥砂或物体的流水磨损、冲刷

②各抗磨蚀耐久性等级要求的配合比参数见表 3.3-21。

表 3.3-21　抗磨蚀性等级要求的配合比参数

抗磨蚀性等级	砂浆磨耗率(kg/m^2)	最大水胶比	最小胶凝材料用量(kg/m^3)	矿物掺和料最大掺量
M1	≤3.6	0.50	300	粉煤灰:35%; 磨细矿渣粉:60%; 硅灰:5%
M2	≤1.8	0.45	320	
M3	≤1.0	0.40	340	

③磨蚀破坏环境应该达到的抗磨蚀等级见表 3.3-22。

表 3.3-22　磨蚀破坏环境混凝土的抗磨蚀性等级

磨蚀破坏环境	C	D	E ~ F
抗磨蚀性等级	M1	M2	M3

2)抗化学腐蚀指标

提高混凝土的抗侵蚀性主要在于选用合适的水泥品种,以及提高混凝土的密实度。

条文说明

提高混凝土抗腐蚀性能主要在于两方面:①提高密实度。例如,掺加减水剂,在保持流动性基本不变的情况下,可以减小水灰比,这样混凝土的孔隙率会大大减小,密实度提高。在混凝土施工时,为了保证施工顺利进行,必须保证混凝土有必要的流动性,常常需要提高混凝土的水灰比,但是水泥水化需要的水是一定的,这就使加入的水有了剩余,这些水留在混凝土内部,就形成了孔隙,而且由于水较多,容易造成泌水现象。水在上升过程中,遇到集料的阻挡,积存在集料的底部,当最后干燥蒸发后,就会形成孔隙。

孔隙多,混凝土的密实度降低,为侵蚀性物质提供较为有利的进入混凝土内部的通道,腐蚀也比较迅速。掺加了减水剂后,混凝土的水灰比减小,除水泥水化所需用水外,剩余自由水减少,这样混凝土内部的孔隙就减少,孔隙率降低,侵蚀液所必需的渗透通道减少,因此降低了腐蚀的速度和程度。②减少被腐蚀物质。普通的没有掺加硅灰的混凝土,由于水泥水化生成大量的 $Ca(OH)_2$,当混凝土受到硫酸盐腐蚀时,$Ca(OH)_2$ 可以和硫酸盐反应,生成硫酸钙结晶,在硫酸盐浓度高时,还可与水化硫酸钙结合生成钙矾石,其体积是原固体反应物体积的两倍,会形成很大的膨胀应力,造成裂缝,这样侵蚀液得到了渗透通道,从而可以更加顺利地进入混凝土内部,继续反应,最终导致混凝土的破坏。$Ca(OH)_2$ 还可以和酸发生中和反应,生成可溶的钙盐,使混凝土疏松,强度降低,孔隙率增大。掺加了硅灰后,由于硅灰和 $Ca(OH)_2$ 发生二次水化反应,生成水化硅酸钙,这不仅减少了 $Ca(OH)_2$ 的含量,而且可以改善集料和水泥石的界面,生成的水化硅酸钙还可以填充孔隙,从而减小孔隙率,提高了混凝土的抗腐蚀性能。

混凝土常会受到各种环境水的侵蚀。侵蚀类型包括溶出性侵蚀($Ca(OH)_2$ 的溶出、碳化)、交换侵蚀(无机酸和镁盐作用)和硫酸盐侵蚀。在这三种侵蚀类型中只有硫酸盐侵蚀有国家级标准,而其他侵蚀类型在试验室不易模拟。当今各国仅对硫酸盐侵蚀有所规定,对其他侵蚀方式没有制订相应的评价方法而在试验研究中有选择性的应用。硫酸盐侵蚀指的是由于水中的硫酸根离子与水泥石的组分发生反应后,生成石膏或水化硫铝酸钙结晶膨胀使已经硬化的混凝土产生过大的应力,致使混凝土结构破坏。

(1)抗碳化

①碳化环境下的混凝土结构,以电通量作为抗碳化耐久性指标,将混凝土的抗碳化耐久性划分为 T1、T2、T3 三个等级,见表 3.3-23。电通量的测定应该按照附录 A.1 中的方法进行。在碳化环境下,应进行碳化试验测量碳化深度对比混凝土的抗碳化耐久性。

表 3.3-23 混凝土的抗碳化性等级

抗碳化性等级		T1	T2	T3
电通量(56d)(C)	C30 ~ C45	<1500	<1000	<1000
	≥C50	<1000	<1000	<1000

②各抗碳化耐久性等级的配合比参数见表 3.3-24。

表 3.3-24 抗碳化性等级要求的配合比参数

抗碳化耐久性等级	电通量（C）	最大水胶比	最小胶凝材料用量（kg/m^3）	矿物掺和料最大掺量
T1	<1500	0.55	280	粉煤灰:35%；磨细矿渣粉:60%；硅灰:5%
T2	<1000	0.50	300	
T3	<1000	0.45	320	

③碳化环境下，应达到的抗碳化等级见表 3.3-25。

表 3.3-25 碳化环境混凝土的抗碳化等级

碳化环境	B	C	D~E
抗碳化等级	T1	T2	T3

条文说明

混凝土的碳化过程是混凝土所处环境中的二氧化碳气体，通过混凝土内部孔隙进入混凝土中，与混凝土中的 $Ca(OH)_2$ 发生化学反应，生成 $CaCO_3$ 和水的过程。碳化是混凝土中性化的一个方面，实际上引起混凝土碱度降低的因素还包括 $Ca(OH)_2$ 与 SO_2、NO_2 的反应。

混凝土碳化以后，pH 值急剧下降，破坏了钢筋的钝化膜，在氧气和水分的作用下，钢筋开始锈蚀。我国气候湿润的南方，大气中水分含量很高，易产生碳化反应。碳化反应产物 $CaCO_3$ 在一定阶段，会对孔隙有填充作用，有可能使孔隙密实，但是随着碳化的深入，不溶的 $CaCO_3$ 向可溶的重碳酸钙 $Ca(HCO_3)_2$ 转变，随着可溶物的移去，混凝土内部孔隙率和渗透性增加。

可以通过碳化试验对混凝土的抗碳化耐久性作出评价，另一方面，混凝土的碳化与其密实度有密切联系，因此，本手册采用快速电通量测定方法来评价混凝土的抗碳化等级，采用碳化试验测量碳化深度作为混凝土抗碳化质量检验指标。

一般按碳化程度，混凝土可以划分为三个区：靠外部的完全碳化区、内部的未碳化区和中间的碳化反应区。碳化深度通常指完全碳化区的深度。各个区的 CO_2 浓度、$Ca(OH)_2$ 含量、pH 值明显不同。完全碳化区基本上就是酚酞酒精溶液的不变色区，一般以 pH 为 10.5~11 作为界限。碳化等级划分见表 3.3-26。

表 3.3-26 碳化环境条件特征

作用等级代号	环境条件特征
T1	年平均相对湿度<60%
	长期在水下(不包括海水)或土中
T2	年平均相对湿度≥60%
T3	地上或地下水位变动区
	干湿交替

(2)抗硫酸盐

①化学侵蚀环境下,混凝土的抗蚀等级以胶凝材料的抗蚀系数作为抗硫酸盐腐蚀耐久性指标,将混凝土的抗硫酸盐腐蚀耐久性划分为 H1、H2、H3、H4 四个等级,见表 3.3-27。胶凝材料抗蚀系数根据附录 B.3 检测。

表 3.3-27 混凝土的抗硫酸盐等级

抗硫酸盐性等级	H1	H2	H3	H4
胶凝材料的抗蚀系数	<1.0	1.0~1.1	1.2~1.3	>1.4
试件膨胀率	>0.4%	0.4%~0.35%	0.34%~0.25%	≤0.25%

注:试验结果如出现试件膨胀率与抗蚀系数不一致的情况,应以试件的膨胀率为准。

②各抗硫酸盐腐蚀等级所要求的最大水胶比、最小胶凝材料用量及矿物掺和料掺量配合比参数见表 3.3-28。

表 3.3-28 抗硫酸盐等级要求的配合比参数

抗冻融耐久性等级	胶凝材料抗蚀系数	最大水胶比	最小胶凝材料用量(kg/m^3)	矿物掺和料最大掺量
H1	<1.0	0.50	300	粉煤灰:40%; 磨细矿渣粉:60%; 硅灰:5%
H2	1.0~1.1	0.45	320	
H3	1.2~1.3	0.40	340	
H4	>1.4	0.36	360	

③化学侵蚀环境下应该达到的抗硫酸盐腐蚀等级见表 3.3-29。

表 3.3-29 化学腐蚀环境混凝土的抗硫酸盐腐蚀等级

化学侵蚀环境	C	D	E	F
抗硫酸盐腐蚀等级	H1	H2	H3	H4

条文说明

硫酸盐对混凝土的腐蚀，主要是由于 SO_4^{2-} 聚集到一定浓度后与水泥水化生成的 $Ca(OH)_2$、水化铝酸钙（C_3AH_6）产生反应，生成水化硫铝酸钙（钙矾石）。因其体积增大造成混凝土开裂，使混凝土结构的耐久性劣化。

混凝土的抗硫酸盐腐蚀与环境中的 SO_4^{2-} 浓度有关。本手册参照《客运专线》，将化学腐蚀环境分为 H1、H2、H3、H4 四级，见表 3.3-30。

表 3.3-30　化学侵蚀环境条件特征

化学侵蚀类型		作用等级代号			
		H1	H2	H3	H4
硫酸盐侵蚀	环境水中 SO_4^{2-} 含量(mg/L)	≥200 ≤600	>600 ≤3 000	>3 000 ≤6 000	>6 000
	强透水性环境土中 SO_4^{2-} 含量(mg/kg)	≥2 000 ≤3 000	>3 000 ≤12 000	>12 000 ≤24 000	>24 000
	弱透水性环境土中 SO_4^{2-} 含量(mg/kg)	≥3 000 ≤12 000	>12 000 ≤24 000	>24 000	
盐类结晶侵蚀	环境土中 SO_4^{2-} 含量(mg/kg)		≥2 000 ≤3 000	>3 000 ≤12 000	>12 000
酸性侵蚀	环境水中 pH 值	≤6.5 ≥5.5	<5.5 ≥4.5	<4.5 ≥4.0	
二氧化碳侵蚀	环境水中侵蚀性 CO_2 含量(mg/L)	≥15 ≤40	>40 ≤100	>100	
镁盐侵蚀	环境水中 Mg^{2+} 含量(mg/L)	≥300 ≤1 000	>1 000 ≤3 000	>3 000	

注：①对于盐渍土地区的混凝土，埋入土中的混凝土遭受化学侵蚀；当环境多风干燥时，露出地表的毛细吸附区内的混凝土遭受盐类结晶型侵蚀。

②对于一面接触含盐环境水（或土）而另一面临空且处于干燥或多风环境中的薄壁混凝土，接触含盐环境水（或土）的混凝土遭受化学侵蚀，临空面的混凝土遭受盐类结晶侵蚀。

③当环境中存在酸雨时，按酸性环境考虑，但相应作用等级可降一级。

抗硫酸盐腐蚀考虑的环境作用，应根据混凝土结构和大气、土壤、水中含有酸性介质的浓度确定。许多国家在制定混凝土抗腐蚀标准时，都以酸性介质的含量作为判定混凝土遭受硫酸盐腐蚀程度的依据。我国《岩土工程勘察规范(2009 年版)》(GB 50021—2001)将场地环境划分为三类，受环境类型影响，水和土对混凝土结构的腐蚀性评价见表 3.3-31。

表 3.3-31　按环境类型水和土对混凝土结构腐蚀性评价

腐蚀等级	腐蚀介质	环境类型		
		Ⅰ	Ⅱ	Ⅲ
微	硫酸盐(SO_4^{2-})含量(mg/L)	<200	<300	<500
弱		200~500	300~1500	500~3000
中		500~1500	1500~3000	3000~6000
强		>1500	>3000	>6000

《铁路混凝土与砌体工程施工质量验收标准》(TB 10424—2003)的规定见表 3.3-32。当水中的 SO_4^{2-} 含量达 250~500mg/L 时，混凝土进入受腐蚀范围。

表 3.3-32　环境水对混凝土侵蚀性判定

水中腐蚀性介质	地质条件	水中 pH	弱腐蚀	中等腐蚀	强腐蚀
SO_4^{2-} 含量(mg/L)	石膏地层	7.0~8.0	500~1 000	1 001~2 000	>2 000
	含盐地层	7.5~8.0	1 000~2 000	2 001~4 000	>4 000

在欧洲规范中，将混凝土化学腐蚀分为三级(XA1、XA2、XA3)，分别对混凝土最大水胶比、最低强度等级和最低水泥用量提出要求，见表 3.3-33。

表 3.3-33　欧洲规范对混凝土化学腐蚀的分级

环境腐蚀特征	XA1 级	XA2 级	XA3 级	试验方法
水中 SO_4^{2-}(mg/L)	≥200 且≤600	>600 且≤3 000	>3 000 且≤6 000	DN 196-2
土中 SO_4^{2-} 总量(mg/kg)	≥2 000 且≤3 000	>3 000 且≤12 000	>12 000 且≤24 000	DN 196-2
水的 pH 值	≤6.5 且≥5.5	<5.5 且≥4.5	<4.5 且≥4.0	DIN 4030-2
土的酸度	>200			DIN 4030-2
水中 CO_2(mg/L)	≥15 且≤40	>40 且≤100	>100	DIN 4030-2

续上表

环境腐蚀特征	XA1 级	XA2 级	XA3 级	试验方法
水中 NH_4^+(mg/L)	≥15 且≤30	>30 且≤60	>60 且≤100	ISO 7150-1 ISO 7150-2
水中 Mg^{2+}(mg/L)	≥300 且≤1 000	>1 000 且≤3 000	>3 000	ISO 7980
最大水胶比	0.55	0.50	0.45	
最低强度等级	C37	C37	C45	
最低水泥用量(kg/m^3)	300	320(抗硫酸盐水泥)	350(抗硫酸盐水泥)	

注:①若黏土的渗透性都低于 10^{-5}m/s,则土中 SO_4^{2-} 总量可按低一级考虑。

②如混凝土中硫酸盐离子的积累是由于干湿交替或毛细管吸收引起的,表中的 SO_4^{2-} 应从 3 000mg/kg降为 2 000mg/kg。

美国的标准 ACI318/316R－37 中,对抗硫酸盐腐蚀的规定见表 3.3-34,但同时又注明,如有配筋防锈要求,或要求较高的抗渗透性,或在冻融环境下,则表中的最大水胶比可能需要更低,强度等级可能更高。如混凝土中掺加了粉煤灰,容许水泥中的 C_3A 超量。虽然海水的硫酸盐量通常超过 1500mg/kg,但海水环境的暴露等级仍属表 3.3-34 中的中等;在海水环境中,如水胶比低到 0.40,则 C_3A 量大到 10% 的其他水泥也可采用。

表 3.3-34　美国 ACI318 规范对硫酸盐作用下的混凝土要求

暴露等级	土中水溶 SO_4^{2-} 质量比	水中 SO_4^{2-} 含量(mg/kg)	水 泥 种 类	最大水胶比	最低强度等级(已换算到我国)
可忽略	<0.10	<150			
中等	0.10~0.20	150~1 500	Ⅱ型水泥,混合水泥	0.50	C35
严酷	0.20~2.00	1 500~10 000		0.45	C40
很严酷	>2.00	>10 000	Ⅴ型水泥加火山灰	0.45	C40

注:ASTM 的Ⅱ型水泥和混合水泥中的 C_3A <8%;Ⅴ型水泥 C_3A <5%。

混凝土抗硫酸盐腐蚀检测方法中,美国混凝土抗腐蚀试验方法标准有以下几种:ASTM C452-02 对波特兰水泥砂浆受硫酸盐侵蚀下潜在膨胀的标准测试方法;ASTM C1012-04 硫酸盐溶液中水泥砂浆长度变化的标准检测方法;ASTM E632－82 利用加速法预测建筑构件和建筑材料使用寿命的试验标准。

本手册参照《高性能混凝土应用技术规程》(CECS 207:2006),采用ASTM C1012检验水泥砂浆在5% Na_2SO_4 溶液中浸泡15周后的膨胀率,如6个试件的平均膨胀值小于0.4%,则认为这种水泥(或胶凝材料)的抗硫酸盐性能合格。然后,用这种水泥(或胶凝材料)配制混凝土,并根据混凝土结构所处环境条件,控制混凝土的最大水胶比,见表3.3-35。因为混凝土的抗硫酸盐腐蚀性能除与胶凝材料有关外,还与水胶比有关。

表3.3-35 抗硫酸盐腐蚀混凝土的最大水胶比

劣化环境条件	最大水胶比
水中或土中 SO_4^{2-} 含量大于0.2%的环境	0.45
除环境中含有 SO_4^{2-} 外,混凝土还采用含有 SO_4^{2-} 的外加剂	0.40

我国混凝土抗腐蚀试验方法中,《水泥抗硫酸盐侵蚀试验方法》(GB/T 749—2008)中的浸泡抗蚀性能试验方法测定抗蚀系数时,周期比较短,硫酸钠溶液浸泡龄期为28d。化学侵蚀环境下,混凝土的胶凝材料应该满足的要求见表3.3-36。

表3.3-36 硫酸盐侵蚀环境下混凝土胶凝材料的要求

环境作用等级	水泥品种	水泥熟料中的 C_3A 含量(%)	粉煤灰或磨细矿渣粉的掺量(%)	最小胶凝材料用量(kg/m^3)	胶材耐蚀系数 K(浸泡90d)
H1	普通硅酸盐水泥	≤8	≥20	300	≥0.8
	普通抗硫酸盐水泥	≤5	—	300	≥0.8
H2	普通硅酸盐水泥	≤8	≥25	330	≥0.8
	普通抗硫酸盐水泥	≤5	≥20	300	≥0.8
	高级抗硫酸盐水泥	≤3	—	300	≥0.8
H3、H4	普通硅酸盐水泥	≤6	≥30	360	≥0.8
	普通抗硫酸盐水泥	≤5	≥25	360	≥0.8
	高级抗硫酸盐水泥	≤3	≥20	360	≥0.8

除了环境因素,混凝土的抗硫酸盐腐蚀性能,还取决于水泥的 C_3A 含量,混凝土水灰比和矿物掺和料的品种、质量和掺量。桥梁抗硫酸盐腐蚀混凝土采用的水泥,其矿物组成应符合 C_3A 含量小于5%,C_2S 含量小于50%的要求,其矿物掺和料应选用低钙粉煤灰、偏高岭土、矿渣、天然沸石粉或硅粉等。

许多国家在制定硫酸盐侵蚀介质条件下选用水泥的控制标准时，均以 C_3A 含量多少来衡量。各国的抗硫酸盐水泥，C_3A 均不大于5%。我国根据环境水的侵蚀程度，分别控制水泥中 C_3A 含量不大于8%或5%。

硅酸盐水泥水化产物中的 $Ca(OH)_2$，容易与硫酸盐、镁盐、酸等发生反应，造成混凝土化学腐蚀破坏，是影响混凝土耐久性的不利因素，在混凝土中加入适量的矿物掺和料对于提高混凝土抗化学腐蚀有很大作用。研究表明，火山灰反应形成的致密水化产物改善了混凝土的微结构，在较低的水灰比条件下，通过火山灰反应，不但可以提高混凝土抗化学腐蚀的耐久性，而且还可以提高混凝土防止钢筋锈蚀的能力。

不同掺和料在不同腐蚀介质作用下的合适掺量和效果不完全相同，矿渣的效果很好，加入少量的硅灰一般都能起到比较显著的效果，粉煤灰和另外一些火山灰质材料因其本身的 Al_2O_3 含量有波动，效果差别较大。因此当单独掺加粉煤灰等火山灰质掺和料时，应当通过试验确定其最佳掺量。在西方，抗硫酸盐水泥或高抗硫酸盐水泥都是硅酸盐类水泥，只不过水泥中 C_3A 和 C_2S 量有不同程度地减少。当环境中的硫酸盐含量非常高时，最好是采用不含硅酸盐的水泥，如石膏矿渣水泥或矾土水泥。我国铁道科学研究院的研究人员在青藏公路建设前，在该公路沿线（环境条件为高盐渍、温差大、干燥）埋设了大量的使用不同水泥和不同配合比的混凝土桩体试件，十年后取出观察，除了低水灰比的矾土水泥外，包括抗硫酸盐水泥在内的其他混凝土试件全部腐烂崩散。但是非硅酸盐类水泥的使用条件和配合比以及养护等都有特殊要求，需通过试验确定使用。

(3)抗酸雨

酸雨环境下，桥梁混凝土80d酸化深度不能达到0.74mm。酸化深度按附录B.6测量。

条文说明

当水中溶有一些无机酸或有机酸时，水泥石就受到溶析和化学溶解双重作用，水泥石组成被转变为易溶盐类，侵蚀明显加速，酸类离解出来的 H^+ 和酸根 R^- 分别与水泥石所含 $Ca(OH)_2$ 离解出来的 OH^- 和 Ca^{2+} 组合生成水和钙盐：

$$H^+ + OH^- \rightarrow H_2O$$

$$Ca^{2+} + 2R^{-} \rightarrow CaR_2$$

所以,酸性水侵蚀作用的强弱,取决于水中氢离子浓度。如pH值小于6,水泥石就可能受到侵蚀。pH值越小,H^+离子越多,侵蚀就越强烈,当H^+达到足够浓度时,还能直接与水化硅酸钙、水化铝酸钙甚至与未水化的硅酸钙、铝酸钙等起作用,使水泥石结构遭到严重破坏。上述的无机酸与有机酸多存在于化工厂或工业废水中,化工防腐已是一个重要的专业课题,而自然界中对水泥有侵蚀作用的酸类并不多见。不过,在多数的天然水中多少存在碳酸,大气中的CO_2溶于水中能使其具有明显的酸性($pH = 5.72$),再加上生物化学作用形成的CO_2常会对混凝土产生碳酸侵蚀。

碳酸与水泥混凝土相遇时,首先与$Ca(OH)_2$作用,生成不溶于水的碳酸钙。但是水中的碳酸还要进一步与碳酸钙作用,生成溶于水的碳酸氢钙。使氢氧化钙不断溶失,从而引起水泥石的解体。

$$CaCO_3 + CO_2 + H_2O \rightarrow Ca(HCO_3)_2$$

酸雨对混凝土的化学侵蚀主要是对水泥石的侵蚀。硅酸盐水泥硬化后在一般使用条件下有较高的耐久性。可是,在淡水、酸与酸性水和硫酸盐溶液等有害的环境介质中,水泥石的腐蚀往往是几种侵蚀同时作用,互相影响的结果。水泥石产生腐蚀是外因和内因共同作用的结果,外因是存在侵蚀介质;内因则是水泥石中存在易被腐蚀的氢氧化钙和水化铝酸钙,以及水泥石本身不密实,存在很多侵蚀性介质易于进入内部的毛细孔道。从而使Ca^{2+}流失,水泥石受损,胶结力降低,或者膨胀性产物形成,引起胀裂破坏现象。

酸雨对材料的腐蚀主要是酸雨中H^+溶解腐蚀和SO_4^{2-}膨胀腐蚀,因为两者的协同侵蚀作用导致材料表面的Fe_2O_3、Al_2O_3、CaO、MgO等组分大量流失,形成体积较大的$CaSO_4 \cdot 2H_2O$等腐蚀产物,其腐蚀进程是先快后慢,质量降低,体积膨胀。

提高混凝土的抗酸雨侵蚀性除应提高混凝土的密实性外,还应选用合适的水泥品种。例如,用矿渣水泥制备的材料比用普通硅酸盐水泥制备的材料耐H^+、SO_4^{2-}的侵蚀能力强。同种水泥配制的材料又以水泥含量多而砂含量少的材料耐H^+、SO_4^{2-}的侵蚀能力强。因此,如果不考虑非酸雨的其他环境条件对材料的影响,酸雨地区宜用矿渣水泥制备材料。

可以通过模拟酸雨试验对混凝土的抗酸雨性作出评价。模拟酸雨加速试验法的研究主要有周期浸泡法和喷淋试验法。本手册采用周期浸泡法。

将试件浸泡于模拟酸雨溶液中,4d 后再取出,让其自然干燥 1d,然后再浸泡 4d,干燥 1d,这样交替进行,5d 为一个循环,80d 后测量混凝土的酸化深度。模拟酸雨溶液的 pH 值每天用酸度计进行测量,然后再用浓硝酸调节到试验所设计的 pH 值。

(4)抑制碱—集料反应

桥梁耐久性混凝土结构或构件在设计使用期限内,不应因发生碱—集料反应而导致开裂和强度下降。

控制桥梁混凝土的碱—集料反应性能应符合下列规定:

①集料的碱—硅酸反应砂浆棒膨胀率或碱—碳酸盐反应岩石柱膨胀率应小于 0.10%。

②当集料的碱—硅酸反应砂浆棒膨胀率在 0.10% ~0.20% 时,混凝土的碱含量应满足的规定见表 3.3-37;当集料的砂浆棒膨胀率在 0.20% ~0.30% 时,除了混凝土的碱含量应满足表 3.3-37 的规定外,还应在混凝土中掺加具有明显抑制效能的矿物掺和料和复合外加剂,并应按附录 B.4 方法试验证明抑制有效。

表 3.3-37 混凝土最大含碱量

环境条件	混凝土最大含碱量(kg/m^3)	环境条件	混凝土最大含碱量(kg/m^3)
干燥环境	3.5	潮湿环境	3.0
含碱环境	*		

注:① * 号表示混凝土必须换用非碱活性集料。

②混凝土的总碱含量包括水泥、矿物掺和料、外加剂及水的碱含量之和。其中,矿物掺和料的碱含量以其所含可溶性碱计算:粉煤灰的可溶性碱量取粉煤灰总碱量的 1/6,矿渣粉的可溶性碱量取矿渣总碱量的 1/2,硅灰的可溶性碱量取硅灰总碱量的 1/2。

③干燥环境是指不直接与水接触、年平均空气相对湿度长期不大于 75% 的环境;潮湿环境是指长期处于水下或潮湿土中、干湿交替区、水位变化区以及年平均相对湿度大于 75% 的环境;含碱环境是指直接与高含盐碱地、海水、含碱工业废水或钠(钾)盐等接触的环境;干燥环境或潮湿环境与含碱环境交替变化时,均按含碱环境对待。

④处于含碱环境中的桥梁混凝土结构,在限制混凝土碱含量的同时,应对混凝土表面作防水、防碱涂层处理,否则应换用非碱活性集料。

条文说明

《客运专线》中,对于长期处于水中或土中、干湿交替区、水位变化区以及年平均相对湿度大于 75% 的潮湿环境中的混凝土结构,当集料的碱—硅酸反应砂浆棒膨胀率在0.10%~0.20%时,混凝土的碱含量应满足的规定见表3.3-38;当集料的碱—硅酸反应砂浆棒膨胀率在0.20%~0.30%时,混凝土的碱含量除了应满足表3.3-38的规定外,还应在混凝土中掺加具有明显抑制效能的矿物掺和料或复合外加剂,并应按附录B.4方法试验证明抑制有效。

表3.3-38　混凝土最大碱含量(单位:kg/m^3)

工程结构类别		特殊结构	100年	60年
环境条件	干燥环境	3.0	3.5	不限制
	潮湿环境	2.1	3.0	3.5
	含碱环境	*	*	3.0

注:①*号表示混凝土必须换用非碱活性集料。

②混凝土的总碱含量包括水泥、掺和料、外加剂、集料及水的碱含量之和。其中,矿物掺和料的碱含量以其所含可溶性碱计算:粉煤灰的可溶性碱量取粉煤灰总碱量的1/6,矿渣的可溶性碱量取矿渣总碱量的1/2,硅灰的可溶性碱量取硅灰总碱量的1/2。

③特殊工程是指不允许发生开裂的混凝土结构。

④干燥环境是指不直接与水接触、年平均空气相对湿度长期小于75%的环境;潮湿环境是指长期处于水下或潮湿土中、干湿交替区、水位变化区以及年平均相对湿度大于75%的环境;含碱环境是指直接与海水、含碱工业废水或钠(钾)盐等接触的环境;干燥环境或潮湿环境与含碱环境交替变化时,均按含碱环境对待。

⑤处于含碱环境中的设计使用寿命为60年的混凝土结构,在限制混凝土碱含量的同时,应对混凝土表面作防水、防碱涂层处理。否则应换用非碱活性集料。

当前发现的混凝土的碱—集料反应(AAR)有三种形式:①碱—硅酸反应(ASR)。水泥中的碱和活性氧化硅成分反应产生碱硅酸盐凝胶,其固相体积大于反应前的体积,而且有强烈的吸水性,吸水后膨胀引起混凝土内部膨胀内力,碱硅酸盐凝胶吸水后进一步促进碱—集料反应的发展,使混凝土内部膨胀应力增大,导致混凝土开裂,发展严重的会使混凝土结构崩溃。②碱—碳酸盐反应(ACR)。在泥质、石灰质白云石中含黏土和方解石较多,碱与这种碳酸钙镁反应时,将其中白云石转化为水镁石,水镁石晶体排列的压力和黏土吸水膨胀引起混凝土内部应力,导致混凝土开裂。③碱—硅酸盐反应。这种反应目前所见不多,在学术界也存在争论,一种观点认为还是碱—硅酸反应。

有文献表明碱—集料反应产生的膨胀应变超过0.04%~0.05%时会引起开裂,对受约束的自由膨胀常表现为网状裂缝。由于抗拉强度、弹性模量下降及钢筋由于膨胀反应造成的附加应力，可使混凝土结构出现不可接受的变形和扭曲。由于活性集料经搅拌后大体上呈均匀分布，所以一旦发生碱—集料反应，将导致混凝土构件失去设计性能。目前对此类问题的研究主要集中在集料活性的快速检测方法和指标的确定以及抑制碱—集料反应的外加剂的研制上，其耐久性损伤的定量分析几乎是个空白。

控制碱—集料反应，应考虑混凝土中的碱含量，包括混凝土内部组成中的碱离子浓度和从混凝土外部渗入的碱离子浓度。关于结构所处环境湿度，应考虑混凝土中的含水状态和从外部渗入混凝土中的水分。混凝土的内部固有碱，可按式(3.3-2)计算。

$$R_c = \frac{p(Na_2O_{cq})}{100} \times C + 0.9 \times p(Cl^-) + R_m \tag{3.3-2}$$

式中：R_c——混凝土中含碱量(kg/m^3)；

$p(Na_2O_{cq})$——水泥中碱量(换算成 Na_2O)(%)；

C——单方混凝土中水泥用量(kg/m^3)；

$p(Cl^-)$——混凝土中氯离子量(kg/m^3)；

R_m——化学外加剂和矿物微细粉所携带的碱量(kg/m^3)。

外部渗透进入混凝土中的碱量，受混凝土结构所处环境的影响。如海岸边或海港工程的混凝土结构物、冬天受除冰盐作用的混凝土结构物等，均有碱从外部渗入混凝土内的问题，需通过实地或模拟试验确定。

混凝土碱—集料反应应以预防为主。也就是说，如检测出集料中含有潜在的碱活性，则采用该集料配制混凝土必须预防碱—集料反应发生。目前，预防混凝土碱—集料反应均采用掺矿物微细粉到混凝土中的方法，以抑制碱—集料反应的有害膨胀，如粉煤灰、天然沸石粉或矿渣微细粉均能抑制ASR，而粉煤灰、沸石—粉煤灰、沸石—矿渣、沸石—硅粉等微细粉，可抑制ACR的有害膨胀。

本手册提出了采用玻璃砂浆棒法检测各种矿物微细粉抑制ASR膨胀的效果。该方法以10%的高活性石英玻璃砂，等量取代砂浆试件中的标准砂，配制砂浆棒试件，其他条件及测试方法均与ASTM C1260－94相同。砂浆棒试件的制备方便，具体测试方法不变，但比较各种矿物微细粉抑制ASR的效果更为有效。

抑制ACR的有害膨胀需要用复合矿物微细粉，如天然沸石—粉煤灰、天然沸石矿渣和天然沸石—硅粉复合的微细粉。单独的矿渣、天然沸石粉、硅粉均无法抑制 ACR 的有害膨胀。有一部分粉煤灰，当其掺量不小于 30% 时能抑制 ACR 有害膨胀，但不是所有粉煤灰均能抑制 ACR 膨胀，需经试验确定。

3.3.3 抗裂性等级

条文说明

影响开裂的因素很复杂，往往不是单一因素造成的。桥梁混凝土裂缝的产生涉及包括设计、施工、监理甚至使用在内各方面的责任，因此需要从多个角度进行研究。目前国内建设混凝土开裂现象愈演愈烈，总结经验，以下背景因素是必须联系和注意的。

(1)混凝土结构设计与施工要求的变化，比如高层建筑与大跨桥梁建设的不断发展促使了构件断面尺寸加大，混凝土设计等级不断提高促使了混凝土水泥用量增加，施工工期要求缩短促使了所用水泥强度等级提高等等，对混凝土制备产生了巨大的影响。

(2)片面追求提高水泥早期强度，导致水泥水化热等问题加剧，尤其是近两年来，混凝土施工中高效减水剂与水泥相容性不好的问题也发生得更多。

(3)除了因为混凝土材质劣化和结构要求变化外，混凝土施工和所处环境等因素也在不断恶化。对于钢筋混凝土，由于走向高强的需要，以及我国以木代钢的时代结束，配筋量增加，自流平混凝土、高流态混凝土的不断出现。钢筋混凝土中混凝土的约束条件进一步加强，水泥强度提高，迫使低强度等级混凝土的水灰比加大，拌和物离析严重，混凝土的匀质性、整体性下降。

混凝土原材料的控制、混凝土的制备和现场施工的各个环节，对于控制早期裂缝、减少后期开裂倾向、保证实现设计的混凝土结构耐久性是至关重要的。混凝土材料与周围介质相互作用产生的裂缝总类汇总见表 3.3-39。

表 3.3-39 混凝土的开裂

组成	类　型	事故原因	环境原因	控制变量
水泥	不安定	体积膨胀	水分	游离氧化钙和氧化镁
	温度开裂	热应力	温度	水化热和冷却速度

续上表

组成	类　型	事故原因	环境原因	控制变量
集料	碱—集料反应	体积膨胀	水分反应	水泥中含碱量、集料组分
	冰冻侵蚀	水压力	冰融	集料吸水性、混凝土含气量、集料最大尺寸
水泥浆体	塑性收缩	失水	风与温度	混凝土温度、表面的防护
	干缩	失水	相对湿度	配合比设计、干燥速度
	硫酸盐侵蚀	体积膨胀	硫酸根离子	配合比设计、水泥类型、外加剂
	热膨胀	体积膨胀	温度变化	温度升高和变化速率
混凝土	沉降	钢筋周围的塑性混凝土固化		混凝土坍落度、保护层、钢筋直径
钢筋	电化学腐蚀	体积膨胀	氧和水	保护层、混凝土渗透性

混凝土裂缝控制的最佳时机是设计和构筑阶段，只要此时选材适当并对使用环境加以仔细估计就可以避免裂缝。本手册将侧重点放在混凝土本身的设计和制备过程中控制裂缝方面，旨在降低因混凝土质量而产生的开裂影响桥梁耐久性的可能性，而未涉及控制因桥梁结构设计和施工或由于后期的使用及保养不当产生的裂缝等方面的内容。

(1)对于高强高性能混凝土、抗裂性要求较高的混凝土或桥梁重要部位的混凝土，其组成材料和配合比除应符合相应的标准要求外，在制备前的混凝土试配工作中还宜按照附录C.1对混凝土胶凝材料，包括水泥、掺和料和外加剂进行抗裂性试验和评价。

桥梁混凝土的抗裂等级划分为良好和优秀两个等级。其对应桥梁部位与环境等级见表3.3-40。

表3.3-40　桥梁混凝土部位及抗裂等级要求

级　别	环境作用	桥梁构件部位	抗裂性能要求
D	微冻地区+高度饱水	桥墩、桥台	良好
E	微冻地区+水位变动区	桥面、支座	
	严寒和寒冷地区+高度饱水	桥墩、桥台	
F	严寒和寒冷地区+水位变动区	桥面、支座	优秀

条文说明

长期以来,混凝土的质量常以28d强度作为主要衡量指标,并在工程界逐渐形成单纯追求强度的倾向,以为加大水泥用量和采用早强水泥总能有利于质量,并排斥使用粉煤灰等矿物掺和料和引气剂,这些都对混凝土结构的耐久性带来极为不利的影响。选择水泥时不能以强度作为唯一指标。不能认为强度高的水泥就一定好。发达国家的水泥标准中,对于水泥的强度要求,不仅规定了最低值而且也规定了最高值,强度超过规定的也不合格。而我国水泥标准中则没有最高值的限制,客观上起到了误导厂家和用户片面强调强度的作用,尤其受到经济利益和片面追求施工进度的驱使,过分追求早期强度而牺牲耐久性质量。在我国目前的生产工艺条件下,提高水泥强度(尤其是早期强度)的主要措施,实际上只是增加水泥中的 C_3A 与 C_3S 含量并提高水泥的比表面积,导致水化速率过快、水化热大、混凝土收缩大、抗裂性下降、混凝土的微结构不良、抗腐蚀性差等弊病。为保证水泥等胶凝材料和外加剂的选取能在实现强度要求的基础上兼顾混凝土的耐久性尤其是抗裂性。本手册加入了对胶凝材料抗裂性能的评估部分。

(2)混凝土抗裂性质量,应根据不同环境类别和作用等级,在限定范围内选用混凝土原材料,控制最佳水灰比(水胶比)区间、矿物掺和料最佳掺量区间、砂率区间等关键参数,使混凝土在满足最低强度等级和施工性能的要求的同时,还具有良好的抗裂性。

条文说明

按照裂缝产生的原因,结构混凝土裂缝一般可分为荷载裂缝和非荷载裂缝。荷载裂缝是混凝土由于受到外力作用产生的裂缝;非荷载裂缝主要指未受到外加荷载时,由于混凝土自身变形或结构变形受到约束产生拉应力而导致的裂缝,包括塑性收缩裂缝、干燥收缩裂缝、自收缩裂缝、温度裂缝和沉降裂缝等多种形式。

我国《混凝土结构设计规范》(GB 50010—2010)对混凝土荷载作用下的裂缝控制做出了明确的规定。通常,严格执行设计、施工和验收规范,正常荷载作用下,混凝土结构裂缝宽度不会超过规范限值。但由于设计考虑不周、构造措施不当,特别是不能有效控制混凝土的非荷载变形,并采取对应的材料、设计和构造措施时,会导致大量的混凝土结构出现超出规定宽度的裂缝。研究表明,80%以上的混凝土结构裂缝与非荷载变形有关,是以变形变化为主所引起的裂缝;剩余20%的裂缝以荷载为主要原因,并包括变形变化与荷载的共同作用。目前,由于非荷载裂缝的成因和表现复杂、缺乏量化数据以及研究深度有限,国内外尚无针对非荷载裂缝的明确的等级指标,只能从材料、设计和施工等方面综合控制。

①选择水泥、掺和料和外加剂时,应按照手册附录C.1的试验和评价方法进行择优选取。选择外加剂时,应注意外加剂之间的匹配以及与水泥的适应性。

在满足混凝土强度要求的情况下,宜尽量降低水泥用量。普通强度等级的混凝土抗裂要求良好的水泥用量宜为270~450kg/m^3,抗裂要求优秀的水泥用量宜为270~420kg/m^3;高强混凝土抗裂要求良好的水泥及掺和料总量应不大于550kg/m^3,抗裂要求优秀的水泥及掺和料总量应不大于530kg/m^3。

条文说明

宜优先选择产品质量稳定、生产批量大的大型水泥厂生产的水泥,其品种优先选择的次序是低碱水泥、硅酸盐水泥、普通硅酸盐水泥。大体积混凝土宜选用低热水泥。无特殊要求时,不宜选用早强水泥、含碱量较大的水泥、细度较细的水泥或超细水泥。

当混凝土中掺入矿粉时,矿粉细度宜与水泥的细度接近;对于使用硅灰的混凝土,应有可靠的防治裂缝的技术措施。

选择外加剂时,应注意外加剂之间的匹配以及与水泥的适应性。外加剂选择宜与水泥选择同时进行,应在确定外加剂的适应性良好后,按附录C.1规定的试验和评价方法选择外加剂。对于抗裂性要求较高的混凝土,宜选用具有减缩抗裂性能的外加剂或掺加减缩剂。

水泥性能一定的情况下,水泥用量是影响混凝土体积稳定性的主要因素。一般情况下,水泥用量越大,混凝土抗裂性能越差,应对混凝土中水泥(胶凝材料)的用量进行控制。

②混凝土的水胶比过小或过大,都会劣化混凝土的抗裂性能。混凝土的水胶比宜为0.40~0.55。

条文说明

混凝土的水胶比对混凝土收缩、弹性模量及强度也会产生不同影响。

一般情况下水胶比越小，泌水可能性越小，混凝土的强度和弹性模量越高，干燥收缩越小。但当水胶比过小（小于0.35）时，混凝土内部不能形成连通的毛细孔，外界水分难以进入，随着水泥的水化，混凝土内部出现自真空现象，使混凝土产生自收缩。因此，水胶比对抗裂性能的影响也是多方面的。研究和资料表明，要想混凝土获得较好的抗裂性，水胶比不宜过大或过小，应该控制在一定范围内。

③在满足混凝土工作性要求的前提下，宜降低砂率，抗裂混凝土体积砂率不宜大于0.41。特别是流动性和大流动性混凝土，应适当控制砂率，以防止混凝土抗裂性能的劣化。

条文说明

混凝土的配合比是基于各种原材料在混凝土中所占的绝对体积来计算的，如果粗细集料的颗粒级配较好，并且砂率适当，那么混凝土骨架抵抗变形的能力就较好，并且可以节省水泥用量，混凝土的强度和抗裂性也较好。因此，在设计混凝土时，要注意集料的级配以及混凝土的砂率。在泵送混凝土中，应注意避免混凝土的砂率过大，在满足泵送要求的情况下，尽量降低混凝土砂率。应严格按照现行《普通混凝土用砂、石质量及检验方法标准》（JGJ 52）控制砂的细度模数、含泥量和泥块含量。在抗裂要求高的混凝土中，砂的要求应比现行《普通混凝土用砂、石质量及检验方法标准》（JGJ 52）规定严格，建议选用含泥量小于1.5%、泥块含量小于0.5%的中砂。处于潮湿环境中的混凝土结构，应采用非碱活性集料以抑制碱—集料反应的发生。

④混凝土中宜加入水泥用量20%～30%的Ⅰ级或Ⅱ级粉煤灰。当须掺入磨细矿渣时，宜与粉煤灰双掺。不建议掺入硅灰。

条文说明

试验和资料表明，混凝土中加入一定量的Ⅰ级或Ⅱ级粉煤灰不仅可以改善和易性，而且会起到减少水泥用量、延长混凝土凝结时间、降低水化热的作用，还可以提高混凝土的体积稳定性，从而提高混凝土的抗裂性能。在商品混凝土中加入一定量的粉煤灰可以很好地克服外加剂对开裂性能的不利影响，充分发挥外加剂和粉煤灰的优点。粉煤灰的加入还可以改善膨胀剂的膨胀稳定性。而且Ⅰ级灰对提高混凝土抗裂性的贡献要大于Ⅱ级灰。

实验表明,随着粉煤灰掺量的增加,混凝土中水泥石的抗裂性能提高,但到一定范围后,随着粉煤灰掺量的增加,抗裂性能的提高已不明显,如果粉煤灰掺量过大,还会对混凝土的强度、耐久性产生不利影响。

试验表明,矿渣掺量为30%时,磨细矿渣增加了混凝土的收缩开裂趋势,其中矿渣细度越大,表现越明显。因此,工程中选择了矿渣时,必须注意矿渣掺量和细度对收缩性能的影响,在满足强度和工作性的前提下,尽量降低矿渣的掺量和细度。

硅灰对提高混凝土的强度和密实度有明显作用,但对混凝土抗裂会产生消极影响,在有抗裂要求的混凝土中建议不加入硅灰掺和料,必须加入时,应采取可靠的防裂措施。

⑤抗裂要求高的混凝土应掺入一定量的纤维和(或)有机聚合物,可提高混凝土的抗裂性能。掺量按产品说明或相关规范确定。

条文说明

有机纤维如聚丙烯、尼龙类纤维,能提高混凝土塑性抗裂性能;钢纤维能提高塑性抗裂性能和硬化后混凝土抗裂性能。在纤维分散度良好的情况下,混凝土抗裂性能随着纤维掺量的提高而提高。有机聚合物乳液或粉末具有良好的柔韧性,加入混凝土后可提高其抗拉强度,但也会降低其弹性模量。纤维和有机聚合物同时加入,对混凝土的抗裂性能的改善优于单掺纤维或聚合物,因为聚合物的存在提高了混凝土与纤维间的黏结性能。不同材料提高抗裂性的机理不同。在混凝土配合比一定的情况下,纤维的体积率、长径比和纤维在混凝土中的分布是影响纤维增强混凝土性能的重要因素,纤维与混凝土的黏结强度是影响纤维作用的主要因素。

⑥在满足施工要求的条件下,宜采用较小的混凝土坍落度,以防止混凝土的离析和泌水导致混凝土表面产生裂缝。

(3)对优化后选定的混凝土配合比宜进行抗裂性试验和评价,即以该水灰比为基准选择三个水灰比(其中一个是基准配合比,另外两个配合比的水灰比可较基准水灰比分别增加和减少0.05,其用水量与基准配合比相同),按附录C.2和C.3进行塑性开裂和早期开裂的试验,比较抗裂指数KL和塑性指数M的大小。在满足混凝土强度及泵送要求的情况下,选择抗裂性能最佳的混凝土配合比。

条文说明

塑性收缩发生在新拌混凝土成型后最初的若干小时内。此时混凝土仍是塑性的,还没有任何明显的强度。塑性收缩的原因归结于毛细管应力差。混凝土塑性收缩的大小受混凝土暴露在外表面损失水量多少的影响。发生塑性收缩的条件为,单位面积上混凝土暴露面水分损失速率大于混凝土内泌水到达混凝土外表面的速率。塑性收缩最常见的情况是:混凝土拌和成型后,放置几个小时,表面出现开裂。

自收缩和干燥收缩主要发生在混凝土硬化的中后期。引起混凝土干燥收缩的原因仍是混凝土外表面蒸发损失水分。高性能混凝土的干燥收缩很小,部分原因是高性能混凝土的毛细孔孔径小所致,另一个重要原因是高性能混凝土毛细孔内水分已先于干燥收缩前随自干燥离开毛细孔。自收缩是由发生在混凝土内的自干燥引起的。混凝土的自收缩随着水灰比、毛细孔尺寸和数量的减小而增大。高性能混凝土中若掺入硅灰,因其在早期便开始水化和化学反应,消耗混凝土内水分,因此更加速了高性能混凝土的自干燥。高性能混凝土自收缩对其最大危害是,自收缩会引发贯穿整个混凝土内部的微裂缝,这会对高性能混凝土结构的耐久性产生严重损害。

平板法可以测试混凝土 24h 内的塑性开裂,而圆环法可以测试混凝土 24h 之后直到裂缝不再出现期间,由于自收缩、化学减缩而产生的早期开裂。

桥梁高性能混凝土单位用水量很低,密实度大,因而凝结时间短,硬化发展快,泌水率低,易发生塑性收缩。据经验表明,高性能混凝土的早期收缩开裂趋势明显大于普通混凝土。平板法可以有效加快早期收缩开裂,一定程度上放大了塑性收缩裂缝,便于测量、比较。圆环法相较于平板法能提供更完全的约束,直接地、定性地比较和评价混凝土的全程收缩开裂性能。本手册建议对于同一批次桥梁用高性能混凝土,应进行圆环法和平板法两种试验,以求全面准确综合地评价其抗裂性能。

必须强调的是,目前的混凝土开裂试验方法(包括胶凝材料开裂试验方法)比较适合于同时进行的混凝土及其原材料抗裂性能的相对比较,而且材料(如外加剂等)相近的才能作为同一批进行比较。由于试验对环境条件等因素较为敏感,其重复性较差,还不具备对其绝对值进行比较的条件。试验经验表明,尽管有些重复试验的开裂时间不尽一致,但开裂次序是相同的。所以目前的规范包括本手册对混凝土开裂试验方法的使用也仅限于比较材料相近的混凝土及其原材料抗裂性能。

抗裂指数 *KL* 越高，塑性指数 M 越小的试件具有越好的抗裂性能，但各项指标的最佳选项可能不出现在同一个试件上，这时可以根据实际工程情况选择一个综合情况较佳的配合比。

(4)当工程需要在用圆环法和平板法评估混凝土配合比的抗裂性能外，对混凝土的长龄期抗开裂能力作出衡量时，时间允许的条件下，可按现行《水运工程混凝土试验规程》(JTJ 270)中混凝土干缩(膨胀)试验的方法测量混凝土试样 90d 的长期收缩性能。测试结果应满足工程设计要求。

条文说明

混凝土的非荷载变形开裂，与长期干燥收缩变形密切相关，因此混凝土的抗干缩开裂性能需要长期的观察测试，无法获得即时结果以满足实际应用的要求。但混凝土早期塑性收缩裂缝与后期混凝土干缩裂缝的产生及其抗拉强度密切相关，一定意义上，混凝土的早期塑性收缩及由此产生的微裂缝决定了混凝土后期裂缝的产生和抗裂能力。因此，本手册选用的圆环法和平板法采用加快混凝土失水速度的方法，考察混凝土收缩开裂情况，可以较客观反映混凝土的长期抗裂性能。如果工程需要，时间允许，可以按《水运工程混凝土试验规程》(JTJ 270)中混凝土干缩(膨胀)试验的方法测量混凝土 90d 的长期收缩性能，以反映其长期抗开裂能力。

自由收缩标准方法的结果可以绘制成龄期—收缩率图，以形象地比较不同试样间各龄期收缩率的大小，综合体现混凝土全龄期内的收缩率随时间发展的趋势。

(5)混凝土结构应按现行国家标准《混凝土结构设计规范》(GB 50010)的规定，根据荷载效应验算构件的抗裂性能及裂缝宽度，并符合有关裂缝控制的要求。公路、铁路桥梁混凝土结构抗裂性能的特殊要求可参考现行《公路钢筋混凝土及预应力混凝土桥涵设计规范》(JTG D62)和《铁路桥涵钢筋混凝土和预应力混凝土结构设计规范》(TB 10002.3)规定。

条文说明

按《混凝土结构设计规范》(GB 50010—2011)的规定，混凝土结构的裂缝控制等级分为三级：

一级——严格要求不出现裂缝，按荷载效应标准组合计算时，构件受拉边缘混凝土不应产生拉应力；

二级——一般要求不出现裂缝，按荷载效应标准组合计算时，构件受拉边缘混凝土拉应力不应大于混凝土轴心抗拉强度标准值；按荷载效应准永久组合计算时，构件受拉边缘混凝土不宜产生拉应力，当有可靠经验时可适当放松；

三级——允许出现裂缝，按荷载效应标准组合并考虑长期作用影响计算时，构件的最大裂缝宽度不应超过表3.3-41规定的最大裂缝宽度限值。

表3.3-41　混凝土结构的裂缝控制等级及最大裂缝宽度限制

环境类别	条　件	钢筋混凝土结构		预应力混凝土结构	
		裂缝控制等级	最大裂缝宽度限制(mm)	裂缝控制等级	最大裂缝宽度限制(mm)
一	干燥环境	三	0.3(0.4)	三	0.2
二	潮湿环境； 露天环境； 与无侵蚀性的水或土壤直接接触的环境	三	0.2	二	—
三	使用除冰盐的环境； 严寒和寒冷地区冬季水位变动的环境； 滨海室外环境	三	0.2	一	—
四	海水环境	三	0.15	一	—
五	受人为或自然的侵蚀性物质影响的环境	三	0.1	一	—

《公路钢筋混凝土及预应力混凝土桥涵设计规范》(JTG D62—2004)规定：

钢筋混凝土构件和B类预应力混凝土构件，其计算的最大裂缝宽度不应超过下列规定的限值：

①钢筋混凝土构件

a. Ⅰ类和Ⅱ类环境　　0.20mm

b. Ⅲ类和Ⅳ类环境　　0.15mm

②采用精轧螺纹钢筋的预应力混凝土构件

a. Ⅰ类和Ⅱ类环境　　0.20mm

b. Ⅲ类和Ⅳ类环境　　0.15mm

③采用钢丝或钢绞线的预应力混凝土构件

a. Ⅰ类和Ⅱ类环境　　0.10mm

b. Ⅲ类和Ⅳ类环境不得进行带裂缝的B类构件设计。

《铁路桥涵钢筋混凝土和预应力混凝土结构设计规范》(TB 10002.3—2005)规定:钢筋混凝土结构构件的计算裂缝不应超过表3.3-42中规定的限制:

表3.3-42　裂缝宽度允许值[ω_i]

结构构件所处环境条件			[ω_i](mm)
水下结构或地下结构	长期处于水下或潮湿的土壤中	无侵蚀性介质	0.25
		有侵蚀性介质	0.20
	处于水位经常反复变动的条件下	无侵蚀性介质	0.20
		有侵蚀性介质	0.15
一般大气条件下的地面结构	有防护措施	—	0.25
	无防护措施	—	0.20

注:表列数值为主力作用时的容许值,当主力加附加力作用时可提高20%。

4 混凝土原材料的选择

4.1 水泥

4.1.1 应选用品质稳定的硅酸盐或普通硅酸盐水泥，其质量应符合现行国家标准《通用硅酸盐水泥》(GB 175)，不宜使用早强水泥。

条文说明

混凝土早期强度越高，在早期越易开裂，对混凝土长期性能也越不利，所以要慎用早强水泥。过分强调混凝土强度或为了提高安全保证系数而多用水泥，会对耐久性带来不良后果。

4.1.2 水泥细度不超过 $350m^2/kg$，游离氧化钙不超过1.5%。

条文说明

水泥比表面积太大时，早期强度高而后期增长率低，而且水化热大，会对混凝土的抗裂性和裂缝自愈能力产生不利影响。

4.1.3 氯盐环境中，钢筋混凝土氯离子含量不应超过水泥重的0.1%，预应力混凝土中氯离子的含量不应超过水泥重的0.06%。

当环境无氯盐作用时，钢筋混凝土所用的水泥的氯离子含量不应超过水泥重的0.2%，预应力混凝土中氯离子含量不应超过水泥重0.06%。

条文说明

参考美国 ACI 319/3188-39 的规定,这里所指的氯离子是混凝土成型后硬化混凝土中的水溶性氯离子,测试龄期为 28d 或 4 ~6 周。

水泥、水、细集料中的海砂、粗集料中的海砾以及外加剂等各种原材料都会将所含的氯离子带入混凝土拌和物中。当氯离子含量在钢筋周围达到某一临界值时,钢筋的钝化膜开始破裂,丧失对钢筋的保护作用,从而引起钢筋锈蚀。因此,为了保证混凝土的耐久性,应该控制水泥中的氯离子的含量。对预应力混凝土结构,由于预应力筋对氯盐腐蚀非常敏感,易发生应力腐蚀,更应严格限制。当混凝土处于氯盐环境中时,由原材料带入的氯离子含量应该更加严格限制。

4.1.4 在化学腐蚀环境下,混凝土的 C_3A 含量不宜超过 8%(海水环境则不宜超过 10%)。在硫酸盐侵蚀环境下可选用中抗硫酸盐水泥或高抗硫酸盐水泥。

条文说明

硫酸盐侵蚀主要在混凝土硬化后由水泥中的 C_3A 和周围环境中的硫酸盐之间的反应引起的,C_3A 与硫酸盐反应生成硫铝酸三钙(钙矾石)引起膨胀,钙矾石生长需要空间,在固体材料内的封闭环境中,钙矾石晶体生长可产生高达 240MPa 的压力,足以引起周围材料的破坏。

本手册参照美国 ACI 规范,规定海水环境中 C_3A 含量应小于 10%。

硫酸盐等化学腐蚀介质作用下的混凝土不宜单独使用硅酸盐水泥或普通硅酸盐水泥作为胶凝材料,应在硅酸盐水泥中加入大掺量的矿物掺和料。硅酸盐或普通硅酸盐水泥也不能作为单独的胶凝材料用来配制暴露于 pH 值小于 5.5 的酸性环境中的混凝土,此时必须加入较大掺量的矿物掺和料。对于硫酸盐侵蚀环境可使用硅酸盐类的抗硫酸盐水泥或高抗硫酸盐水泥,但也需掺有矿物掺和料。

在一定环境与暴露条件下,应用抗硫酸盐水泥的低水灰比混凝土,具有良好的抗硫酸盐性能。尽管矿物掺和料可以改善混凝土抗硫酸盐性能,但在暴露于硫酸盐腐蚀十分严重的环境中的混凝土,仍然需要用抗硫酸盐水泥。《抗硫酸盐硅酸盐水泥》(GB 748—2005)中规定：中抗硫酸盐硅酸盐水泥中 C_3A 含量不超过5%，利用《水泥抗硫酸盐侵蚀试验方法》(GB/T 749—2008)中的潜在膨胀性能试验方法测得的14d线膨胀率不大于0.060%，高抗硫酸盐硅酸盐水泥中 C_3A 不超过3%，线膨胀率不大于0.040%。

在极其严重的硫酸盐腐蚀环境下则不能使用硅酸盐类水泥而应代之以其他类型的水泥并需通过试验验证。

4.1.5 水泥中碱含量不应超过0.6%，否则混凝土中总碱量不超过3.5kg/m^3。

条文说明

对水泥含碱量的控制，以往主要从控制碱—集料反应的角度提出要求。但工程实践发现，不管是否有活性集料存在，碱的影响首先表现在增加混凝土的开裂倾向。美国垦务局的R. Burrows，对此做过大量的工程调查和试验研究，并发现在有的露天混凝土开裂的板中，尽管有活性集料且水泥具有高含碱量，但开裂处却没有碱—集料反应产物，混凝土也并没有膨胀，说明这种开裂首先是由于水泥的高含碱量所引起的收缩所致而不是碱—集料反应。其他国家也有类似的研究和工程报道。Burrows建议，为防止碱促进混凝土的开裂，水泥中的碱含量应不超过0.6% Na_2O 当量(即0.658K_2O + Na_2O)。

近年来，在工程实践中又发现含碱量太低时会使大坍落度(如大于160mm)混凝土的泌水性增加。当使用较大掺量的矿物掺和料，或水泥中的 C_3A、C_3S 含量低时，水泥中的含碱量上限可适当放宽。

因此，水泥中的碱可增加混凝土的收缩和开裂，并且不利于外加剂与水泥的相容性。故无论集料是否有潜在碱活性，都应控制水泥中的含碱量。但是当水泥中含碱量太低时又会使混凝土拌和物易泌水，故还应有含碱量的下限。

自1941年美国提出以水泥中 Na_2O 当量低于0.6%作为预防发生碱—集料反应的安全界限以来，虽然有些地区的水泥在 Na_2O 当量低于0.4%时仍可发生碱—集料反应，但一般情况下将低于0.6%作为预防碱—集料反应的安全界限已为世界多数国家所接受。已有二十多个国家将此安全界限列入国家标准或规范。许多国家如新西兰、英国、日本等国内大部分水泥厂均生产含碱量低于0.6%的水泥。加拿大铁路局规定,不论是否使用活性集料,铁路工程混凝土一律使用含碱量低于0.6%的低碱水泥。

对于混凝土总碱量的计算,矿物掺和料中的含碱量以其中的可溶性碱计算,按试样中碱的溶出性试验确定(当无检测条件时,可按粉煤灰中总碱量的约1/6,矿渣中总碱量的1/2计)。在一般的原材料检测报告中,采用酸碱法检测总碱量,包含可溶于水和不溶于水(但溶于酸)的两部分碱量,而在混凝土中并无酸性环境,只有可溶于水的碱才可能发生反应,故上述可溶性碱是指混凝土原材料中能溶于水的碱量(以Na_2O当量计)。

4.1.6 在冻融环境下的桥梁混凝土,不宜采用火山灰质硅酸盐水泥。

条文说明

火山灰质水泥的干缩性大,抗冻性差,当混凝土反复受冻融作用时不宜采用。交通运输部一航局对10余种水泥作了长达5年的研究后认为:硅酸盐水泥中掺入水硬性混合材,可提高混凝土的抗蚀性,但却降低了其抗冻性,其抗冻能力递减次序如下:抗硫酸碱盐水泥(加气)>硅酸盐水泥(加气)>矿渣硅酸盐水泥(加气)>火山灰硅酸盐水泥(加气)>硅酸盐水泥。

4.2 集料

4.2.1 粗集料

(1)质地均匀坚固、粒形和级配良好、吸水率低、空隙率小的粗集料的松散堆积密度一般应大于1500kg/m^3;对较致密石子如石灰岩大于1600kg/m^3,即空隙率约不超过40%。粗集料的压碎指标不大于7%,吸水率不大于2%,针、片状颗粒不宜超过5%。用于高抗冻混凝土的粗集料吸水率不宜大于1%。

条文说明

集料质量中最为重要的就是石子的粒形和级配。如果粒形和级配好,就可以在保证混凝土施工性能的前提下最大限度地减小用水量和浆体量,提高混凝土的强度和耐久性。集料的堆积密度和表观密度是集料级配的反映，堆积密度越大，则级配越好，空隙率越小。对粗集料来说，40%空隙率应该是最低要求，这只是我国20年前集料的一般水平。针、片状颗粒含量反映粗集料粒形的优劣，我国现行标准允许针、片状颗粒的含量最大可到10%。这一水准实在过低。实践证明，针、片状颗粒含量最好不大于5%。近年来我国市场供应的石子质量每况愈下，即便按我国现行砂石标准的低要求也往往相差甚远。目前北京、深圳等地所用石子的空隙率已接近50%，标准连续级配要求的石子最小粒径是5mm，而实际供应的石子粒级大于10mm，粒形除针、片状外，大都类似三角形、长方形，很少有等径状的石子。要配制高质量的混凝土，用水量一般要在160kg/m^{3}以下，以目前石子的质量，预拌商品混凝土的用水量通常在175~185kg/m^{3}之间。造成这一现状的主要原因是石子的生产工艺落后，如使用旧式的颚式破碎机。鉴于耐久性的需要，应该严格控制石子的供货质量，并促使生产厂家改进集料质量。

在《普通混凝土用砂、石质量及检验方法标准》(JGJ 52—2006)中，规定混凝土的指标中最严格的要求是卵石和碎石的压碎指标分别不大于12%和10%，但是在《混凝土结构耐久性设计与施工指南》(CCES 01:2004)中提出的指标是不能大于7%，本手册确定7%。

为了保证混凝土浇筑的通畅，集料的最大粒径应不超过钢筋最小间距和保护层厚度的3/4，后者同时也是为了保证混凝土保护层抗渗性的需要。目前在施工中为了少用水泥往往尽可能增大石子粒径，一些商品预拌混凝土由于大批量生产也极少变换石子粒径，而设计人员在施工图的钢筋净间距上又常忽略施工的实际情况与需要，于是混凝土浇筑时的钢筋通过性就很差，造成混凝土浇筑质量不匀，钢筋下方形成缝隙，并在保护层外表面沿水平钢筋或箍筋的下方位里出现裂缝，这些均要予以充分重视。经验表明，集料最大粒径不超过25mm，才能配出耐久性良好的混凝土。

集料的级配对收缩的影响最为复杂。原则上，集料的级配合理，则集料能构成紧密的骨架，这对混凝土的收缩有很强的抑制作用。当搅拌站从采石厂引进的石子，大多数是经过筛分的，尽管颗粒的形态不错，但是石子的粒径趋于单一，缺乏细粒径的颗粒，因此级配都不理想。搅拌站应多选取几种石子进行合理的匹配，一些小的瓜子片状石子是很好的选择。条件允许的话，尽量选择较粗的砂石，这对减少混凝土收缩是有利的。

(2)处于冻融循环下的重要工程混凝土，宜进行集料的坚固性试验，集料的坚固性试验的失重率应小于8%。

(3)对于可能处于干湿交替、冻融循环下的混凝土,粗集料中的含泥量应低于0.7%。在L1等级氯盐侵蚀环境下,粗集料中的水溶性氯化物折合氯离子含量均不应超过集料质量的0.4%,在L2氯盐侵蚀环境等级下,要求集料的氯离子含量不超过集料质量的0.2%,在L3氯盐侵蚀环境等级下,要求氯离子含量不超过集料质量的0.15%。如使用环境的季节或日夜温差剧烈,应选用线胀系数较小的粗集料,以提高混凝土的抗裂性。

(4)硫酸盐和硫化物中的SO_3含量不得超过集料质量的0.5%。对于硫酸盐腐蚀环境,硫酸盐和硫化物中的SO_3含量应该有着更高的要求。

(5)除了大体积混凝土之外,一般配制耐久性混凝土其最大的粒径不应该大于25mm,同时应采用连续级配的集料作为耐久性混凝土的原材料。

4.2.2 细集料

(1)对于耐久性混凝土宜选用中砂,控制4.75mm、0.6mm和0.15mm筛的累计筛余量分别为0~5%、40%~70%和>95%。人工砂的压碎值指标应小于20%。

条文说明

在《混凝土结构耐久性设计与施工指南》(CCES 01:2004)一书中指出,混凝土的细集料的累计筛余量为此标准。在《建设用砂》(GB/T 14684—2011)中人工砂的单级最大压碎指标分为3级,Ⅰ级、Ⅱ级和Ⅲ级,分别小于20%、25%和30%。配制高抗冻混凝土,应对压碎性指标作出较高的要求。所以本手册选择了Ⅰ级人工砂,要求人工砂的压碎指标应该小于20%。

(2)处于冻融循环下的重要工程混凝土,宜进行集料的坚固性试验,坚固性试验的失重率应小于5%。

条文说明

在《混凝土结构耐久性设计与施工指南》(CCES 01:2004)中指出,混凝土用的细集料的坚固性试验的失重率不得小于5%。

(3)对于可能处于干湿交替、冻融循环下的混凝土,细集料中的含泥量应低于1%;细集料中的水溶性氯化物折合氯离子含量均不应超过集料质量的0.2%。硫酸盐和硫化物中的SO_3含量不得超过集料质量的0.5%。对于硫酸盐腐蚀环境,对硫酸盐和硫化物中SO_3的含量应该有着更高的要求。

条文说明

集料中的泥沙对混凝土的抗冻融性能产生不利的影响。所以低的含泥量是混凝土抗冻融性能的有效保证。本条文是参照《混凝土结构耐久性设计与施工指南》(CCES 01:2004)对在硫酸盐腐蚀环境下集料中的硫酸盐含量作出了限制。

(4)氯盐环境作用(D级或D级以上)下的混凝土,不宜采用抗渗透性较差的岩质如某些花岗岩、砂岩等作为粗、细集料。此外,粗集料的最大公称粒径不宜超过25mm(大体积混凝土除外),且不应超过保护层厚度的2/3。

(5)重要的配筋混凝土工程应严格禁止使用海砂,一般工程由于条件限制不得不使用海砂时,必须进行严格的质量检验,经过冲洗后的氯离子含量应该低于干砂重的0.02%。使用氯离子量超过0.02%但是低于0.15%的海砂,需要降低混凝土水胶比,加大钢筋的混凝土保护层厚度并配合使用化学阻锈剂。预应力混凝土不得使用海砂。

条文说明

海砂对钢筋混凝土的耐久性存在着非常不利的影响。因此,推荐除了在素混凝土之外,尽量不要选择海砂作为混凝土拌和时的集料。

(6)大多数集料的耐久性问题是来自于集料中的活性二氧化硅与水泥中的碱之间发生反应,最突出的问题就是碱—集料反应。对于冻融环境或者长期干湿交替的环境中控制其碱含量不得大于3kg/m^3,即采用《建设用砂》(GB/T 14684—2011)中的测试方法,14d的膨胀率小于0.10%的集料即为没有潜在碱—集料反应的集料。人工砂的使用也应该要符合此要求。

4.3 矿物掺和料

4.3.1 一般规定

(1)掺和料在混凝土中的主要作用是减少水泥的用量和提高混凝土的某种性能。使用时应注意三点:

①掺和料的细度应与水泥相同或比水泥更细;

②掺用量通常不小于水泥用量的5%;

③掺和料的质量应符合有关规定。

(2)配制桥梁耐久混凝土所用的矿物掺和料可为粉煤灰、磨细高炉水淬矿渣、硅灰、沸石粉、石灰石粉、天然火山灰等材料。掺和料必须品质稳定、来料均匀、来源固定。掺和料的掺量应根据混凝土各龄期强度、混凝土的工作性和耐久性以及施工条件和工程特点(如环境气温、混凝土拌和物温度、构件尺寸等)而定。矿物掺和料中应不含放射性物质、可溶性(包括可升华而释放的)有毒物质或对混凝土性能有害的物质,并应有相应的检验证明和生产厂家出具的产品检验合格证书。监理工程师对产品质量有怀疑时,应对其质量进行复查。

(3)本手册中胶凝材料指水泥与矿物掺和料的总用量,对于钢筋混凝土,其最低强度等级、最大水胶比和单方混凝土的胶凝材料最小用量应满足表4.3-1的规定。不同等级混凝土的胶凝材料总量要求如下:C40以下不宜大于400kg/m^3;C40~C50不宜大于450kg/m^3;C60及以上不宜大于500kg/m^3(非泵送混凝土)和530kg/m^3(泵送混凝土)。

表4.3-1 耐久性设计要求混凝土的最低强度等级、最大水胶比和最小胶凝材料用量

环境作用等级	100年			50年		
	最低强度等级	最大水胶比	最小胶凝材料用量(kg/m^3)	最低强度等级	最大水胶比	最小胶凝材料用量(kg/m^3)
A	C30	0.55	280	C25	0.60	260
B	C35	0.50	300	C30	0.55	280
C	C40	0.45	320	C35	0.50	300
D	C45	0.40	340	C40	0.45	320
E	C50	0.36	360	C45	0.40	340
F	C50	0.32	380	C50	0.36	360

注:大掺量矿物掺和料混凝土水胶比不应大于0.42。

条文说明

提出最大水胶比与最小胶凝材料用量的限制是混凝土设计施工标准中控制混凝土耐久性的常用做法。影响混凝土结构耐久性的首要因素是混凝土的密实性,而不是强度,所以为了保证混凝土的密实性,首先要规定最大水胶比。本规范用“水胶比”取代以往的“水灰比”来间接表达混凝土的密实性质量,同时用胶凝材料(水泥加矿物掺和料)用量取代以往的水泥用量。混凝土材料中掺用矿物掺和料以占胶凝材料总量的百分比表示(以质量计)。但对不同的环境类别中胶凝材料的范围(品种与用量)作了不同的要求和限制。掺用矿物掺和料可明显提高混凝土的抗腐蚀能力,但大多数活性掺和料的密度都比水泥的密度低,当水胶比不变而等量取代水泥后,混凝土中胶凝材料浆体的体积增大,拌和料会因此而胀方,而且由于大多数矿物掺和料参与水化反应的时间晚(例如粉煤灰在28d以前基本上不参与化学反应),在不变的水胶比下,水灰比(水与水泥的比值)增大,硬化体的早期孔隙率会增大,所以掺有矿物掺和料的混凝土水胶比应低于不掺时的水灰比。掺粉煤灰混凝土微结构的发展对水胶比非常敏感。水胶比越低,粉煤灰发挥作用的龄期越可提前。因此必须随矿物掺和料掺量的增大而降低水胶比,以保证粉煤灰作用的效率和28d的密实度。故耐久性设计应以最大水胶比和最小胶凝材料用量对混凝土的密实性进行双控。

(4)硫酸盐等化学腐蚀介质作用下的混凝土不宜单独使用硅酸盐水泥或普通硅酸盐水泥作为胶凝材料,当环境作用等级为C或C级以上时应在硅酸盐水泥中加入大掺量的抗腐蚀矿物掺和料。对于硫酸盐环境需使用硅酸盐类的抗硫酸盐水泥或高抗硫酸盐水泥,但也需要掺有矿物掺和料。在极其严重的硫酸盐腐蚀环境下则不能使用硅酸盐水泥而应代之以其他类型的水泥并需通过试验验证。

条文说明

硅酸盐或普通硅酸盐水泥不能作为单独的胶凝材料用来配制暴露于pH值小于5.5的酸性环境中的混凝土,此时必须加入较大掺量的矿物掺和料。

硅酸盐水泥混凝土抗硫酸盐、酸等化学侵蚀的能力很差。硅酸盐水泥水化产物中的$Ca(OH)_2$不论在强度上或化学稳定性上都很弱,在硫酸盐腐蚀下容易分解,遇软水还会溶解,是混凝土耐久性上的薄弱环节。在混凝土中加入适量的矿物掺和料对于提高混凝土抵抗盐、酸等化学腐蚀介质的能力有很大的作用。以往的观点认为:“$Ca(OH)_2$呈碱性,对防止钢筋锈蚀有利,如果在混凝土中掺入粉煤灰、硅灰等火山灰材料后,与$Ca(OH)_2$发生的火山灰反应会消耗$Ca(OH)_2$并降低混凝土的碱度,因而不利于防锈所以需对粉煤灰等矿物掺和料的掺量加以严格限制”。但是大量研究表明,火山灰反应形成的致密水化产物改善了混凝土的微结构，只要水胶比较低，通过火山灰反应不但可提高混凝土抗水、酸和盐类侵蚀的耐久性，而且在防止钢筋锈蚀的能力上也有提高。

不同掺和料在不同腐蚀性介质作用下的合适掺量和效果并不完全相同。矿渣的效果通常很好，加入少量的硅灰一般都能起到比较显著的作用；粉煤灰和另外一些火山灰质材料因其本身的 Al_2O_3 含量有波动，效果差别较大，并非都是掺量越大越好。因此当单独掺加粉煤灰等火山灰质掺和料时，应当通过试验确定其最佳掺量。在西方，抗硫酸盐水泥或高抗硫酸盐水泥都是硅酸盐类的水泥，只不过水泥中 C_3A 和 C_3S 量有不同程度地减少。当环境中的硫酸盐含量非常高时，最好是采用不含硅酸盐的水泥，如采用石膏矿渣水泥或矾土水泥。我国铁道科学研究院的研究人员在青藏公路建设前，在该公路沿线(环境条件为高盐渍、温差大、干燥)埋设了大量的使用不同水泥和不同配合比的混凝土桩体试件，十年后取出观察，除了低水灰比的矾土水泥之外，包括抗硫酸盐水泥在内的其他混凝土试件全部腐烂崩散。但是非硅酸盐类水泥的使用条件和配合比以及养护等都有特殊要求，需通过试验确定使用。

(5)氯盐环境下的钢筋混凝土应采用掺有较大掺量矿物掺和料的低水胶比混凝土。单掺粉煤灰的掺量不宜小于25%(如有抗冻要求时，粉煤灰掺量宜以30%为限)，单掺磨细矿渣的掺量不宜小于50%，且宜复合使用粉煤灰加硅灰、粉煤灰加矿渣或两种以上的矿物掺和料。同时，应严格限制混凝土各种原材料(水泥、矿物掺和料、集料、外加剂和拌和水等)中的氯离子含量，尽量降低从原材料引入的氯离子量。新拌混凝土硬化后，实测混凝土中的氯离子含量对于钢筋混凝土不应超过胶凝材料重的0.1%，对于预应力混凝土不得超过胶凝材料重的0.06%。

条文说明

海洋和近海环境中受氯盐侵蚀的配筋混凝土，应采用掺有较大掺量矿物掺和料的混凝土。粉煤灰抗氯盐侵入的能力并不亚于矿渣，如能同时加入少许硅灰效果更好。普通硅酸盐水泥中虽然也允许掺入6%～15%的矿物掺和料，但掺量很少，意义不大。单纯用硅酸盐水泥配制的混凝土，即使水灰比较低，其抗氯盐侵入的能力也比较差，只有加入较大掺量的粉煤灰、矿渣或一定量的硅灰以后，才能获得根本的改善。国外甚至有研究资料认为,对设计寿命为75年的海洋混凝土结构,如果单纯采用硅酸盐水泥为胶凝材料,则需有C60级的混凝土和100mm厚度的保护层;若掺入60%矿渣或30%粉煤灰,则仅需50mm保护层厚度的C40级(掺矿渣)或C50级(掺粉煤灰)混凝土;若掺量分别增至70%或40%,所需强度等级还可进一步降低。但是粉煤灰的良好作用,必须有低水胶比作为前提。

4.3.2 粉煤灰

1)性能指标

粉煤灰分为低钙灰和高钙灰两种,桥梁工程动载结构中不得使用高钙灰,本节的规定仅适用于低钙灰。粉煤灰质量等级可分三级,桥梁混凝土结构与构件中使用的应为Ⅰ、Ⅱ级粉煤灰。各级粉煤灰的质量指标应符合表4.3-2的规定,包括满足表4.3-2规定的原状干排粉煤灰、磨细粉煤灰以及以粉煤灰为主的复合矿粉。

表4.3-2 粉煤灰分级和质量指标

粉煤灰等级	细度(45μm,筛余量)(%)	比表面积(%)	烧失量(%)	需水量比(%)	含水率(%)	Cl^-含量(%)	SO_3含量(%)	混合砂浆活性指数	
								7d	28d
Ⅰ	≤12	≥600	≤5	≤95	≤1.0	<0.02	≤3	≥80	≥90
Ⅱ	≤25	≥400	≤8	≤105	≤1.0	<0.02	≤3	≥75	≥85
Ⅲ	≤45	≥150	≤15	≤115	≤1.0	—	≤3	—	—

注:①活性指数和需水量比的检验分别按《高强高性能混凝土用矿物外加剂》(GB/T 18736—2002)附录Q和附录P进行。

②烧失量、含水率和SO_3含量测定按《水泥化学分析方法》(GB/T 176—2008)进行。

③Cl^-含量测定按《水泥原料中氯离子的化学分析方法》(JC/T 420—2006)进行。

④总碱量的检验按《高强高性能混凝土用矿物外加剂》(GB/T 18736—2002)附录A.1进行。

⑤45μm气流筛的筛余量换算为80μm水泥筛的筛余量,换算系数约为1.9~2.4倍。

⑥比表面积采用激光粒度分析仪测定其粒度分布,并按仪器说明书给定的公式计算出比表面积。比表面积与45μm筛余量有出入时,按比表面积定级。

条文说明

本手册规定采用的粉煤灰是其氧化钙含量小于8%,游离氧化钙含量不大于1%，以氧化硅和氧化铝为主要活性成分，不具备自硬化特性的低钙粉煤灰。

结构混凝土中掺用高质量粉煤灰等掺和料及适宜外加剂的“双掺”技术，是制作现代高性能混凝土的重要技术手段之一。在结构混凝土中单纯使用水泥，不掺用粉煤灰等掺和料时，则不具有高性能混凝土的品质，其主要原因是单纯水泥水化硬化后，水泥的水化反应生成物有水化硅酸钙、水化铝(铁)酸钙、氢氧化钙和水化硫铝酸钙等，其中的氢氧化钙和水化铝酸钙是导致水泥混凝土耐久性差的根源。特别是氢氧化钙大片状结晶，在有(压力)水渗透的条件下，首先被软水溶出，造成软水侵蚀，同时导致混凝土的孔隙率增大，抗渗性、耐水性及抗氯盐渗透性变差，更容易发生冰冻、盐冻、碱—集料反应和钢筋锈蚀等破坏。当同时发生硫酸盐侵蚀时，硫酸根将与氢氧化钙和水化铝酸钙一起，在硬化混凝土中，生成高硫型水化硫铝酸钙，这就是俗称的“水泥杆菌”。如果要使混凝土配制成将耐久性视为重要基本特征的高性能混凝土，在其水泥水化产物中，就必须设法减少或消除氢氧化钙这种有损强度、耐久性的大结晶体。粉煤灰等活性掺和料具有与水泥水化生成的氢氧化钙反应的特性，活性掺和料与氢氧化钙发生的反应比水泥水化滞后，称作“二次反应”。粉煤灰等活性掺和料的主要成分是氧化硅和氧化铝，二次反应的生成物依然是水化硅酸钙和水化铝酸钙凝胶体，水化硅酸钙和水化铝酸钙是水泥石中提供强度的主要矿物来源。这就不仅使耐久性改善，而且使混凝土强度提高。由于二次反应，掺粉煤灰的水泥混凝土凝结较慢，缓凝0.5~1h，水化热低，更适用于大体积混凝土；早期强度略偏低，不利于预应力混凝土的张拉和放张，在保湿养护良好的条件下，后期强度增长率大，长龄期强度高，强度提高后，抗渗性、抗磨性等耐久性就好。由于减少了氢氧化钙晶体，水泥石中的细观裂纹尖端少，干缩变形小，不仅使粉煤灰水泥混凝土的抗(微)裂性提高，而且使掺粉煤灰的公路工程混凝土结构抗冲击、耐疲劳动载特性得以改善。

高品质粉煤灰的形态多数是空心微珠玻璃球，由于“微珠效应”，使掺用粉煤灰的水泥混凝土施工所需要的流变性、黏聚性、饰面性等工作性良好，易于泵送、修饰，平整度高，结构外形缺陷少，更美观，更平整，且更密实，有利于提高防水抗渗性。其次，优质粉煤灰的“微珠效应”同时使硬化混凝土的干缩变形减小，抗裂性能提高。

配制水泥混凝土和砂浆时，作掺和料的粉煤灰质量分三级，其质量应满足表4.3-2的规定，其中数据摘引自《高强高性能混凝土用矿物外加剂》

(GB/T 18736—2002)中(磨细)粉煤灰的规定。试验研究表明,掺粉煤灰混凝土的性能与所用的粉煤灰品质和等级有直接关系,例如,Ⅰ级粉煤灰是减小干缩的,但烧失量(含碳量)很高的Ⅲ级粉煤灰反而是增大干缩的,由于细度偏大和含碳量过高,Ⅲ级粉煤灰的活性和后期强度均不高。而且由于Ⅲ级灰需水量大,坍落度损失较快,不利于降低水灰比,提高强度;不利于泵送施工工艺;同时,也不利于防水性、抗渗性、抗冻性、耐磨性等耐久性。所以,规定公路工程中重要的混凝土结构物应优先使用Ⅰ级灰,可使用Ⅱ级粉煤灰,除非经过论证,不得使用Ⅲ级粉煤灰。

《高强高性能混凝土用矿物外加剂》(GB/T 18736—2002)中规定,磨细粉煤灰的细度采用激光粒度分析仪测定,工程实际中经常没有此仪器,作为过渡,可采用45μm的气流筛作为过渡标准。连气流筛也没有的工地,可采用80μm的水泥方孔筛,作为初步评价。粉煤灰最终确定等级或三种方法有争议时,应以《高强高性能混凝土用矿物外加剂》(GB/T 18736—2002)中表5.1.1中确定的比表面积和检验方法为准。

表4.3-2的规定与《粉煤灰混凝土应用技术规范》(GBJ 146—90)相比,增加了混合砂浆28d活性指数和氯离子含量指标,这样就弥补了我国对粉煤灰化学成分一直没有规定的缺陷,利用粉煤灰活性来提高长期强度,必须了解混合砂浆28d活性指数。限制氯离子含量是为了防止钢筋混凝土结构中钢筋锈蚀,无钢筋和钢纤维的混凝土结构不需要此项限制。表4.3-2中规定的混合砂浆28d活性指数,适用于C40以上的较高抗压强度的混凝土,当配制的粉煤灰混凝土强度等级不大于C40时,Ⅰ级非磨细粉煤灰活性指数不小于75%,Ⅱ级灰不小于65%。

2)适用范围

(1)粉煤灰用于桥梁混凝土工程,应根据粉煤灰等级、混凝土强度等级和耐久性等要求,按下列规定使用。

①Ⅰ级灰适用于有抗冻、防腐蚀等要求的钢筋混凝土和预应力混凝土结构和构件。预应力张拉和放张前,粉煤灰混凝土强度应通过试验,达到设计规定的张拉、放张强度等级,且不得小于20MPa。

②Ⅱ级灰适用于钢筋混凝土和素混凝土结构。不宜用于预应力混凝土结构或构件。对于有抗冻、防腐蚀等耐久性要求的混凝土,采用的Ⅱ级灰需水量比不宜大于100%。

条文说明

公路混凝土工程中掺用粉煤灰时,应根据粉煤灰等级,有选择地在适宜结构中掺用。首先给出Ⅰ级灰适用于钢筋混凝土、预应力钢筋混凝土,实际上,Ⅰ级灰可以使用在公路工程中的几乎任何混凝土中;Ⅱ级灰在非预应力混凝土结构均可使用,如钢筋混凝土路面、素混凝土路面、路缘石、护栏、桥墩等。

(2)粉煤灰适用于配制泵送混凝土、大体积混凝土、抗渗防水混凝土、蒸养混凝土、轻集料混凝土、地下工程混凝土、压浆混凝土、碾压混凝土、隧道衬砌混凝土、水中抗分离混凝土,抗硫酸盐、抗酸雨、抗软水侵蚀或需要抑制碱—集料反应的混凝土。

条文说明

粉煤灰可使用在公路工程的大流动性泵送混凝土、水中抗分离混凝土、压浆混凝土,需要较低水化热的大体积混凝土、地下工程混凝土、隧道衬砌混凝土,需要水泥(砂)浆含量较高的抗渗防水混凝土和碾压混凝土,需要抗硫酸盐、抗软水侵蚀和抑制碱—集料反应的混凝土等。

(3)在海水和除冰盐等氯盐环境下,不宜单独采用硅酸盐或普通硅酸盐水泥作为胶凝材料配制混凝土,应掺入大掺量或较大掺量粉煤灰,并宜加入少量硅灰。

条文说明

掺加粉煤灰等矿物掺和料对提高混凝土抗氯盐侵蚀能力特别有利。因此在海洋环境和除冰盐环境下,不宜单独采用硅酸盐水泥作为胶凝材料。硅酸盐水泥水化产物中的 $Ca(OH)_2$ 不论在强度上还是在化学稳定性上都很差,在软水、酸或硫酸盐腐蚀下易被溶解,是混凝土耐久性的薄弱环节。传统观点认为 $Ca(OH)_2$ 呈碱性,对防止钢筋锈蚀有利,在混凝土中掺入粉煤灰、硅灰等火山灰材料后,与 $Ca(OH)_2$ 发生火山灰反应,消耗 $Ca(OH)_2$,同时降低混凝土的碱度,因而不利于防锈,所以对粉煤灰掺量加以严格限制。但是国内外的试验研究和实践表明,只要有合适的配合比,例如低于0.45的水胶比,掺用粉煤灰等掺和料可改善混凝土的微结构,提高混凝土抗水、抗盐和抗化学腐蚀的能力。掺矿物掺和料以后,混凝土内部微结构的形成对于水的敏感性,要大于单用硅酸盐水泥混凝土对水的敏感性,当水胶比大于0.5或不变水胶比而等量取代时,就难以发挥掺和料的作用。因此,发挥粉煤灰等掺和料的作用,尤其需要在较短龄期就发挥粉煤灰改善混凝土微结构以提高其抗腐蚀的作用时,必须以低水胶比为前提。

(4)根据桥梁不同构件混凝土的不同要求,粉煤灰可与本手册中的各类掺和料同时使用。粉煤灰掺量应以粉煤灰占胶凝材料总量(水泥加粉煤灰)的百分率表示。掺和料的适应性和最优掺量应由试验确定。

(5)粉煤灰用于下列桥梁混凝土应采取下列措施。

①有抗冰冻、抗盐冻要求的掺粉煤灰混凝土,应掺引气剂,但需加大引气剂掺量,使其满足表4.3-3、表4.3-4含气量的要求。

表4.3-3 桥面和路面混凝土适宜含气量推荐值

粗集料最大公称粒径(mm)	16	19	26.5	31.5
无抗冻性要求(%)	5.0±1	4.5±1	4.0±1	3.5±1
有抗冻性要求(%)	6.0±0.5	5.5±0.5	5.0±0.5	4.5±0.5
有抗盐冻要求(%)	7.0±0.5	6.5±0.5	6.0±0.5	5.5±0.5

表4.3-4 掺引气型外加剂混凝土的含气量

粗集料最大公称粒径(mm)	16	19	26.5	31.5	37.5	45	63
有抗冻性要求的含气量(%)	6.0±0.5	5.5±0.5	5.0±0.5	4.5±0.5	4.5±0.5	4.0±0.5	3.5±0.5
有抗盐冻、抗海水冻要求的含气量(%)	7.0±0.5	6.5±0.5	6.0±0.5	5.5±0.5	5.0±0.5	4.5±0.5	4.0±0.5

②低温或负温施工的掺粉煤灰混凝土,应掺入适宜的早强剂或防冻剂,并应加强保温保湿养护。

③早期脱模、提前负荷的掺粉煤灰混凝土,应掺用高效减水剂、早强剂等外加剂,并应降低水胶比。

条文说明

为了降低水胶比,粉煤灰可与本手册各类外加剂同时(复合)使用,对于抗冰冻、抗盐冻要求的混凝土,必须掺入引气剂。在低温或负温条件下施工时,应掺入早强剂或防冻剂。用于早期脱模、提前负荷的混凝土时,应掺用高效减水剂、早强剂等外加剂。外加剂掺量应以水泥加粉煤灰的胶凝材料总量为基数计算。外加剂的适应性和优选掺量应由试验确定。

(6)粉煤灰不宜用于下列桥梁混凝土工程:

①有提前通车要求的混凝土、钢筋混凝土结构和预应力混凝土结构,要求提前张拉或放张的预应力钢筋混凝土结构。

②长时间养护温度和湿度条件无保证,易干缩开裂的薄壁混凝土结构。

③低温施工时,易温缩开裂的薄壁混凝土结构;负温施工 7d 内达不到受冻临界强度的一般混凝土结构;长期养护温度和湿度条件无保证,冰冻深度范围内及表面混凝土结构。

条文说明

粉煤灰不宜用于下列公路混凝土工程:

①掺粉煤灰的水泥混凝土早期强度偏低,因此,要求提前通车的公路混凝土、钢筋混凝土结构如路面、匝道、桥涵、立交桥,要求提前张拉或放张的预应力钢筋混凝土结构使用粉煤灰时应慎重,经过试验验证。

②粉煤灰的二次反应必须在有水分的情况下才能进行,从而提供后期强度。长期温度和湿度条件无保证,易干缩开裂的薄壁混凝土结构,如薄壁箱梁、桥涵铺装层、薄壁桥墩(台)、露天喷射混凝土边坡防护等,规定不宜使用。

③低温条件下,水泥水化反应很慢,粉煤灰二次水化更慢,后期强度增长缓慢且较低,除非大体积混凝土,一般混凝土结构不得使用粉煤灰。冬季负温施工时,长期温度和养护温度条件无保证、温度和湿度条件不足以保证粉煤灰持续长期水化。

3)掺量选用

(1)混凝土中掺用粉煤灰的方法有等量取代法、超量取代法和外加法。除Ⅰ级灰外,一般不宜采用等量取代法。当混凝土超强较大或配制大体积混凝土时,可采用等量取代法。使用超量取代法时,超量系数可按表 4.3-5 选用。薄壁混凝土构件应取较低限;一般桥梁构件宜取低限;大体积结构可取中、高限;重要桥梁构件的粉煤灰超量系数应通过试验确定。以改善拌和物工作性为主时,可采用外加法。三种掺用粉煤灰的方法均必须经过试验,满足要求后,方可在实际桥梁工程结构中使用。

表 4.3-5　粉煤灰等级与对应的超量系数

粉煤灰等级	Ⅰ	Ⅱ	Ⅲ
粉煤灰超量系数	1.1～1.4	1.3～1.7	1.5～2.0

注:混凝土强度为 C25 以下时取上限,为 C25 以上时取下限。

条文说明

正确使用粉煤灰混凝土的另一关键问题是根据不同的工程结构和粉煤灰等级使用正确而适宜的粉煤灰掺量。优选掺量的核心是是否要求粉煤灰贡献活性和在结构设计中利用其后期强度。如果要利用粉煤灰贡献的活性和强度,则应按照胶凝材料学关于水泥和粉煤灰胶凝体系的原理,粉煤灰的二次反应一是必须等待水泥中释放出的氢氧化钙;二是要求其贡献强度时,代替水泥的粉煤灰掺量必须与水泥最终可能释放出的氢氧化钙量有一个水化反应的最优配伍关系,并不是任意掺量都可以贡献强度的。这个水化反应的最优配伍关系通过国内外数十年研究,已经得出了公认的结论,优质粉煤灰能够完全反应的总量为硅酸盐水泥的28%。所以,在硅酸盐水泥中,Ⅰ级、Ⅱ级粉煤灰替代水泥的最大掺量是30%;普通硅酸盐水泥是30%减去已经掺入水泥中的掺和料数量,一般普通水泥中掺了15%掺和料,在混凝土中再加的掺量不应大于15%。如果不考虑贡献强度,只要能够保证粉煤灰混凝土性能符合设计要求,防止结构不开裂,耐久性等不劣化,则掺量将不受粉煤灰全部水化反应的最优配伍关系的限制。根据上述粉煤灰水泥体系的胶凝材料学原理,规定粉煤灰在各种混凝土中取代水泥的最大限量应符合表4.3-6的规定。

表4.3-6 粉煤灰最大掺量(以质量百分比计)

混凝土种类	粉煤灰取代水泥的最大限量(%)				
	硅酸盐水泥	普通硅酸盐水泥	矿渣硅酸盐水泥	火山灰质硅酸盐水泥	道路水泥
预应力钢筋混凝土	25	15	10	—	—
钢筋混凝土 高强混凝土 抗冻融混凝土 蒸养混凝土	30	20	15	10	20
中低强度混凝土 泵送混凝土 大体积混凝土 地下混凝土 水下混凝土 压浆混凝土	45	35	25	15	40
碾压混凝土	60	50	40	30	45

(2)粉煤灰在各种混凝土中取代水泥最大掺量应符合表4.3-6的规定。当钢筋混凝土、预应力混凝土结构中钢筋保护层厚度小于50mm时,其最大掺量宜比表4.3-6少5%。当混凝土中粉煤灰掺量大于30%时,混凝土的水胶比不宜大于0.42。

条文说明

由于掺粉煤灰能够导致混凝土的碱度降低,使保护层易碳化(中性化),钢筋较易锈蚀,因此,规定当钢筋混凝土中钢筋保护层厚度小于50mm时,其最大限量应比表4.3-6的规定减少5%。在钢筋保护层厚度偏薄时,减少粉煤灰用量,以提高碱度,减缓碳化和钢筋的锈蚀速率。

(3)硫酸盐侵蚀环境下,应选用低C_3A含量的水泥并适当掺加矿物掺和料,粉煤灰的掺量除了应满足表4.3-6的规定外,还应满足表4.3-7的规定,胶凝材料的抗蚀系数应不小于0.8。

条文说明

为了抵抗硫酸盐侵蚀,应选用低C_3A含量的水泥并适当掺加矿物掺和料,粉煤灰的掺量除了应满足表4.3-6的规定外,还应满足表4.3-7的规定,胶凝材料的抗蚀系数应不小于0.8。

表4.3-7 硫酸盐侵蚀环境下混凝土胶凝材料的要求

环境作用等级	水泥品种	水泥熟料中的C_3A含量(%)	粉煤灰或矿渣粉的掺量(%)	最小胶凝材料用量(kg/m^3)
H1	普通硅酸盐水泥	≤8	≥20	300
	中抗硫酸盐硅酸盐水泥	≤5	—	300
H2	普通硅酸盐水泥	≤8	≥25	330
	中抗硫酸盐硅酸盐水泥	≤5	≥20	300
	高抗硫酸盐硅酸盐水泥	≤3	—	300
H3~H4	普通硅酸盐水泥	≤6	≥30	360
	中抗硫酸盐硅酸盐水泥	≤5	≥25	360
	高抗硫酸盐硅酸盐水泥	≤3	≥20	360

(4)碳化腐蚀环境下,处于水中、湿润环境或潮湿土壤的混凝土构件可以采用大掺量粉煤灰(掺量可不大于50%,而水胶比应随掺量增加而减小),暴露于空气中的混凝土构件,粉煤灰掺量不宜大于20%,且每立方米混凝土胶凝材料中的硅酸盐水泥用量不宜小于240kg。

条文说明

在一般环境下,大气中的混凝土碳化从混凝土停止施工养护后就有可能开始,不像冻融或氯盐作用那样,在多数情况下要在施工阶段结束交付使用以后才考虑的。在混凝土中掺入粉煤灰会降低混凝土的碱度,但当水胶比不是很低时,能加速混凝土的碳化,故应对一般环境下处于大气中的混凝土限制胶凝材料中粉煤灰的最大用量。

(5)冻融环境下,混凝土材料的粉煤灰掺量不宜超过30%,并应限制所用粉煤灰的含碳量(宜不大于2%),与硅灰合用时粉煤灰掺量可适当增加。

条文说明

冻融环境下,掺入引气剂在混凝土中形成微细均匀的圆形气泡,能缓解混凝土中的冰晶压力,是提高混凝土抗冻性的有效措施。粉煤灰中含有未燃尽的碳,能影响混凝土的含气量。较大掺量的粉煤灰能增加拌和物的黏聚性,也影响气泡的形成。故在D级以上的冻融环境中要限制粉煤灰掺量,同时限制粉煤灰的烧失量。

(6)氯盐腐蚀环境下,宜掺加粉煤灰,单掺粉煤灰的掺量不宜小于25%;且宜复合磨细矿渣或两种以上矿物掺和料共同掺加。同时要严格控制混凝土中的氯离子含量。控制指标参照本手册第4.3.1条第5点要求。

条文说明

本条参照本手册第4.3.1条第5点的规定。

(7)重要桥梁构件粉煤灰实际掺量及取代水泥量,应通过试验确定。

(8)粉煤灰应以干粉掺入混凝土,并应单独计量误差。对于预应力混凝土、钢筋混凝土和路面混凝土不宜超过总用量的±1%,其他混凝土不得超过±2%。

条文说明

第7点、第8点引自《公路工程水泥混凝土外加剂与掺和料应用技术指南》。

4.3.3 磨细矿渣

1)性能指标

在桥梁混凝土、钢筋混凝土、预应力混凝土结构中，当混凝土强度等级小于C50时，可使用符合表4.3-8规定的磨细（铁）粒化高炉矿渣（简称矿渣）或以矿渣为主要成分的复合矿粉。

表4.3-8 普通混凝土用磨细矿渣的分级和质量指标

指标等级	混合砂浆活性指数		流动度比（%）	密度（g/cm^3）	比表面积（m^2/kg）	含水率（%）	SO_3 含量（%）	烧失量（%）	Cl^- 含量（%）
	7d	28d							
S105	≥95	≥105	≥85	≥2.80	≥350	≤1.0	≤4.0	≤3.0	≤0.02
S95	≥75	≥95	≥90						
S75	≥55	≥75	≥95						

注：①密度检测按现行国家标准《水泥密度测定方法》（GB/T 208）进行；流动度比的检测按现行国家标准《用于水泥和混凝土中的粒化高炉矿渣粉》（GB/T 18046）进行；其他各指标的检测方法同表4.3-2。

②选择性检验指标，当用户有要求时，供货方应提供矿渣粉的Cl^-含量和烧失量数据。

在桥梁混凝土、钢筋混凝土、预应力混凝土结构中，当混凝土强度等级大于等于C50时，可使用符合表4.3-9规定的磨细矿渣或以矿渣为主要成分的复合矿粉。

表4.3-9 高强高性能混凝土用磨细矿渣的分级和质量指标

指标等级	混合砂浆活性指数			需水量比（%）	比表面积（m^2/kg）	烧失量（%）	含水率（%）	SO^3 含量（%）	MgO含量（%）	Cl^- 含量（%）
	3d	7d	28d							
Ⅰ	≥85	≥100	≥115	≤3.0	≥750	≤3.0	≤1.0	≤4.0	≤14.0	≤0.02
Ⅱ	≥70	≥85	≥105	≥100	≥550					
Ⅲ	≥55	≥75	≥100		≥350					

注：①活性指数与需水量比的检验方法按附录Q进行。

②烧失量、含水率和SO_3含量、Cl^-含量、总碱量的检验方法同表4.3-2。

条文说明

本部分磨细粒化高炉矿渣或以矿渣为主要成分的复合矿渣粉技术指标及附录按照《高强高性能混凝土用矿物外加剂》（GB/T 18736—2002）和《公路工程水泥混凝土外加剂与掺和料应用技术指南》编写。

从炼铁高炉生产的矿渣，称铁矿渣，从炼钢高炉中排出的矿渣，称钢渣，钢渣与铁渣矿物成分和性能有差别，所以，国内有矿渣水泥和钢渣水泥两个品种，无论铁渣、钢渣，都必须在水中急冷，使其矿物处于无定形的玻璃态时，才具有水化活性，准确称为磨细粒化高炉铁矿渣。本手册磨细矿渣不包括钢渣，特指磨细粒化高炉铁矿渣。

2)适用范围

磨细矿渣及其复合矿粉适用于下列场合：

(1)用于配制高强、高性能混凝土及大体积混凝土，以降低水泥用量，减少水化热，提高其抗裂性。

(2)用于海水、酸雨、盐、碱等环境中的混凝土结构，提高抗海水、酸雨、氯离子、硫酸盐等化学侵蚀性。

(3)用于仅有较高碱度水泥情况下需要抑制碱—集料反应的混凝土结构。

(4)用于水泥用量偏少，施工要求增大流动性、可泵性，又缺乏粉煤灰的情况下。

(5)可用于硅酸盐水泥、普通硅酸盐水泥和高抗硫酸盐水泥配制的混凝土中，不得用于矿渣水泥混凝土中，不宜用于粉煤灰水泥、火山灰水泥和复合水泥配制的混凝土中。

条文说明

磨细矿渣的矿物成分与水泥较接近，在碱度足够的条件下自身与水能够产生水化反应而提供强度，属于具有自水化硬化性能的活性掺和料，因此，在我国矿渣水泥中矿渣最大掺量和磨细矿渣的最高置换率高达70%。矿渣的矿物成分与水泥熟料相比，钙含量偏低，生成水化硅酸钙和水化铝酸钙时，由于其缺钙，需要由水泥水化提供氢氧化钙补给，因此，掺矿渣或矿渣水泥的混凝土具有比硅酸盐水泥和普通水泥更高的抗海水、酸雨等化学及电化学腐蚀的耐久性。另外，掺矿渣的混凝土水化反应速度略慢一些，低温条件下，在早强要求高及要求快速张拉和放张的预应力混凝土结构和构件中使用时，应通过试验，选用比表面积较大，满足强度的磨细矿渣。掺矿渣后，混凝土水化热较低，有利于遏制大体积混凝土温升。

3)掺量选用

(1)磨细矿渣替代水泥量占水泥和磨细矿渣总量的百分数称为置换率，

在一般桥梁结构混凝土中的最大置换率不应超过60%，当仅用于改善和易性时，最大置换率不应超过70%，实际使用的置换率应通过试验确定。

(2)在硫酸盐腐蚀环境下，特别是高温下的硫酸盐腐蚀环境和海水环境，宜将大掺量矿渣作为胶凝材料的必需组分，矿渣的最大掺量在低水胶比的混凝土中可达胶凝材料总量的90%；但对冻融部位的混凝土，矿渣的最大掺量不宜超过50%。作为掺和料的矿渣需水量比不宜大于105%，烧失量不大于1%。

(3)在氯盐腐蚀环境下，宜掺加磨细矿渣，单掺磨细矿渣的掺量不宜小于50%，且宜复合粉煤灰或两种以上矿物掺和料共同掺加。同时要严格控制混凝土中的氯离子含量，控制指标参照本手册第4.3.1条第5点。

(4)在搅拌磨细矿渣混凝土时，应将其与水泥分别储存在各自罐仓中，分别称量，称量误差为±1%，拌和时间宜延长10~30s。

条文说明

磨细矿渣可部分替代水泥(熟料)，替代部分的量占水泥和磨细矿渣总量的百分数称为置换率。因为在混凝土中掺用矿渣远不及在水泥磨细时，共同粉磨的矿渣均匀性好，所以，在结构混凝土中使用的最大置换率不应超过60%，只用于改善和易性时，最大置换率不应超过70%，最大置换率与市场销售的矿渣硅酸盐水泥相同。实际使用的置换率应通过试验确定。

在高温下的硫酸盐腐蚀环境和海水环境，为了达到抵抗硫酸盐腐蚀的目的，宜将大掺量矿渣作为胶凝材料的必需组分。矿渣的最大掺量在低水胶比的混凝土中可达胶凝料总量的90%；但对冻融部位的混凝土，矿渣的最大掺量不宜超过50%。作为掺和料的矿渣需水量比不宜大于105%，烧失量不大于1%。在氯盐腐蚀环境下，为抵抗氯盐侵蚀，宜掺加磨细矿渣，单掺磨细矿渣的掺量不宜小于50%，且宜复合粉煤灰或两种以上矿物掺和料共同掺加。同时要严格控制混凝土中的氯离子含量。

磨细矿渣的使用、称量及拌和等与粉煤灰掺和料相同。

4.3.4 硅灰

1)性能指标

在桥梁混凝土的桥面、路面、桥隧结构中生产制备使用高弯拉强度、高抗压强度、高抗腐蚀性等高性能混凝土时，可使用硅灰或以硅灰为主的复合矿粉。硅灰及其复合硅灰制剂的质量指标应符合表4.3-10的规定。

表4.3-10　硅灰的质量指标

物理性能		化学性能			混合砂浆性能	
比表面积(m^2/kg)	含水率(%)	烧失量(%)	SiO_2含量(%)	Cl^-含量(%)	需水量比(%)	28d活性指数(%)
≥15000	≤3	≤6	≥85	≤0.02	≤125	≥85

注:①硅灰的比表面积按BET氮吸附法测定。

②活性指数与需水量比的检验方法按《高强高性能混凝土用矿物外加剂》(GB/T 18736—2002)附录Q进行。

③烧失量、含水率和SiO_2含量、Cl^-含量、总碱量的检验方法同表4.3-2。

④作为定性辨别参考指标,硅灰的松散密度在200~300kg/m^3之间;外观为浅灰色极细粉末,白度为40~50。

条文说明

硅灰技术指标参照《高强高性能混凝土用矿物外加剂》(GB/T 18736—2002)和《公路工程水泥混凝土外加剂与掺和料应用技术指南》编写。以硅灰为主要成分的复合硅灰制剂的性能亦应满足表4.3-10的规定。

硅灰是在硅铁合金厂的烟道中反吹风冷凝收集得来的细度极大的灰白色超轻粉末,硅灰的平均粒径是水泥的百分之一,重度很小,单位质量的体积很大,且活性氧化硅含量很高,是目前已知掺和料中活性最高的掺和料。可以迅速地与水泥水化释放出的氢氧化钙反应生成水化硅酸钙,因此,是目前配制高强与超高强高性能混凝土不可缺少的掺和料。同时,由于其细度极细,需水量很高,必须与高效减水剂或超塑化剂共同掺用,在一般施工气温和工艺条件下均要求保塑和减少坍落度损失,应使用保塑高效减水剂或缓凝高效减水剂。

硅灰在混凝土中的应用要特别注意两个问题:首先,掺硅灰高强和超高强高性能混凝土和其他高强高性能混凝土一样,由于水胶比很小,总胶凝材料用量高,水化热高,要控制温升,防止温差裂缝;其次,硅灰的自干性会使自生体积收缩量增大,自生体积收缩量达到与干缩量相同,极易出现干缩和自收缩施工裂缝,因此,必须注重降温保湿养护。在使用中宜与粉煤灰或磨细矿粉共用,掺加减缩剂或复配膨胀剂,补偿其自生收缩。国内外均有这方面的研究成果和成功的工程应用实例。

2)适用范围

(1)硅灰和复合硅灰制剂适用于高强、早强混凝土和对开放交通有紧迫要求的新建或修复桥梁混凝土结构和构件。

(2)适用于对抗(盐)冻性、抗渗性、抗海水及盐碱腐蚀、抑制碱—集料反应、抗冲磨性要求很高的混凝土结构和构件,适用于低温或负温施工的混凝土结构。

(3)当硅灰用于热天施工、干燥条件下的高、中强度混凝土结构时,应采取有效措施控制温升、干缩和自收缩,并加强降温和保湿养护,避免温缩、干缩和自收缩裂缝。

条文说明

由于硅灰具有超细度、超高活性等特点,硅灰混凝土强度发展迅速,且具备相当高的强度,因此,硅灰适用于高强、早强混凝土和对开放交通有紧迫要求的新建或修复公路混凝土结构和构件。硅灰具有与二氧化钙的反应快速、高密实度和耐久性良好等特点,因此,适用于对抗(盐)冻性、抗渗性、抗海水和盐碱腐蚀、抑制碱—集料反应和抗冲磨性要求很高的公路混凝土结构和构件,适用于冬季低温和负温施工要求高的早强混凝土结构。

3)掺量选用

(1)硅灰掺用方法有多代水泥法和等代水泥法。掺量应根据其水化反应速度、发热量、工作性、强度等由试验确定,一般宜为3% ~10%的水泥用量,称量应准确,允许误差不超过±1%。

(2)硅灰的细度极细,需水量很大,在高强混凝土中掺用硅灰应同时使用各类高效减水剂降低单位用水量。有抗冰冻、盐冻要求时,可掺用引气剂。当水胶比很低时,可同时掺减缩剂、膨胀剂对其自收缩进行补偿。硅灰和外加剂的最佳掺量应通过试验确定。

(3)硅灰混凝土应在满足增强效果的同时,满足施工操作时段内的工作性要求,宜复配保塑剂或缓凝剂进行坍落度损失控制。

条文说明

用于公路工程的硅灰可等量取代或超量代替水泥。在配制高强高性能混凝土时,宜与粉煤灰、磨细矿渣粉共掺,同时需适当加大高效减水剂、保塑剂或缓凝剂的用量。高强高性能混凝土掺用硅灰时,应同时掺用高效减水剂或增大其掺量,可在规定工作性条件下减低单位用水量;有抗冰冻、盐冻要求时可掺用引气剂,其含气量要求可适当减小。由于掺用硅灰、高效减水剂,并大幅度降低用水量,会导致较大的自干燥收缩,在配合比设计时应考虑补偿措施,例如掺减缩剂、膨胀剂等。国内已有多项工程实例说明这些措施的可行性。

掺用硅灰的高强高性能混凝土如发现坍落度损失较大、较快时,应更换外加剂,例如氨基磺酸盐、聚羧酸盐类外加剂对掺硅灰混凝土坍落度损失要小于萘磺酸系列的。当只有萘磺酸盐外加剂时,可考虑使用复合缓凝剂和保塑剂改善坍落度损失。

(4)硅灰混凝土的搅拌时间应延长 20 ~ 30s,并应定时清洗搅拌锅,运输、输送、浇筑时间应尽量缩短。

(5)硅灰混凝土应适当延长振捣时间,缩小振捣间距,振捣密实后,应立即进行表面修整和抹面。硅灰混凝土施工每道工序操作和间隔时间应尽量缩短,总施工时间不应超过 1.5h。

条文说明

硅灰的细度大,搅拌时间须适当延长 20 ~ 30s,并应及时清洗搅拌锅,防止其在锅内黏附并快速硬化。运输、输送、浇筑时间应尽量缩短,减小坍落度损失对结构密实度带来的不利影响。硅灰混凝土较黏稠,达到相同密实度的振捣时间应适当延长,并缩小振捣间距。硅灰混凝土施工每道工序操作和间隔时间应尽量缩短,总施工时间超过 1.5h 将无法振捣密实。

(6)硅灰混凝土抹面修整后,表面出现变干即应喷雾养护,并应加强散热和保湿。宜采用水管喷淋、蓄水、浇水养护或覆盖保湿膜、土工毡、麻袋、草袋洒水保湿及散热养护方式。硅灰混凝土的最短养护时间不应少于 7d。

条文说明

本条引自《公路工程水泥混凝土外加剂与掺和料应用技术指南》。掺硅灰混凝土由于水胶比小、发热量大、需水量大,且具有自干性,表面泌水少,容易出现初凝前的塑性收缩引起的早期裂缝,故必须十分重视终凝前的保湿养护。

4.3.5 沸石粉

磨细天然沸石粉应选用斜发沸石岩或丝光沸石岩，其他沸石尤其是方沸石不宜用作混凝土的掺和料。用于桥梁混凝土的沸石粉应符合表4.3-11的要求。指标测定按现行国家标准《高强高性能混凝土用矿物外加剂》(GB/T 18736—2002)中的有关规定进行。

表4.3-11 沸石粉技术性能指标

项目	级别及技术性能指标	
	Ⅰ级	Ⅱ级
吸铵值(mmol/100g)，≥	130	100
比表面积(m^2/kg)，≥	700	500
需水量比(%)，≥	110	115
活性指数(%)，≥	90	85

沸石粉适用于需要抗碱—集料反应和抗硫酸盐侵蚀的环境下。需要适用沸石粉的情况通过试验确定其适宜掺量。

条文说明

沸石粉指标测定按现行国家标准《高强高性能混凝土用矿物外加剂》(GB/T 18736)中的有关规定进行。磨细天然沸石矿物掺和料具有较高的活性，并能提高混凝土抗氯盐侵入和抗化学侵蚀的能力，因其特殊的结构作用，抗碱—集料反应和抗硫酸盐的能力显著，但有较大的需水量比，因此掺量有限，而且为了减少自收缩和温度应力，也不宜磨得过细。

4.3.6 复合矿物掺和料

使用两种或两种以上的掺和料复合而成的磨细矿物掺和料，其效果通常能明显优于单一矿物掺和料。复合矿物掺和料应有合格的产品标准或经过有关部门鉴定的性能检测证明并附有组成成分和使用说明，不得添加对混凝土有害的成分。为避免增加混凝土的自收缩和温升效应，复合磨细矿粉也不宜过细。

用于桥梁混凝土的复合矿物掺和料应符合表4.3-12的要求，细度按照现行国家标准《用于水泥和混凝土中的粉煤灰》(GB/T 1596)中的方法进行测定;流动度比按照现行国家标准《用于水泥和混凝土中的粒化高炉矿渣粉》(GB/T 18046)中的方法测定;其他项目的试验按照现行国家标准《高强高性能混凝土矿物外加剂》(GB/T 18736)中的相关规定进行,并依据复合矿物掺和料中的主要组分来选择相关试验方法。

表 4.3-12 复合矿物掺和料技术性能指标

项　目		级别及技术性能指标		
		F105	F95	F75
比表面积(m^2/kg),≥		450	400	350
细度(45μm,方孔筛筛余)(%),≥		10		
活性指数(%)	7d,≥	90	70	50
	28d,≥	105	95	75
流动度比(%),≥		85	90	95
含水率(%),≤		1.0		
SO_3 含量(%),≤		4.0		
烧失量(%),≤		5.0		
Cl^- 含量(%),≤		0.02		

条文说明

复合矿物掺和料的技术性能指标参考北京市地方标准《混凝土矿物掺和料应用技术规程》(DBJ/T 01-64—2002)中有关复合掺和料的相应指标而确定。复合矿物掺和料可以由多种不同的矿物掺和料组成,如粉煤灰、矿渣、硅灰等。除了细度和流动度比之外,其他指标的测定依据复合矿物掺和料中的主要组分来选择相关试验方法。但是,如果复合矿物掺和料中含有硅灰,则比表面积必须采用 BET 氮吸附法测定。由于复合矿物掺和料由多种组分复合而成,在配制自密实混凝土时增加了外加剂与胶凝材料的相容性程度,所以在自密实混凝土中使用复合矿物掺和料时应进行系统的试配试验。

其他主要成分为 SiO_2、具有火山灰性或潜在水硬性的矿物质材料或工业废弃物,如硅灰石、偏高岭土、矿渣、钢渣、铜渣等,经试验验证和鉴定后,也可用作混凝土的掺和料。磷渣混凝土已在国内得到成功应用并取得显著的效益。

4.4 外加剂

4.4.1 减水剂选用原则

1)减水剂的品种

(1)混凝土工程中可采用下列普通减水剂(坍落度到18cm)。

木质素磺酸盐类:木质素磺酸钙、木质素磺酸钠、木质素磺酸镁及丹宁等。减水率为10%~15%,提高抗压强度10%~20%。

糖蜜类:如糖蜜、糖钙、糖钠。

条文说明

木质素系减水剂的主要品种是木质素磺酸钙(M型减水剂),它是由生产纸浆或纤维浆的木质废液,经发酵处理、脱糖、浓缩、干燥、喷雾而制成的粉状物质。

M型减水剂的掺量一般为水泥质量的0.2%~0.3%,在保持配合比不变的条件下可提高混凝土坍落度一倍以上。M型减水剂还可以减小混凝土拌和物的泌水性,改善混凝土的抗渗性及抗冻性,故适用于大模板、大体积浇筑滑模施工,泵送混凝土及夏季施工。M型减水剂对混凝土有缓凝作用,掺量过多,除造成缓凝以外,还可能使强度下降。M型减水剂不利于冬季施工,也不宜蒸气养护。

糖蜜中含蔗糖28%~30%,还原糖类25%~28%,胶体物10%~15%,钙镁盐类1%~2%,pH值6~7,密度1.38~1.47kg/L。为了便了保存和使用,防止糖蜜不断酶解,将糖蜜与石灰乳作用转化为糖化钙(简称糖钙)。糖蜜属缓凝减水剂,掺量0.2%~0.3%,减水率6%~10%,不引气,能提高混凝土的抗冻和抗渗性。

(2)混凝土工程中可采用下列高效减水剂(坍落度到20cm以上)。

①多环芳香族磺酸盐类:萘和萘的同系磺化物、与甲醛缩合的盐类、胺基磺酸盐等。减水率为15%以上,提高抗压强度20%。

条文说明

萘系减水剂通常是由工业萘或煤焦油中萘、蒽、甲基萘等馏分经磺化、缩合而成。

萘系减水剂的减水、增强、改善耐久性等效果均优于木质素系。大部分品种属于非引气型,或引气量小于2%,无缓凝作用,不含氯离子,对钢筋没有锈蚀作用。萘系减水剂对不同品种水泥的适应性都较强,主要用于配制要求早强、高强的混凝土及流态混凝土。

②水溶性树脂磺酸盐类:磺化三聚氰胺树脂、磺化树脂等。减水率为10% ~24%,提高抗压强度30% ~50%,节约水泥15% ~20%。

条文说明

磺酸系减水剂是将三聚氰胺与甲醛反应制成三羟甲基三聚氰胺,然后用亚硫酸氢钠磺化,反应生成以三聚氰胺甲醛树脂磺酸盐为主要成分的一类减水剂。磺酸系减水剂属于早强非引气型高效减水剂,其减水及增强效果比萘系减水剂更好。该减水剂对混凝土蒸养工艺适应性好,蒸养出池强度可提高20% ~30%,适用于高强混凝土、早强混凝土、蒸养混凝土及流态混凝土。

③脂肪族类:聚羧酸盐类、聚丙烯酸盐类、脂肪族甲基磺酸盐高缩聚物等。减水率20% ~40%,节约水泥15%。

条文说明

一些聚羧酸盐,特别是由丙烯酸和丙烯酸取代物的单体合成的聚丙烯酸盐,它的作用机理不同于其他传统减水剂,靠梳形分子结构所起到的空间位阻效应来起到减水分散作用。其优点在于减水率高,一般在20%以上,最高可达到40%以上,具有合适的缓凝时间,保坍性能优异,同时使混凝土不离析、不泌水。通常用于配制超高强流态混凝土或构件混凝土等高性能混凝土。

④其他:改性木质素磺酸钙、改性丹宁等。

(3)命名

①引气减水剂,引气高效减水剂:由各类引气剂与普通减水剂和高效减水剂复配的引气减水剂和引气高效减水剂。

②缓凝高效减水剂:缓凝剂与高效减水剂复配制成的复合缓凝高效减水剂

③早强减水剂,早强高效减水剂:各类早强剂与普通减水剂、高效减水剂复配制得的早强减水剂和早强高效减水剂。

2)一般原则

(1)外加剂品种的选用应根据各类公路工程混凝土结构的设计、特定施工工艺要求、使用的主要目的和质量控制目标,通过试验和技术经济比较确定。

条文说明

选择外加剂或掺和料的品种原则是:应根据公路混凝土工程设计、施工工艺、使用的主要目的和质量控制目标,并不对耐久性及长期性能产生不利影响(不增加收缩、不降低长期强度),通过试验和技术经济比较确定。各种外加剂都有其特性,如改善和易性及泵送性,调节凝结时间、提高强度、改进耐久性、防止开裂、增强抗动载性能等。使用者应根据外加剂的特点,结合使用目的,如节约水泥、改善混凝土性能、加快模板周转等技术经济综合指标来优选外加剂或掺和料的品种。

(2)外加剂应该与水泥品种相适应。掺外加剂路面混凝土,其适用的水泥品种有道路硅酸盐水泥、硅酸盐水泥、普通硅酸盐水泥,中、轻交通等级的路面混凝土可使用矿渣硅酸盐水泥,但其中不宜再掺入磨细矿渣。

条文说明

规定掺外加剂与掺和料的混凝土所用水泥品种的要求。各类水泥均必须与所用外加剂相匹配。掺和料不宜加入有同种混合材的水泥中,并应同时计入水泥中与混凝土中掺入的掺和料总量。如粉煤灰不宜加入粉煤灰水泥中,磨细矿渣不宜加入矿渣水泥中等。

(3)当骨料具有碱活性时,由外加剂带入的碱含量($Na_2O+0.658K_2O$)不宜超过1.0kg/m³,由外加剂、掺和料及水泥带入混凝土总含碱量不应超过3.0kg/m³。混凝土中碱总量计算方法及外加剂碱含量的测定方法见附录E.1。处于海水、盐碱水等腐蚀环境中的桥梁工程混凝土,不得使用具有碱活性的集料。外加剂应有碱含量标识。

条文说明

即使使用低碱水泥,当水分能够渗入混凝土时,也能导致碱—集料破坏反应,因此规定处于与水接触环境中的混凝土,不得使用碱活性集料。当集料具有碱活性时,应严格控制外加剂带入混凝土的碱量不应超过1.0kg/m³。有些外加剂含有一定数量Na_2SO_4或其他形式的碱。根据推算,早强剂及早强减水剂的碱含量约20%~40%,速凝剂约15%~20%,膨胀剂约0.4%~

3%,高浓型萘系高效减水剂约5%～10%,低浓型萘系高效减水剂约15%～20%。使用这些外加剂时含碱量均有所增加,因此,在产品说明书中应有明确的含碱量标识。

混凝土中产生碱—集料反应有三个必备条件:集料具有碱活性、混凝土中有不小于3.0kg/m³ 的总含碱量、有足够的湿度环境。三个条件同时满足时,会发生碱—集料反应,要特别引起重视,严加控制,甚至夹杂少量碱集料(5%)也不允许。严格防止公路混凝土结构或构件因夹杂碱—集料反应造成的局部崩裂破坏,这是公路混凝土结构或构件要求抗动载冲击、振动、耐疲劳等特性所决定的。

规定水泥、外加剂及掺和料带入混凝土总碱含量不宜超过3.0kg/m³(国外重要的工程不宜超过2.5kg/m³),是防止碱—集料反应所采取的措施,是一个重要的临界控制指标。应注意混凝土总碱含量不宜超过3.0kg/m³ 是相当严格和一般不易做到的规定。假设工程所使用的是低碱水泥,碱度为0.5%,总含碱量还与单位水泥用量有关,如果此时外加剂带入的碱含量为零,单位水泥用量不能大于400kg/m³,否则,即使是使用了碱度为0.5%的低碱水泥,在未计入掺和料带进的碱度时,混凝土中的总碱含量也将超过3.0kg/m³ 的规定。因此,在较高强和高强混凝土中控制水泥、外加剂和掺和料中的总含碱量临界指标有相当的难度,因为当水泥用量或胶凝材料总量偏大时,外加剂的绝对用量也大。不使用碱活性集料将是最有效防止碱—集料反应的办法。

(4)氯离子限量

掺用外加剂与掺和料的混凝土拌和物中氯化物(以 Cl^- 计)总含量的最高限量不应超过表4.4-1的规定。外加剂或掺和料单独带入混凝土拌和物中的氯离子含量宜按总氯离子含量的1/3进行控制。氯离子含量的检测方法应按现行《水泥原料中氯离子的化学分析方法》(JC/T 420)进行。

表4.4-1 混凝土拌和物中氯化物(以 Cl^- 计)总含量的最高限量

结构种类及环境条件	预应力混凝土及腐蚀环境中的钢筋混凝土	潮湿但不含氯离子环境中的钢筋混凝土	干燥环境或有防潮措施钢筋混凝土
外加剂或掺和料带入 Cl^- 占水泥用量(%)	0.02	0.10	0.33
总 Cl^- 占水泥用量(%)	0.06	0.30	1.00

条文说明

本规定摘自《预拌混凝土》(GB/T 14902—2003)。据世界权威机构的统计,目前全世界的各种混凝土结构物,在耐久性问题中,钢筋锈蚀引起的损坏比例最大,特别是在公路、铁路桥梁结构中,所造成的损失占全部耐久性损失的3/4。例如,在我国处于海水中的、海风环境(距海岸线范围内)的、冬季洒除冰盐的以及处在盐碱地腐蚀区内的桥梁,均有严重的钢筋锈蚀破坏问题,粗略估计占桥梁总数的2/3。钢筋锈蚀破坏将成为我国未来钢筋混凝土桥梁和其他混凝土结构物的主要耐久性损坏问题,应引起高度重视。

鉴于此,本手册对外加剂、掺和料单独掺用时带入混凝土拌和物的氯离子含量提出了较严的要求。其原因是组成混凝土的主要原材料水泥、水和骨料也会带入氯离子。所以,规定外加剂与掺和料单独带入混凝土拌和物中的氯离子含量,宜按总氯离子含量的1/3进行控制。表4.3-13的规定是参照国内外有关资料制定的,表中规定与欧盟国家的规定相同。首先,目前国际上所称无氯外加剂是指氯离子含量不大于0.1%C(C为水泥质量),可用于潮湿环境钢筋混凝土但不适用于预应力钢筋混凝土结构。预应力混凝土和腐蚀环境中的钢筋混凝土氯离子含量不大于0.02%C,事实上难以做到,这两种条件下,应采取其他措施。防止钢筋锈蚀的技术措施,常用的有采用高效减水剂减小水胶比,采用高性能高密实度混凝土,在混凝土中掺用钢筋阻锈剂,使用防锈蚀钢筋、环氧树脂涂层钢筋、电化学防护等适宜的技术措施。当今我国正处在大规模公路建设时期,不高度重视并切实做好公路混凝土结构和构件的钢筋防锈蚀工作,在不久的将来,必将用巨额资金对大量的公路桥梁或其他结构物的腐蚀破坏进行修复。

(5)适应性检验

各种桥梁混凝土工程使用的外加剂,必须首先进行外加剂与水泥适应性检验,不适应的外加剂不得使用。适应性检测方法见附录E.4。当水泥品种、强度、等级、生产厂变动或混凝土性能出现变化时,应重新检验外加剂对水泥的适应性。

条文说明

外加剂与水泥的适应性是一个复杂问题。以减水剂为例,不同减水剂品种对水泥的分散、减水、增强效果不同;对同一种减水剂而言,由于水泥的矿物组成、温度、细度、含碱量、石膏品种和掺量、掺和料品种和掺量等不同，减水剂的增强效果差别很大。我们将其分为化学定性不适应和剂量定量不适应两类。目前所知，外加剂与水泥的化学定性不适应主要来自水泥调凝剂中所使用的除二水石膏以外的各种石膏变种，如硬石膏、半水石膏、脱水石膏、氟石膏、萤石膏、磷石膏、工业废渣石膏等。采用标准稠度的水泥净浆即可定性检验外加剂与所用水泥的化学适应性，其检验方法见附录E.4。如化学不适应的减水剂，会产生不减水反而增水的现象，显然不能使用。外加剂与水泥的剂量不适应主要取决于如下因素：水泥中的铝酸三钙含量高、碱含量偏高、细度偏细、拌和时水泥温度过高。剂量不适应表现在相同掺量减水剂的减水率远低于或大于使用基准减水剂的减水率。

(6)品种与化学成分

桥梁混凝土结构工程所选定的各种外加剂品种和主要化学成分应符合本手册第4.4.1条第1)点中有关外加剂品种和主要化学成分的规定。本手册中没有规定的外加剂品种，须经充分试验研究或专家论证后方可使用。

条文说明

本规定是针对目前我国外加剂市场上流行对产品主要化学成分和配方保密的做法，绝大多数只用英文代号，名为保护知识产权，实际上对工程使用带来极大的困难和混乱，造成了不应有的工程隐患，甚至使工程返工。为了杜绝此类问题的发生，本手册规定外加剂生产商必须标明主要化学成分，配方可以保密，但使用者必须有主要化学成分的知情权。否则，掺量极有可能用错，不同化学成分功能相同的减水剂掺量可以相差10倍甚至100倍，当使用者了解其主要化学成分时，将有效减少使用中出现差错的可能性。

(7)性能指标

掺常用外加剂混凝土的性能指标要求应符合表4.4-2的规定。其试验方法和检验规则应符合附录E.2的规定。检验掺外加剂混凝土性能所采用的基准水泥应符合附录E.3的规定。

表4.4-2 外加剂性能指标规定

序号	项　目	指　标
1	水泥净浆流动度(mm)	≥240
2	硫酸钠含量(%)	≤5.0

续上表

序号	项目		指标
3	氯离子含量(%)		≤0.2
4	碱含量($Na_2O+0.658K_2O$)(%)		≤10.0
5	减水率(%)		≥20
6	含气量(%)	用于配制非抗冻混凝土时	≥3.0
		用于配制抗冻混凝土时	≥4.5
7	坍落度保留值(mm)	30min	≥180
		60min	≥150
8	常压泌水率比(%)		≤20
9	压力泌水率比(%)		≤90
10	抗压强度比(%)	3d	≥130
		7d	≥125
		28d	≥120
11	对钢筋锈蚀作用		无锈蚀
12	收缩率比(%)		≤135
13	相对耐久性指标(200次)(%)		≥80
14	电通量(56d)(C)		≤2000

条文说明

表中规定的掺常用外加剂混凝土的性能要求与《混凝土外加剂》(GB 8076—2008)相比,有如下桥梁混凝土结构工程的特殊规定:

①规定用于所有等级桥梁混凝土结构工程的各种外加剂产品质量必须首先满足现行国家标准《混凝土外加剂》(GB 8076)一等品的各项技术指标规定。表4.4-2中仅有一等品技术指标,合格品未列入,这与《水工混凝土外加剂技术规程》(DL/T 5100—1999)的规定相同。由于目前市场中不少标注合格的外加剂产品中存在相当数量的不合格品,其使用将有损于桥梁混凝土动载结构工程质量和长期使用特性,因此,本手册规定只允许使用一等品。

②参照我国电力行业规范《水工混凝土外加剂技术规程》(DL/T 5100—1999),对高效减水剂的要求比《混凝土外加剂》(GB 8076—2008)略高,由12%的减水率提高到15%。常用的普通减水剂也多可达到这一要求,而几乎

所有高效减水剂的减水率均可达到或超过15%。本手册还将引气减水剂的减水率由10%提高到12%，这是由于普通减水剂要求有大于8%减水率，加上引气剂要求能提供6%的复合减水率，引气减水剂至少能保证12%的减水率。同样，高效减水剂15%减水率加上引气剂6%减水率，引气高效减水剂和引气缓凝高效减水剂减水率提高到18%，实测表明亦无问题。

注意此处所讲的减水率是用基准水泥并按基准混凝土配合比的检测结果，与实际工程所使用的水泥和减水剂测得的减水率有差别。这是由于实际工程的混凝土采用的原材料和配合比与检验时的材料和环境不同。检验外加剂产品等级时，使用的是基准水泥、原材料和基准配合比(见附录E.2的规定)，此时测得的减水率为产品减水率；按实际工程原材料和配合比测得的减水率是工程实际减水率。外加剂在化学适应的前提下，其产品的减水率经常不代表实际减水率，这里还有剂量适应性问题。实际减水率远小于产品减水率的外加剂存在与工程使用的水泥剂量适应性不佳的问题。

③桥梁混凝土结构工程以混凝土薄壁结构占主导地位，例如T梁、箱梁、板梁、薄壁桥墩、薄壁挡土墙、涵(管)洞、隧道衬砌、路面、桥面铺装层等，薄壁结构混凝土的抗裂问题始终是困扰公路行业的一大难题。而《混凝土外加剂》(GB 8076—2008)的规定掺量对薄壁结构而言是过大的，不可接受，135%的28d收缩率比导致公路工程中常见的现象：不用外加剂不裂，一用就裂。因为掺用了外加剂后的混凝土比相同配合比下不掺外加剂的混凝土28d收缩量大35%，因此，该项技术指标要求必须按公路薄壁混凝土结构修改为120%~125%。工程实测表明：最好的引气型减水剂28d收缩率比仅有108%，一般为115%左右，最大的不大于120%。非引气型减水剂28d收缩率比一般可小于125%，这样可以有效地减少和降低薄壁混凝土结构在施工和使用期间的干缩开裂。

掺外加剂的水泥水化机理研究表明：外加剂，特别是减水剂，有利于水泥的水化更完全、更彻底，但增大了混凝土的收缩量。水化越充分的水泥石中会生成更多的水化硅酸钙凝胶，在其贡献更高强度的同时，也会产生更大的干缩，因为混凝土的干缩主要来源于水化硅酸钙凝胶的层间结构脱水。减缩型减水剂是外加剂开发的一个重要方向。尽管外加剂有增大干缩导致混凝土结构开裂的不利方面，但其有利方面更多。同时，外加剂引起开裂仅仅是可能造成结构开裂的原因之一。只要外加剂造成的收缩足够小，并采取抗裂混凝土配合比设计及积极有效的保湿养护措施等，是能够有效地防治和抑制住薄壁混凝土结构早期干缩开裂的。

④鉴于桥梁混凝土结构抗冻问题的重要性，本手册与《水工混凝土外加剂技术规程》（DL/T 5100—1999）规定相同，以快冻法相对动弹性模量不小于80%时的最大循环次数为抗冻性控制指标。凡引气型减水剂均规定冻融循环次数不小于200次，缓凝剂和缓凝减水剂不要求冻融循环次数，其他各类减水剂和早强剂不小于100次。缓凝剂和缓凝减水剂不得用于早期有抗（盐）冻性要求的公路混凝土结构中。

⑤按照碱－集料反应控制的要求，增补碱含量测定值，以便在有碱－集料反应控制要求的公路混凝土结构工程中，将每立方米混凝土中的总碱量控制在3kg以内。总碱量的构成主要是两部分：一是水泥中的碱量，为单位水泥用量乘以其实测含碱量；二是外加剂中的碱量，为碱含量测定值乘以外加剂用量再乘以单位水泥用量。如果拌和水中不含碱，总碱量为上述两项之和；若拌和水中含碱，则为三项之和。

⑥由于在桥梁混凝土结构中，水泥混凝土桥面是非常重要的抗弯和抗表面磨损的结构，本手册参照《混凝土外加剂》（GB 8076—2008）和《公路水泥混凝土路面施工技术规范》（JTG F30—2003）对桥面按28d抗压强度比和磨耗量进行控制。

（8）匀质性

各种外加剂产品的匀质性检验指标应符合表4.4-3的规定。匀质性检验应按现行国家标准《混凝土外加剂匀质性试验方法》（GB/T 8077）进行。

表4.4-3　混凝土外加剂产品的匀质性检验指标

项次	试验项目	匀质性指标
1	含固量或含水量	对液体外加剂，应在生产厂控制值相对量的3%之内；对粉状固体外加剂，应在生产厂控制值相对量的5%之内
2	密度	液体外加剂，应在厂家所控制值的±0.03g/cm^{3}之内
3	氯离子含量	应在生产控制值相对量的5%之内
4	细度	通过0.03mm方孔筛，筛余量应小于10%
5	pH值	应在生产控制值±1之内
6	表面张力	应在生产控制值±1.5之内
7	还原糖	应在生产控制值±3%之内
8	总碱量	应在生产控制值相对量的5%之内

续上表

项次	试验项目	匀质性指标
9	硫酸钠	应在生产控制值相对量的5%之内
10	泡沫性能	应在生产控制值相对量的5%之内
11	不溶物含量	应在生产控制值相对量的±3%之内
12	水泥净浆流动度	应不小于生产控制值的95%
13	砂浆减水率	应在生产控制值±1.5之内

条文说明

外加剂产品的匀质性，实质上是对产品质量稳定性的规定，这在使用中经常会遇到。若外加剂的匀质性达不到表中的要求，即使施工条件相同，混凝土强度的统计偏差值会增大，强度保证率变差，进而导致混凝土结构可靠度不足而引发质量问题。表中的匀质性规定与《混凝土外加剂》(GB 8076—2008)表2相比有两点不同：一是粉剂的细度要求是通过0.30mm方孔筛，筛余量不大于10%，否则，应将筛余的大块重新粉碎，过筛后再用；二是本手册增加了不溶物含量，主要指粉剂喷雾干燥中形成的焦化颗粒，液体外加剂中的结皮、絮凝块等，它是含固量中无法溶解的颗粒、片状或絮凝块，严重影响外加剂的匀质性，是有害无益的物质，也是外加剂沉淀的主要来源。它不能拌进混凝土中，是必须每天清除丢弃的外加剂残渣。表4.4-3中的匀质性规定与国外的要求相比是相当低的，兼顾了目前国内多数外加剂厂商实际生产的工艺稳定水平。

(9)技术经济优选

在选用外加剂时，应使用施工原材料，通过不少于3种外加剂产品性能的对比试验，按性能价格比最优，经技术经济综合优选，确定一种为使用产品，另一种为备用产品。

条文说明

本手册对选定外加剂时使用的技术经济综合优选进行了规定。优选应贯彻性能价格比最优的原则，优选外加剂的方法和程序如下：

①首先应进行不少于3种外加剂的混凝土性能对比试验，其技术指标应满足相应品种外加剂的规定，并选用其指标最优或较优者。

②进行3种外加剂的经济性对比，外加剂的经济性绝非仅取决于销售单价，同时与掺量有关，外加剂价格＝单位水泥用量×实际掺量×单价，单价虽高，但掺量较小的外加剂同样具备优良的经济性。

③重要公路工程按性能价格比优选外加剂时必须在选定一种使用产品的同时确定另一种为备用产品。这是为防止因外加剂缺货或供应不上而中断施工所采取的措施。

(10)外加剂掺量

外加剂掺量应根据工程的施工和使用要求、当地原材料、施工气温和环境条件等因素，并参考厂家的推荐掺量。最佳掺量应通过混凝土试配，按其检验的剂量适应性确定。在满足工程的各项使用和技术要求时，可等于或略小于饱和掺量，除特殊情况外，不应大于饱和掺量。

条文说明

饱和掺量为试验得到的外加剂掺量与减水率实测曲线峰值时的掺量，参见《公路水泥混凝土路面滑模施工技术规程》(JTJ/T 037.1—2000)，如图4.4-1。如外加剂掺量大于饱和掺量，会引发较多的副作用甚至是有害作用。例如，对于普通缓凝减水剂当掺量较大时，会降低早期强度；当掺量过大时，会导致拌和物几天都不凝固，虽然最终混凝土也会凝固，但早期强度不足，抗裂性变差，28d强度可能达不到设计强度，甚至导致工程返工。

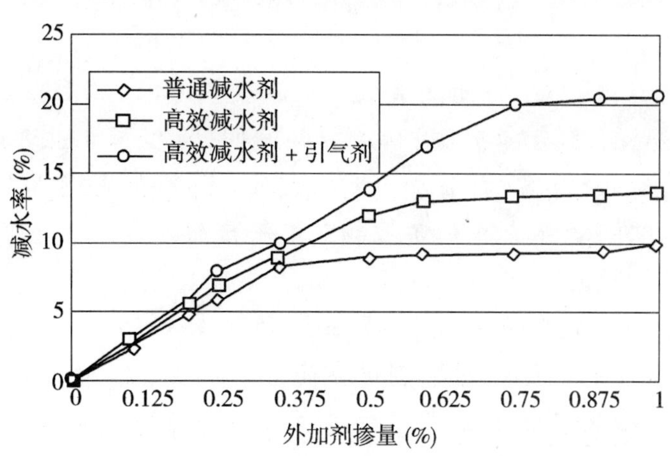

图4.4-1 外加剂掺量与混凝土减水率关系曲线

最佳掺量为通过各项性能试验优选出的满足具体工程全部使用要求的掺量,一般不大于该外加剂的饱和掺量。最佳掺量既非厂家推荐掺量,也非饱和掺量。最佳掺量是在厂家推荐掺量的范围内,按照本工程结构的具体要求,通过不同掺量的对比试验得出的适合本工程施工环境、工艺、原材料、配合比和结构类型等条件的外加剂掺量,当条件改变时,最佳掺量应另行试验优选。

(11)外加剂掺加方法

可溶解的外加剂应提前配制成均匀一致的溶液。不同剂种的外加剂复合使用时,应检验其互溶性,满足要求后,方可共溶。减水剂与其他外加剂共同配制在一种溶液内时,如产生絮凝或沉淀等不相溶现象时,不得复配在同一溶液中使用,应更换为可互溶的外加剂,或分别配制溶液加入。需二次添加外加剂时,应通过试验确定,拌和物搅拌均匀方可出料。必须用粉剂掺加的外加剂,宜通过准确称量后,与水泥或水一起加入,再拌和均匀,其搅拌时间应比液体外加剂延长30s。

条文说明

减水剂的掺入方法:

①先掺法:将粉末状减水剂先与水泥混合,然后与粗、细集料和水一起搅拌。其优点在于使用方法简便,省去了减水剂溶解的工序和设施,但当减水剂有粗颗粒时,在拌和物中不易分散,影响其作用效果。

先掺法适用于普通减水剂及高效减水剂与硫酸钠复合使用的情况。

注意事项:含有粗颗粒或受潮结块的减水剂,需经处理后方可使用;搅拌时间要充足。

②同掺法:将减水剂预先溶解成一定浓度的溶液,然后在搅拌时同水一起掺入。其优点在于与滞水法相比,搅拌时间短,搅拌机生产效率高;与先掺法相比,容易搅拌均匀,计量和自动控制比较方便。缺点为增加了减水剂溶解、储存等工序;减水剂中的不溶物及溶解度较小的物质在存放过程中容易发生沉淀,造成掺量不准。

同掺法适用于采用普通减水剂,如木质素,蜜糖等。高效减水剂在同掺法与滞水法的使用效果接近时,则优先使用同掺法。

注意事项:当高浓度的减水剂溶液与水分别同时加入拌和物中时,应适当延长搅拌时间,减水剂溶液使用前要拌匀,复核浓度。

③滞水法:搅拌过程中,减水剂滞后1~3min加入。其优点在于能提高

高效减水剂在某些水泥中的使用效果,改善其对水泥的适应性。缺点为搅拌时间较长,搅拌机生产效率低。

当无需复合硫酸钠等成分,且减水效果明显优于先掺法或同掺法,搅拌机的拌和时间允许延长时,可采用此法。

注意事项:要严格控制减水剂掺量,切忌过量,否则,拌和物的泌水和缓凝现象加剧;加减水剂后,搅拌时间要足够。

④后掺法:减水剂不是在搅拌站搅拌时加入,而是在运输途中或施工现场分几次或一次加入,再经二次或多次搅拌(当减水剂分成多次加入时,称为分批后掺法)。其优点在于可克服混凝土在运输过程中分层离析和坍落度损失;提高减水剂的使用效果及改善其对水泥的适用性。缺点为要分为二次或多次搅拌。

后掺法适用于运输距离较远,运输时间较长,混凝土的坍落度较大,混凝土以运输搅拌车运输等情况。

注意事项:第一次搅拌至加减水剂后第二次搅拌的间隔时间不能太长,以不超过45min为宜,气温高时,宜更短些;严格控制掺量,超掺量将加剧泌水和缓凝;加减水剂后,进行二次搅拌的时间要足够,以确保拌和物拌和均匀。

3)适用范围

(1)普通减水剂及高效减水剂可用于素混凝土、钢筋混凝土、预应力混凝土,并可制备高强高性能混凝土。

条文说明

普通减水剂和高效减水剂一般不含氯盐,因此适用于素混凝土、钢筋混凝土和预应力混凝土结构和构件。对密集钢筋骨架条件下使用的高流态混凝土和自流平必须使用高效或超高效减水剂。

(2)普通减水剂宜用于日最低气温5℃以上施工的混凝土,不宜单独用于蒸养混凝土;高效减水剂宜用于日最低气温0℃以上施工的混凝土。

条文说明

温度对掺入减水剂混凝土凝结时间的影响在20℃以下较为显著,在10℃时,掺高效减水剂和普通减水剂的混凝土凝结时间比不掺的略有延缓。低温养护时,掺普通减水剂的混凝土早期强度仅为不掺减水剂混凝土强度的70%~80%。因此,有早强要求的混凝土应考虑温度影响,不宜单独使用普通减水剂。普通减水剂不得用于蒸养混凝土构件的原因：一是木钙类与糖蜜类的普通减水剂含气量高，缓凝性很强，浇筑后需要较长时间才能形成一定的结构强度，构件静停时段长，既不利于构件厂提高生产效率，又不利于预应力构件的张拉；二是其化学成分均为不耐高温的有机物，在蒸养高温条件下会焦化或分解失效，对强度、耐久性等性能产生不利影响；三是蒸养水泥的水化生成物细观结构粗大，易产生微裂缝，表面酥松、起鼓及肿胀等质量问题，对耐久性、抗冻性及抗腐蚀性能等有长期不利影响。用非二水石膏作调凝剂的水泥，在掺用含有木质素磺酸盐类和糖蜜的减水剂会产生异常凝结，所以要做水泥适应性检验。

掺高效减水剂的混凝土早期强度尽管也随着温度降低而降低，但在大于等于5℃养护条件下，3d 强度增长率仍然很高，因此，高效减水剂可用于日最低温度0℃以上施工条件的混凝土。高效减水剂可用于蒸养，且比不掺高效减水剂混凝土可缩短蒸养时间 1/2 以上。高效减水剂是目前制作高抗压强度、高弯拉强度混凝土的基本材料，也是制备高性能混凝土的必备外加剂之一。

(3)对于跨海大桥及特殊环境作用条件下的桥梁宜选用高效减水剂或复合减水剂，应通过净浆试验检验比较其与工程所用水泥、矿物掺和料及其他外加剂之间的相容性。高效减水剂中硫酸钠的含量不大于减水剂固体净重的 15%，外加剂中氯离子含量不得大于水泥用量的 0.02%。

(4)基准混凝土和掺外加剂混凝土的砂率为 36% ~40%，但掺引气型外加剂的混凝土砂率应比基准混凝土低 1% ~3%。

(5)当外加剂用于路面或桥面时，其基准混凝土和掺外加剂混凝土的用水量，应使混凝土坍落度控制在(40 ±10)mm；其他情况混凝土坍落度控制在(80 ±10)mm。

(6)配制海工耐久性混凝土所用外加剂的减水率宜大于 25%；掺外加剂混凝土的坍落度损失不大于 2cm/h。

(7)氯盐类早强剂及与氯盐复配的早强减水剂和早强高效减水剂严禁用于下列桥梁工程混凝土结构：

①预应力钢筋混凝土结构和构件。

②相对湿度较大的环境中使用的露天、水淋、水冲刷、水位变动区的钢筋混凝土结构和构件；暴露在海水浪溅区和水位变动区、处于海风环境范围内的钢筋混凝土结构和构件。

③大体积混凝土和钢筋混凝土结构。

④直接接触酸、碱或其他腐蚀性介质的混凝土和钢筋混凝土结构。

⑤经常处在使用温度60℃以上的混凝土和钢筋混凝土结构，需经蒸养的钢筋混凝土预制构件。

⑥表面有装饰、有金属装饰要求或要求色彩一致的混凝土、钢筋混凝土结构和构件。

⑦薄壁钢筋混凝土结构，桥梁上部主梁钢筋混凝土结构，承受中、重、特重交通量的桥梁下部钢筋混凝土结构。

⑧使用冷拉钢筋或冷拔低碳钢丝的钢筋混凝土结构。

⑨集料具有碱活性的混凝土结构。

条文说明

对氯盐类早强型外加剂的限制，是基于防止钢筋锈蚀、酸碱腐蚀、碱—集料反应、动载疲劳裂纹及60℃以上结构中的裂纹扩展或为外表美观等提出的限制规定。在蒸养混凝土构件中是为了防止钢筋加速锈蚀。在冷拉钢筋或冷拔低碳钢丝的钢筋混凝土结构中的限制是为了防止冷拔钢筋与钢丝的应力加速腐蚀。

(8)含有强电解质无机盐类的早强剂、早强减水剂和早强高效减水剂严禁用于下列桥梁工程混凝土结构中：

①有照明和排风设施的隧道钢筋混凝土衬砌；使用阴极防护措施的桥梁钢筋混凝土结构；埋置照明线路、使用直流电以及距离直流电源100m以内钢筋混凝土结构。

②有镀锌钢材或铝铁相接触部位的结构以及有外露钢筋预埋铁件而无防护措施的结构。

③海水、卤水及地下含有酸、碱腐蚀介质中的墩、桥墩、桩、桥桩、箱梁等钢筋混凝土结构。

条文说明

主要是为了严防强电解质无机盐类的早强型外加剂造成钢筋锈蚀。因为公路混凝土结构是处在车轮冲击、振动和疲劳动载或超载作用下的结构物，疲劳应力和瞬间冲击振动应力值很高，对钢筋、钢丝的应力腐蚀和锈蚀造成的混凝土微裂缝、裂缝及截面损失极其敏感，会加速结构的破坏。此规定与国标《混凝土外加剂应用技术规范》(GB 50119—2003)规定是一致的。

(9)缓凝剂、高效缓凝剂、缓凝减水剂、缓凝高效减水剂(以下简称缓凝型外加剂)适用于下述混凝土:

①炎热气候条件下,需较长时间停放、较长距离运输或输送,为减少和控制坍落度损失的混凝土。

②为缓解水化热温度裂缝和减少温控费用的大体积混凝土。

③连续浇筑避免出现裂缝的混凝土结构、大跨混凝土桥梁构件混凝土、自流平免振混凝土、泵送混凝土、钢管混凝土、预拌商品混凝土、预填集料混凝土、滑模混凝土、拉模施工的混凝土及其他需要延缓凝结时间的混凝土。

④缓凝高效减水剂可制备高性能混凝土以及高性能桥面混凝土。

条文说明

缓凝型外加剂主要用于解决热天施工、连续浇筑、降低水化热、泵送、滑模等特殊机械工艺下的施工难题,在公路混凝土结构工程中使用相当广泛。例如,钢管拱桥的泵送混凝土热天压力灌注,水泥混凝土路面的热天滑模摊铺,都需掺入缓凝型外加剂。否则,按照水泥水化动力学,当拌和物温度由10℃提高到20℃时,水泥的水化反应将加快一倍,混凝土硬化得很快,泵送不动、压力灌注不了,滑模摊铺时,螺旋布料器分布不动拌和物,工程施工质量无法保证。

缓凝剂掺入混凝土中主要对水泥中的 C_3A 和 C_3S 水化起抑制作用,从而使水泥的水化放热峰推迟,能降低其早期水化热,延缓混凝土凝结时间。缓凝剂对水泥水化的抑制作用与水泥矿物组成有关,C_3A 含量低、碱含量低的水泥缓凝效果较好。在推荐掺量范围内,柠檬酸延缓混凝土凝结时间一般约为8~19h;氯化锌延缓10~12h;糖蜜延缓2~4h;木钙延缓2~3h。

制备高性能混凝土以及高性能桥面混凝土可使用缓凝高效减水剂,一是可使减水率足够高,降低水灰(胶)比和单位用水量,使混凝土具有工程所需要的抗压强度或弯拉强度;二是仅掺高效减水剂的低水灰比混凝土坍落度损失很快也很大,用复配缓凝剂来减少坍落度损失量,并延缓坍落度损失速率,使混凝土在所需时间内具有良好的流动性和可泵性,以利于提高浇筑、泵送或摊铺混凝土结构的密实性、平整度及外观质量;三是可延长混凝土凝结时间,降低硬化过程中水泥水化时的放热速度,避免温度应力引发的混凝土的开裂。

(10)水泥混凝土路面、路缘石、泄水槽等表面结构应使用引气剂、引气减水剂、引气高效减水剂和引气缓凝高效减水剂(以下简称引气型外加剂)。引气型减水剂适用于有抗冰冻、抗盐冻、防渗、防泌水要求的混凝土与钢筋混凝土;可用于有饰面要求的桥梁工程混凝土、机制砂混凝土、高性能混凝土、钢筋混凝土结构和构件。

条文说明

引气高效减水剂适用于在严寒和寒冷地区,抗冰(盐)冻和强度要求较高的预应力混凝土、钢筋混凝土结构和构件中,但在预应力结构或构件设计时,应考虑弹性模量的下降(折减系数约0.9~0.95),引气型外加剂不宜用于蒸养混凝土结构和构件。

在有高抗冻要求的严寒和寒冷地区,对设计强度等级较高的预应力混凝土、钢筋混凝土结构和构件,不宜采用减水率较低的引气剂和引气减水剂,因为含气量过大的混凝土会引起结构内的预应力、强度损失和弹性模量降低,应掺入引气类高效减水剂,提高抗冻性。引气造成的抗压强度损失,可通过保持水泥用量不变,掺高效减水剂,降低水灰比进行补偿。同时,设计中应考虑其弹性模量折减0.9~0.95,修正材料的弹性模量,更符合引气混凝土结构的应力和应变关系。在桥梁上当弹性模量减小时,荷载挠度会增大。由变形刚度控制设计的桥梁,应考虑弹性模量的折减。

引气剂、引气减水剂、引气高效减水剂和引气缓凝高效减水剂用于蒸养混凝土时,引气剂所引入的气泡会膨胀,导致混凝土产生裂缝或崩裂破坏,对公路混凝土结构抵抗动载十分不利,因此需要明确加以限制。

4)减水剂的选取

(1)根据强度等级和坍落度选取减水剂的减水率,见表4.4-4。

表4.4-4 根据强度等级和坍落度选择减水剂的减水率

强度等级 / 坍落度(cm)	C35以下	C35~C50	C50以上
3~5	—	—	—
5~8	—	—	—
8~12	≥10%	15%~20%	
12~16	10%~15%	15%~20%	20%~25%
16~20	15%~20%	20%~25%	≥25%
20以上	15%~20%	20%~30%	≥30%

注:根据工程的实际情况,外加剂种类可适当变化或使用不同系列外加剂的复合减水剂。

(2)根据混凝土种类和环境种类选取减水剂掺量,见表4.4-5。

表4.4-5 根据混凝土种类和环境种类选取减水剂掺量

<table>
<tr><th colspan="2">减水剂种类</th><th>掺量(%)</th><th>混凝土种类</th><th>环境种类</th></tr>
<tr><td colspan="2">普通减水剂</td><td>0.15~0.3</td><td>泵送混凝土、夏季施工用混凝土、商品混凝土</td><td>抗渗环境及冻融环境</td></tr>
<tr><td rowspan="3">高效减水剂</td><td>萘系</td><td>0.3~1.5</td><td>早强、高强混凝土及流态混凝土</td><td rowspan="3">各种恶劣的环境下</td></tr>
<tr><td>水溶性树脂系</td><td>0.2~2.0
(推荐为1.5)</td><td>高强、早强混凝土,蒸养混凝土,流态混凝土</td></tr>
<tr><td>聚羧酸系</td><td>0.5~2.0</td><td>预拌泵送混凝土、高强度等级混凝土、大坍落度免振自流平混凝土</td></tr>
<tr><td rowspan="2">引气减水剂</td><td>松香树脂及衍生物</td><td>0.005~0.0015</td><td rowspan="2">大体积混凝土、防水混凝土、自然养护的预制混凝土、耐冻融混凝土、冬季施工用混凝土</td><td rowspan="2">一般冻融环境、盐冻环境、抗渗、防泌水</td></tr>
<tr><td>烷基磺酸钠</td><td>0.005~0.01</td></tr>
<tr><td rowspan="4">缓凝减水剂</td><td>羟基羧酸及其盐类</td><td>0.03~0.10</td><td rowspan="4">大体积混凝土、夏季施工用混凝土、泵送或滑模混凝土、高温远距离输送的商品混凝土</td><td rowspan="4">热天施工,连续浇筑,降低水化热,泵送、滑模等特殊机械工艺</td></tr>
<tr><td>无机盐</td><td>0.10~0.25</td></tr>
<tr><td>高掺量木质素磺酸盐</td><td>0.3~0.5</td></tr>
<tr><td>糖类及碳水化合物</td><td>0.10~0.30</td></tr>
<tr><td rowspan="4">早强减水剂</td><td>氯盐</td><td>0.5~1.0</td><td rowspan="4">早强混凝土、蒸养混凝土、自然养护的预制混凝土、大模板施工用混凝土、冬季施工用混凝土</td><td rowspan="4">一般冻融环境的抢修工程、提高早期强度的工程</td></tr>
<tr><td>硫酸盐</td><td>0.5~1.5</td></tr>
<tr><td>木质素磺酸盐+硫酸盐</td><td>(0.3~0.75)+(1~2)</td></tr>
<tr><td>萘磺酸盐甲醛聚合物+硫酸盐</td><td>(0.05~0.25)+(1~2)</td></tr>
</table>

注:①对于冻融环境下可以考虑掺加复合减水剂——引气减水剂。

②对于同一种减水剂用于不同混凝土工程掺量也不同,例如:高效减水剂在蒸养混凝土中的掺量为0.3%~0.5%;普通混凝土中的掺量为0.5%;流态混凝土中的掺量为0.75%;高强混凝土掺量为1.0%。

③普通减水剂掺量为占胶凝材料的用量,引气减水剂、缓凝减水剂、早强减水剂的掺量为占水泥的用量。

④减水剂的掺量根据厂家推荐掺量进行试配和调整(用推荐掺量的中值来试配,当掺量达到上限或上限以上20%,仍不够减水率的要求,则更换减水剂种类)。

4.4.2 引气剂选用原则

1)品种

松香树脂类:松香热聚物、文松树脂、松脂皂类(常用掺量范围0.003%~0.015%)。

皂甙类:三萜皂甙(常用掺量范围0.10%~0.20%)。

脂肪醇磺酸盐类:脂肪醇聚氧乙烯醚、脂肪醇聚氧乙烯磺酸钠、脂肪醇硫酸钠(常用掺量范围0.005%~0.02%)。

其他:甜菜碱、蛋白质盐、石油磺酸盐(常用掺量范围0.2%~0.4%)。

引气复合减水剂等配制的引气型外加剂:

(1)由各类引气剂与普通减水剂、高效减水剂复配的引气减水剂、引气高效减水剂。

(2)由引气剂与缓凝剂、高效减水剂复配制得的引气缓凝高效减水剂。

(3)由引气剂与早强剂、防冻剂、高效减水剂复配制得的引气早强高效减水剂、引气防冻高效减水剂。

2)适用范围

引气型外加剂适用于有抗冰冻、抗盐冻、防渗、防泌水要求的混凝土与钢筋混凝土;可用于有饰面要求的公路工程混凝土、机制砂混凝土、高性能混凝土、钢筋混凝土结构和构件。

引气高效减水剂适用于在严寒和寒冷地区,有抗冰(盐)冻要求且强度较高的预应力混凝土、钢筋混凝土结构和构件,但在预应力结构或构件设计时,应考虑弹性模量的下降(折减系数约0.9~0.95)。

3)选用的原则

对于有抗冻融要求的混凝土,应选用引气剂,引气剂的加入量与混凝土设计含气量相关。对于其他的泵送混凝土宜选用引气剂,引气剂的加入一般会使得混凝土的弹性模量和抗压强度降低。经验表明:含气量如果增加1%,混凝土的强度降低5%。因此在有高抗冻融要求的混凝土中,引气剂通常与高效减水剂混合使用。

条文说明

所使用的引气剂应该符合现行国家标准《混凝土外加剂应用技术规范》(GB 50119)的各项要求。桥梁路面等表面结构应该使用引气剂。引气剂适用于有抗冰冻、抗盐冻、防渗、防泌水要求的混凝土和钢筋混凝土；可用于人工砂混凝土、高性能混凝土、贫混凝土、轻集料混凝土、钢筋混凝土结构和构件。

引气高效减水剂适用于在严寒和寒冷地区，有抗冰（盐）冻要求且强度较高的预应力混凝土、钢筋混凝土结构和构件，但是在预应力结构和构件设计时，应考虑弹性模量的下降（折减系数约0.9~0.95）。

在以上环境之中主要使用的引气剂为：引气剂、引气减水剂、引气高效减水剂、引气早强高效减水剂。

引气混凝土配合比设计时，应计入引气剂引入气体所占的体积，并考虑含气量对视密度的影响，但配合比中的水泥用量或胶材总量不得减少，砂率可比不掺引气剂时降低2%~3%。

各种引气型外加剂均应以溶解均匀的溶液掺入混凝土中，低温下不易溶解的引气剂可使用温水充分溶解后使用。溶液中的水量应从拌和用水量中扣除。

引气型外加剂可根据桥梁工程要求及环境气温与缓凝剂、早强剂、防冻剂等复合使用，如复配溶液产生絮凝或沉淀现象，应分别配制，分别加入。

当原材料、配合比、搅拌时间、运输距离、气温等条件变化时，应微调引气型外加剂的掺量，保证混凝土含气量基本稳定。拌和物应始终保持良好的工作性和可操作性，以满足规定的密实度要求及外观质量。

4.4.3 阻锈剂选用原则

1）主要品种

（1）无机盐类

亚硝酸钙、氯化亚锡、铬酸钾、硫代硫酸钠、氟铝酸钠、氟磷酸钠、氟硅酸钠、锌酸盐、钼酸盐等。

（2）有机物类

胺基醇类、羧酸盐类、苯甲酸钠、草酸钠等。

（3）有机无机复合类

由上述有机类与无机类复配制剂。

条文说明

在此列出了目前国内外可在公路工程中使用的各类无机盐类、有机物类、有机与无机复合类阻锈剂的主要化学成分。阻锈剂是一种通过抑制阳极、阴极的阴阳极电离反应,防止或延缓混凝土中钢筋锈蚀,并能在锈蚀发生后阻止和延缓锈蚀继续扩张速率的混凝土化学外加剂。注意亚硝酸钠会引起碱—集料反应,在公路混凝土工程中不允许使用亚硝酸钠,但允许使用亚硝酸钙做阻锈剂。

2)性能指标

阻锈剂质量指标和基本性能,应符合下述规定:

(1)阻锈剂的基本性能应符合的规定见表4.4-6。阻锈剂性能试验按《公路工程水泥混凝土外加剂与掺和料应用技术指南》附录E、L进行。

表4.4-6 阻锈剂的基本性能

性能	试验项目	规定指标	
		粉剂型	水剂型
防锈性	钢筋在盐水中的浸泡试验	无锈,电位0~250mV	无锈,电位0~250mV
	掺与不掺阻锈剂钢筋混凝土盐水浸烘试验(8次)	钢筋的腐蚀失重率减少60%以上	钢筋的腐蚀失重率减少60%以上
	电化学综合试验	合格	合格
对混凝土性能影响试验	掺与不掺阻锈剂的混凝土抗压强度比(%)	≥90	≥90
	掺与不掺阻锈剂的混凝土抗氯离子渗透性	不降低	不降低
	掺与不掺阻锈剂的水泥初凝时间差与终凝时间差(min)	均在±120min内	均在±120min内

(2)阻锈剂性能检验项目及指标应符合的规定见表4.4-7。入库及施工过程中的检验项目:粉剂型为外观、pH值、细度;水剂型为外观、pH值、密度。

表4.4-7 混凝土外加剂产品的匀质性检验指标

项次	试验项目	匀质性指标
1	含固量或含水量	①对液体外加剂,应在生产控制值相对量的±3%之内; ②对粉状固体外加剂,应在生产控制值相对量的±5%之内
2	密度	液体外加剂,应在厂家所控制的±0.02g/cm^{3}之内
3	氯离子含量	应在生产控制值相对量的±5%之内

续上表

项次	试验项目	匀质性指标
4	细度	通过 0.30mm 的方孔筛,筛余量应小于 10%
5	pH 值	应在生产控制值 ±1% 之内
6	表面张力	应在生产控制值 ±1.5% 之内
7	还原糖	应在生产控制值 ±3% 之内
8	总碱量($Na_2O+0.658K_2O$)	应在生产控制值相对量的 ±5% 之内
9	硫酸钠	应在生产控制值相对量的 ±5% 之内
10	泡沫性能	应在生产控制值相对量的 ±5% 之内
11	不溶物含量	应在生产控制值相对量的 ±3% 之内
12	水泥净浆流动度	应不小于生产控制值的 95%
13	砂浆减水率	应在生产控制值的 ±1.5% 之内

(3)粉剂型阻锈剂在运输、储存过程中,应避免暴晒、雨淋、受潮,同时远离明火和易燃易爆物,不得随地散撒和赤手触摸。粉剂型阻锈剂储存期为 1 年;水剂型阻锈剂储存期为 2 年。

条文说明

阻锈剂的基本性能应符合的规定见表 4.4-6。表中的技术指标主要取自《海港工程混凝土结构防腐蚀技术规范》(JTJ 275—2000)和原冶金部《钢筋阻锈剂应用技术规程》(YB/T 9231—2009)。其中最主要的是阻锈性指标,第一项为钢筋在盐水中的浸泡试验,此试验对于定性确定阻锈剂的有效性有一定作用,试验时采用的是盐水而不是混凝土实际所处的环境,而盐水浸泡试验对于混凝土构件表面裸露的钢筋锈蚀更直接有效。混凝土中的钢筋所处的是一个 pH 值达 13.5 的高碱性环境,与含 1.15% NaCl 的饱和 $Ca(OH)_2$ 溶液完全不同,因此,只做此单项试验无法确认阻锈剂在混凝土或砂浆环境中的有效性。但是此方法简便直观,在国内外的阻锈剂标准中都有,都将其作为定性鉴别阻锈剂的指标。第二项指标是掺与不掺阻锈剂钢筋混凝土盐水浸烘 8 次试验,经南京水利科学研究院验证,是很有效的试验方法,已经编入《海港工程混凝土结构防腐蚀技术规范》(JTJ 275—2000),比《钢筋阻锈剂应用技术规程》(YB/T 9231—2009)中规定的干湿冷热循环试验更快速明确。第三项指标是电化学综合试验,即《公路工程水泥混凝土外加剂与掺和料应用技术指南》附录E(或《混凝土外加剂》(GB 8076—1999)中的附录B、C)中的新拌砂浆法、硬化砂浆法和《公路工程水泥混凝土外加剂与掺和料应用技术指南》附录L中的钢筋在混凝土中的宏观电池腐蚀试验,两种砂浆法都是阳极极化点位时间法。这三种方法均属于专门定量锈蚀试验方法,技术要求较高,但是实践证明仅采用一种方法有可能误判,因此国内外多数专家推荐采用综合法评判。实际使用时至少应采用其中两种方法。

对混凝土性能影响的三种试验方法中,氯离子渗透试验最为重要,它影响到氯盐浸入混凝土中时氯离子的迁移速度,在很大程度上影响钢筋锈蚀速率。在无法做此项试验时,工程使用中可做水抗渗试验,因为氯离子是随水分而迁移的,《钢筋阻锈剂应用技术规程》(YB/T 9231—2009)中规定的是抗渗试验,而《海港工程混凝土结构防腐蚀技术规范》(JTJ 275—2000)中规定的是氯离子渗透试验,本手册采用了更直接的一种试验方法:抗压强度的降低值。本手册采用《海港工程混凝土结构防腐蚀技术规范》(JTJ 275—2000)和日本标准《钢筋混凝土用防锈剂》(JIS A6205)的规定:掺用阻锈剂后,与不掺的基准样对比,抗压强度允许降低10%。《钢筋阻锈剂应用技术规程》(YB/T 9231—2009)中规定抗压强度不降低,试验表明,对大多数阻锈剂而言过于苛刻,掺阻锈剂的混凝土即使抗压强度有所降低,也可掺高效减水剂、降低水胶比来补偿。这样一来,掺与不掺阻锈剂就不是相同配合比了。应强调的是大多数阻锈剂对混凝土抗压强度有不良影响,要在相同工作性前提下保持相同强度,则护筋混凝土在掺阻锈剂的同时应使用高效减水剂。单独采用阻锈剂时,混凝土强度必须有足够的富余量,并应同时掺高效减水剂使混凝土强度不显著降低。护筋混凝土凝结时间变化可通过掺用本手册中规定的缓凝剂或促凝剂来调整。

3)适用范围

阻锈剂适用于下述环境和条件下的混凝土结构物:

(1)处于海洋环境,如海水潮位变动区、浪溅区及海洋大气区的公路钢筋混凝土桥梁、配筋混凝土路面、钢筋混凝土护栏等。

(2)使用海砂或海水的预应力混凝土及钢筋混凝土桥梁、路面和桥面。

(3)使用除冰盐、融雪剂的钢筋混凝土桥(涵)面、钢筋混凝土路面、钢筋混凝土护栏等。

(4)地下水和土壤中含有氯盐的桥梁下部结构及隧道、涵洞、地下洞室等以防氯盐腐蚀为基本要求的公路钢筋混凝土结构。

(5)采用低碱度水泥或低碱掺和料、处在强氯盐锈蚀环境中的公路钢筋混凝土结构。

(6)氯离子含量大于表4.4-8最高限量的预应力混凝土和钢筋混凝土结构。

(7)有氯盐腐蚀现象的钢筋混凝土结构修复。

(8)预埋件或钢制品在混凝土中需加强锈蚀防护的场合;因条件限制,混凝土构件保护层偏薄者。

表4.4-8 混凝土拌和物中氯化物(以Cl^-计)总含量的最高限量

结构种类及环境条件	预应力混凝土及腐蚀环境中的钢筋混凝土	潮湿但不含氯离子环境中的钢筋混凝土	干燥环境或有防潮措施钢筋混凝土	素混凝土
外加剂或掺和料带入Cl^-占水泥用量(%)	0.02	0.10	0.33	—
总Cl^-占水泥用量(%)	0.06	0.30	1.00	1.80

注:外加剂或掺和料单独带入混凝土拌和物中的Cl^-含量宜按总Cl^-含量的1/3进行控制。氯离子含量的检测应按《水泥原料中氯离子的化学分析方法》(JC/T 420—2006)进行。

条文说明

钢筋阻锈剂主要用于防止以氯盐为主引起钢筋锈蚀的环境中,按用途的差异可使用不同的品种。某些阻锈剂可用在防止硫酸盐的腐蚀环境中。海水,卤水,地下含有酸、碱、盐腐蚀介质和撒除冰盐的氯盐腐蚀环境,粗略估计占我国国土面积约2/3。氯盐对钢筋的腐蚀是地处海中、海洋大气、冬季撒除冰盐及西北盐碱地环境中的公路工程钢筋混凝土和预应力混凝土结构诱发病害的主要因素。从我国公路工程结构的钢筋被氯盐腐蚀速度的现状来看,南方高温地区,若不采取任何防锈蚀措施,3~4年,钢筋保护层就会崩裂,钢筋锈蚀到相当深度;北方低温地区,4~5年锈蚀就比较严重了。应在腐蚀环境下的新建公路混凝土结构的设计、施工、材料选用和养护等方面予以高度重视。已建工程发生了钢筋锈蚀破坏后,不仅其检测、修补、加固难度很大,而且会造成巨大经济损失与交通阻碍。

我国公路行业钢筋混凝土结构中使用阻锈剂的相对较少,为了在大规模建设期间,防止后患,减少将来大量的锈蚀修复,参照我国冶金、海港等行业的规定,在本手册中提出使用阻锈剂的规定。钢筋防锈有多种方式,使用环氧涂层钢筋、不锈钢筋、电化学防护、阴极保护、结构表面涂层等均有积极的效果，但在混凝土中加入钢筋阻锈剂是其中较为便捷的防锈方式之一。不锈钢筋、电化学及阴极防护的费用过高，且需要专门技术，一般适用于海水中的特大型桥梁，不是一般大、中、小桥和涵洞均能使用的。即使目前逐渐推广的环氧涂层钢筋，其生产厂较少，现场涂不均匀，而螺纹钢筋绑扎和运输当中，螺纹尖端环氧易磨损，也可能造成锈蚀更集中、速度更快、更严重的后果。

低碱水泥和低碱掺和料是防止碱—集料反应的措施，但与抵抗钢筋锈蚀有矛盾。低碱水泥等引起钢筋保护层的碳化速度加快，深度加深，保护层碳化即中性化。在强氯盐锈蚀的情况下，钢筋锈蚀速度将加快，对防止钢筋锈蚀不利，因此要求掺无钾钠离子的阻锈剂。此外，结构表面涂防止氯盐侵入的涂层可能是解决这一矛盾的方式之一。

阻锈剂的使用有拌和法与涂层法两种，本手册着重强调的是在混凝土和修复砂浆中使用的拌和法。涂层使用的阻锈剂应是渗透迁移型的阻锈剂，否则，实际使用价值并不大。混凝土防锈涂层的使用应符合现行《海港工程混凝土结构防腐蚀技术规范》(JTJ 275)规定，使用环氧树脂漆、丙烯酸树脂漆、聚氨酯漆、氯化橡胶漆或煤焦油沥青漆，分为底层、(中间层)、面层2~3层，各层厚度一般应在0.2~0.5mm，总厚度不应小于0.5mm，一般应在0.5~1.0mm。表面阻锈涂层已超出本手册的范畴，正文中未出现阻锈涂层的技术要求，将其编写在此处，供参考。

4)掺量选用

(1)阻锈剂的用量取决于设计基准期内腐蚀介质进入混凝土中的量，在氯盐为主的情况下，阻锈剂掺量应符合下述质量比例：对于粉剂型，阻锈剂用量与氯盐质量之比不小于1.2；对于水剂型，阻锈剂用量与氯盐质量之比不小于3。在设计基准期内进入混凝土中的氯盐不明确时，可按表4.4-9选定阻锈剂掺量。

表4.4-9 每立方米混凝土的阻锈剂掺量(单位:kg/m^3)

环境条件		类型	
		粉剂型	水剂型
使用海砂(非海洋环境)		2~3	3~5
海洋环境	浪溅区	9~13	26~36
	非浪溅区	5~9	12~26

续上表

环境条件	类型	
	粉剂型	水剂型
修复工程	6~13	—
盐碱地	6~15	—
低碱度水泥	4~8	—
使用除冰盐	9~15	26~36

注:在修复工程、盐碱地、低碱度水泥和除冰(雪)盐条件下,应使用不同型号的粉剂阻锈剂。

条文说明

表4.4-9为原冶金部建筑研究总院研制的阻锈剂掺量,其他阻锈剂掺量应根据厂家推荐掺量使用。表4.4-7来源于原冶金部颁布的《钢筋阻锈剂应用技术规程》(YB/T 9231—2009),阻锈剂的用量取决于设计寿命内腐蚀介质进入混凝土中的量,在氯盐为主的情况下,从研究试验结果来看,粉剂阻锈剂用量与氯盐质量之比不小于0.8,已有显著阻锈效果;水剂阻锈剂用量与氯盐质量之比不小于1.0,可保持钢筋长期不锈蚀。为了更安全、更可靠,粉剂型阻锈剂用量与氯盐质量之比不小于1.2;水剂型阻锈剂用量与氯盐质量之比不小于3.0(水剂溶液中的有效成分含量较低,给出更大的安全系数)。使用表4.4-7中的推荐阻锈剂掺量时,应注意:某些型号的阻锈剂含Na^+、K^+,应尽量少掺用,特别是在有(或夹杂)碱集料环境中慎用。按部分专家意见,亚硝酸钙一般应复配其他成分的阻锈剂、(高效)减水剂制成复合阻锈剂,复合阻锈剂的阻锈效果比单独掺用亚硝酸钙好。研究与实践表明,钢筋周围的Cl^-累积到一定量时,钢筋锈蚀可导致混凝土开裂,掺加足量的阻锈剂可不发生钢筋锈蚀破坏,如设计基准期40年,钢筋周围Cl^-的累积量达到6.3kg/m^{3}时,按比例应加入7.53kg/m^{3}阻锈剂,可保证40年耐锈蚀寿命。

(2)浓度30%的亚硝酸钙阻锈剂溶液的推荐掺量见表4.4-10。所选定的亚硝酸钙掺量应符合本手册盐水浸烘试验的质量合格标准。其他阻锈剂的掺量应按生产厂家建议值和预期的氯化物含量,通过盐水浸烘试验确定。

表4.4-10　浓度30%亚硝酸钙阻锈剂溶液的推荐掺量

钢筋周围混凝土酸溶性氯化物含量预期值(kg/m^3)	1.2	2.4	3.6	4.8	5.9	7.2
阻锈剂掺量(L/m^3)	5	10	15	20	25	30

条文说明

表4.4-10源引自《海港工程混凝土结构防腐蚀技术规范》(JTJ 275—2000)。

(3)护筋混凝土中应掺粉煤灰、磨细矿渣或硅灰,当其掺加方法与最大掺量符合表4.4-11的规定时,阻锈剂掺量可酌减。

表4.4-11 护筋混凝土掺三种掺和料的方法与最大掺量(单位:%)

使用条件		粉煤灰		磨细矿渣	硅灰
		Ⅰ级	Ⅱ级		
水泥品种	硅酸盐水泥	≤30	≤25	≥50	≤10
	普通硅酸盐水泥	≤25	≤20	≥40	
	矿渣硅酸盐水泥	≤15	≤10	—	
高性能混凝土适宜掺量		25~50		50~80	5~10
掺加方法		超掺系数 1.1~1.4	超掺系数 1.3~1.7	等量掺	等量掺

注:高性能混凝土水胶比不大于0.35;胶材总量不小于400kg/m³;坍落度不小于120mm;强度等级不小于C45;抗氯离子渗透性不大于2000C。

条文说明

护筋混凝土中应掺粉煤灰、磨细矿渣或硅灰,国内外研究和工程实践都表明,对于抵抗钢筋锈蚀而言,硅酸盐水泥和普通水泥的阻锈效果远不及矿渣水泥或使用掺和料的水泥,其次掺和料有利于提高混凝土密实性和工作性。但应注意的是在三种掺和料中,减小变形和抗裂效果最好的是Ⅰ、Ⅱ级粉煤灰,硅灰和磨细矿渣均增大干缩,硅灰还增大自身体积收缩,硅灰对提高抗压强度很有效,但对抗裂极为不利。其掺加方法与最大掺量应符合表4.4-9的规定。表引自《海港工程混凝土结构防腐蚀技术规范》(JTJ 275—2000),为简洁清楚起见,将其文字转述为表格。

(4)水剂型阻锈剂宜稀释使用,粉剂型阻锈剂宜配成溶液使用,并在加水量中将溶液水扣除。拌和物的搅拌时间应延长1min。

条文说明

为阻锈剂的使用和拌和要求,为了保证阻锈剂在混凝土中分布的匀质性,要求水剂和粉剂均配制成溶液使用。

(5)阻锈剂可分为掺入拌和型和表面涂覆渗透型。新建工程防腐蚀宜采用掺入拌和型阻锈剂,可同时采用涂覆渗透型阻锈剂;防腐蚀修复加固工程应采用表面涂覆渗透型阻锈剂,并在修复混凝土中同时掺入拌和型阻锈剂。

条文说明

近年来,阻锈剂技术发展很快,有掺入拌和型和表面涂覆渗透型两种,新建工程防腐蚀宜采用掺入拌和型阻锈剂,可采用渗透涂覆型阻锈剂;防腐蚀修复加固工程应采用表面渗透涂覆型阻锈剂,先涂覆凿后的表面,再使用拌和型阻锈剂配制的砂浆修复;未凿的老混凝土表面只能使用渗透涂覆型阻锈剂。

(6)掺阻锈剂的混凝土应按护筋混凝土的要求制作,抗渗等级不应低于S8,28d收缩应变不宜大于1×10^{-4}。海水环境中的预应力混凝土、钢筋混凝土最大水灰比、最小水泥用量应符合的规定见表4.4-12。

条文说明

本手册要求掺阻锈剂的混凝土按护筋混凝土要求制作。护筋混凝土是一种高密实度的防水抗渗、尺寸稳定的抗裂混凝土,除掺阻锈剂外,还要求达到S8的抗水渗透能力,且28d收缩值不应大于1×10^{-4}。表4.4-12中海水环境预应力、钢筋混凝土最大水灰比和最小水泥用量的允许值来源于《海港工程混凝土结构防腐蚀技术规范》(JTJ 275—2000),将其中最低水泥用量由300kg/m³调整到320kg/m³。最低水泥用量取300kg/m³时,即使在大气区和水下区也过低,无法达到应有的密实度及护筋效果。护筋混凝土的配合比中,水泥用量(或胶材总量)较高,砂率较大,水灰(胶)比较低,因此,需要同时使用阻锈剂、高效减水剂或防水剂保证达到表4.4-12的要求。

表4.4-12 海水环境预应力混凝土、钢筋混凝土最大水胶比及最小胶凝材料用量

环境条件	抗冻等级	最大水胶比		最小胶凝材料用量(kg/m³)	
		北方	南方	北方	南方
大气区	—	0.55	0.50	320	360
浪溅区	—	0.50	0.40	360	400

续上表

<table>
<tr><th colspan="2" rowspan="2">环境条件</th><th rowspan="2">抗冻等级</th><th colspan="2">最大水胶比</th><th colspan="2">最小胶凝材料用量（kg/m³）</th></tr>
<tr><th>北方</th><th>南方</th><th>北方</th><th>南方</th></tr>
<tr><td rowspan="4">水位变动区</td><td>严重受冻</td><td>F350</td><td>0.45</td><td>—</td><td>400</td><td rowspan="4">360</td></tr>
<tr><td>受冻</td><td>F300</td><td>0.50</td><td>—</td><td>360</td></tr>
<tr><td>微冻</td><td>F250</td><td>0.55</td><td>—</td><td>400</td></tr>
<tr><td>偶冻、不冻</td><td>F200</td><td>—</td><td>0.50</td><td>320</td></tr>
<tr><td rowspan="4">水下区</td><td colspan="2">不受水头作用</td><td>0.60</td><td>0.60</td><td rowspan="4">320</td><td rowspan="4">320</td></tr>
<tr><td rowspan="3">受水头作用</td><td>最大水头与壁厚之比小于5</td><td colspan="2">0.60</td></tr>
<tr><td>最大水头与壁厚之比为5～10</td><td colspan="2">0.55</td></tr>
<tr><td>最大水头与壁厚之比大于10</td><td colspan="2">0.50</td></tr>
</table>

(7)掺阻锈剂的护筋混凝土可与高性能混凝土、环氧涂层钢筋、表面涂层、浸渍硅烷等联合使用。

条文说明

护筋混凝土只是防锈蚀的一种手段，再辅以其他防腐蚀手段，防锈蚀效果会更好。在公路重要的桥梁等钢筋混凝土、预应力混凝土工程中，宜至少采用两种以上双重或多重防锈蚀技术措施。

4.4.4 减缩剂选用原则

(1)减缩剂是由聚醚或聚醇类有机物或它们的衍生物组成，主要有三大类：小分子脂肪多元醇、烷基醚聚氧化乙烯或聚氧化乙烯一元醇和聚氧乙烯或聚氧丙烯聚羧酸接枝共聚物。减缩剂开发至今已有十余年，在日本和美国已应用在各类混凝土工程中。桥梁高性能混凝土中高效减水剂和超细掺和料等的应用，使得混凝土的裂缝，特别是非荷载裂缝问题越来越严重，避免或减少早期收缩开裂成为提高混凝土耐久性的主要途径，减缩剂成为解决这一问题的重要方法。

条文说明

从美国专利文献资料看，常用的单组分型减缩剂有一元或二元醇类减缩剂、氨基醇类减缩剂、聚氧乙烯类减缩剂、烷基氨类减缩剂等；复合型减缩剂主要有低分子量的氧化烯烃化合物和高分子量的含聚氧化烯链的梳形聚合物构成的减缩剂、含仲羟基或叔羟基的亚烷基二醇和烯基醚/马来酸酐共聚物组成的减缩剂、烷基烯加成物和亚烷基二醇组成的减缩剂、亚烷基二醇或聚氧化烯二醇与硅灰组成的减缩剂、烷基醚氧化烯加成物和磺化有机环状物组成的减缩剂以及烷基醚氧化烯加成物和氧化烯二醇组成的减缩剂等。日本研究开发的混凝土减缩剂则主要有聚丙烯二醇，环氧乙烷甲基、苯基、环烷基和氨基衍生物。

减缩剂是一种表面活化剂，其可降低水表面张力和凹液面的接触角，使毛细管张力减小，从而降低砂浆或混凝土的收缩。

我国自20世纪90年代开始相关研究，由于许多关键技术和使用成本等问题尚未解决，至今未能推广应用。近两年来，有关于减缩剂或减缩防裂剂类似提法的报道，但究其化学组成和减缩性能，却与国外资料所介绍的减缩剂大相径庭。原冶金部建筑研究总院开发的JSJ减缩剂由聚醚和脂肪簇类有机物复合而成，具有较好减缩效果和适量的减水增强作用，并已在相关工程上进行试用。中国科学院兰州化学物理研究所制得了聚环氧丙烷类混凝土高抗收缩剂。北京工业大学采用非离子型表面活性剂制备了几种减缩剂，通过高强水泥胶砂试验证明，具有良好的减缩效果，并且对强度无不良影响。

(2)工程中，减缩剂可以与高效减水剂复合为减缩抗裂型减水剂。减缩减水剂除符合本手册对减缩剂的规定外，还应符合对减水剂的相关规定。

条文说明

减缩剂是通过水的物理过程起作用，与其他混凝土外加剂有良好的相容性，且与水泥的矿物组成和掺和料等无关，几乎不存在水泥适应性问题。减缩剂能有效降低混凝土的收缩，但其成本增加很多，而且其本身还不具有减水功能，难以在量大面广的中低强混凝土中大力推广。即使在高强混凝土中，减缩剂对强度也有不利影响。新型聚羧酸系超塑化剂具有良好的分散、保坍和增强功能，在一定程度上降低混凝土的干燥收缩，但降低的幅度还远远不够。减缩剂与高效减水剂复合，可在较低的掺量下，同时达到设计要求的减水和减缩效果。与减缩剂复合使用的高效减水剂品种和掺量应通过试验优选确定。

(3)减缩剂适用于配制C20以上的薄板、薄壁和大跨度混凝土结构；适用于施工和使用环境较干燥的市政、道路和桥梁等各类混凝土工程;适用于地下、水中、海水中的桥梁、隧道等构筑物,大体积混凝土,预应力混凝土等;适用于水利水电工程暴露的混凝土结构;还可用于各类制品与构件的防裂。

条文说明

本条列举了目前减缩剂在工程上的用途。桥梁混凝土面层和桥面板之间的混凝土薄壁构件,桥墩中的浪溅区和水位变动区、处于较恶劣环境下的基础底板和桥面等大体积混凝土,大体积或配筋率高的混凝土结构都可以使用减缩剂。

掺加减缩剂的混凝土适用于有边界结构或钢筋约束条件下的混凝土结构和填充性混凝土结构,不适用于可自由伸缩的混凝土结构。在结构开口、变截面和出入口部位当防裂构造钢筋不足时,应适当增加附加钢筋。

(4)混凝土减缩剂应符合的性能指标见表4.4-13。

表4.4-13 减缩剂性能指标

试验项目		指标
含固量(%)		在生产厂所控制值的相对量的3%以内
pH值(5%水溶液)		7.0~8.0
氯离子含量(%)		不允许
硫酸钠(%)		不允许
总碱量($Na_2O+0.658K_2O$)(%)		在生产厂控制值的相对量3%以内
混凝土抗压强度比(%)	7d	≥90
	28d	≥90
	90d	≥100
混凝土减缩率(%)	7d	≥50
	28d	≥40
	90d	≥30
坍落度变化率(%)		与基准混凝土比≤10%
对钢筋锈蚀作用		对钢筋不锈蚀

注:①混凝土抗压强度比为掺入减缩剂的混凝土与基准混凝土抗压强度的比值。

②混凝土减缩率为基准混凝土的收缩值与掺入减缩剂的混凝土的收缩值的差值与基准混凝土的收缩值的比值。

③收缩值的测定按照现行国家标准《普通混凝土长期性能和耐久性能试验方法标准》(GB/T 50082)收缩试验的规定进行。

条文说明

混凝土减缩剂的指标规定参照现行国家标准《混凝土外加剂》(GB 8076)和现行《公路工程混凝土外加剂》(JT/T 523)相关规定,美国减缩剂专利5181961、5626663、5556460、5604273和5938835等,以及大量国内关于减缩剂的研究文献而定。

混凝土减缩剂的pH值应为中性或弱碱性。

混凝土减缩剂的主要成分为聚醚或聚醇类有机物,在生产工艺控制严格的情况下,应避免混入氯离子和硫酸钠等杂质。

混凝土抗压强度是混凝土重要指标,掺入混凝土减缩剂可能会对混凝土的早期强度有影响。本手册根据国外资料和国内研究情况,规定减缩剂的掺入不应影响混凝土长期强度。

(5)混凝土减缩剂在工程中使用前应依照本手册附录C规定的测试和评价方法,对掺加减缩剂的水泥净浆和混凝土分别作出抗裂性能测试和评估,根据试验结果和工程要求确定型号、掺量与用法。

条文说明

因目前缺少对减缩剂性能的标准或规定,市场上的减缩剂规格不一,效果各异,有时会出现质量不稳定的情况。本手册针对这种现状,规定减缩剂在使用前,应采用本手册附录C中的圆环法和平板法就减缩剂对胶凝材料和混凝土收缩开裂的实际效果进行测试评价。减缩剂的掺量和用法可参考产品说明。根据试验结果确定调整减缩剂的型号、掺量和用法。

(6)单组分混凝土减缩剂会对混凝土的工作性和强度产生影响。工程上使用减缩剂以前应按现行国家标准《普通混凝土拌和物性能试验方法标准》(GB/T 50080)和《普通混凝土力学性能试验方法标准》(GB/T 50081)测定掺加减缩剂混凝土的工作性和抗压强度,性能应符合本手册表4.4-13指标和工程相关设计要求。当混凝土的强度因减缩剂而受到影响时,可通过调整减缩剂复合高效减水剂的掺量来解决。

条文说明

关于减缩剂对混凝土抗压强度的影响,目前国内研究尚未达成一致意见。天津建筑科学研究院利用其自行研制的减缩剂试验,结论为减缩剂对混凝土有一定增强效果；中国水利水电科学研究院结构材料研究所的研究认为减缩剂对混凝土强度几乎没有影响；但哈尔滨工业大学、北京工业大学和浙江大学等的研究却表明绝大部分减缩剂对混凝土的抗压强度有较大负面影响，一些型号的减缩剂甚至可将混凝土的3d和7d强度降低15%。减缩剂对于混凝土拌和物的工作性的影响同样有争议。天津建筑科学研究院的研究声称其研制的减缩剂除增强外还可保坍和适当缓凝；清华大学也认为减缩剂可以起到一定缓凝效果，提高混凝土含气量；而广州四航工程技术研究院的研究表明其开发的减缩剂可以提高混凝土的和易性但对引气量无影响。本手册结合美国9项单一组分减缩剂专利和7项多组分减缩剂专利资料认为，单一组分的减缩剂易对混凝土的强度产生不利影响，并降低混凝土引气剂的效果，而多组分减缩剂有利于克服这些缺点。鉴于目前国内对于减缩剂的研究刚刚开始，产品成分和性能未得到统一的规范，本手册要求在工程上使用某一型号减缩剂前，应对其对混凝土强度和工作性的影响做出评估，标准可参照本手册相关规定。

(7)试验证明，减缩剂影响混凝土的引气特征，降低了混凝土的抗冻融性能。掺入减缩剂应采用延迟加入法，即先将除减缩剂的其他所有混凝土组分拌和，延迟一定时间后，再加入减缩剂。

条文说明

改变减缩剂的加入方法可以更正减缩剂带来的降低引气量的负面效应。不同加入法掺入减缩剂的混凝土试样冻融循环试验结果比较见图4.4-2。试验表明，减缩剂采用延迟加入法的混凝土较用常规加入法的混凝土显示出更好的抗冻融能力。

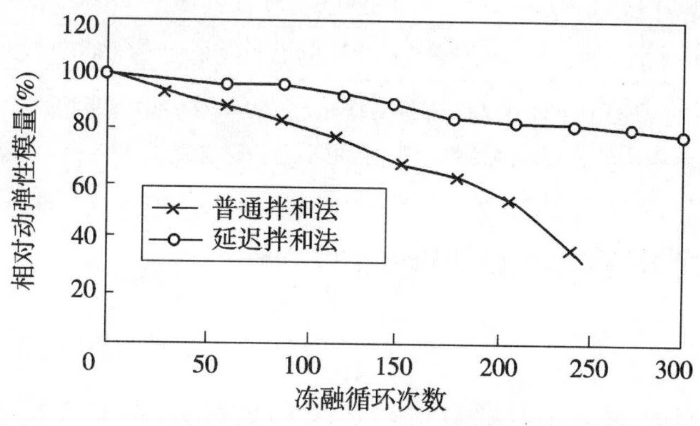

图4.4-2 不同加入法掺入减缩剂的混凝土试样冻融循环试验结果比较

(8)某些减缩剂产品除直接掺入混凝土或砂浆拌和物中使用外,还可采用涂刷或浸渍的方法,每平方米用量可参考产品说明书。外用减缩剂的效果应达到工程设计标准。

条文说明

由于减缩剂的成本一般比减水剂更高,掺量也比减水剂的大,所以限制了减缩剂的推广和使用。把减缩剂直接喷涂在混凝土构件的表面,不仅具有养护效果和减缩效果,避免了因掺入减缩剂而可能引起的负面作用,同时还可降低成本,具有很好的工程应用前景。

4.5 水

4.5.1 根据《高性能混凝土应用技术规程》(CECS 207:2006),高性能混凝土的拌和水除了符合现行行业标准《混凝土用水标准》(JGJ 63)的规定外,还应该满足的规定见表4.5-1。

表4.5-1 拌和用水的品质指标

项　目	预应力混凝土	钢筋混凝土	素混凝土
pH值	>5	>4.5	>4.5
不溶物(mg/L)	<2000	<2000	<5000
可溶物(mg/L)	<2000	<5000	<10000
氯化物(以Cl^-计)(mg/L)	<500	<1000	<3500
硫酸盐(以SO_4^{2-}计)(mg/L)	<600	<2000	<2700
碱含量(以当量Na_2O计)(mg/L)	<1500	<1500	<1500

注:对于预应力混凝土,拌和水中Cl^-含量不得超过350mg/L。碱含量按Na_2O当量(即Na_2O + 0.658K_2O)来表示。采用非碱活性集料时,可不检验碱含量。

4.5.2 配筋混凝土不得使用海水作为拌和水

条文说明

业内公认的观点是:小于2000mg/kg的悬浮黏土或淤泥不会产生影响。但是超过这一极限会导致需水量增加、干缩增加或泛霜现象。含有泥沙的水在使用前应该在水池中进行沉淀清洁。藻类以及其他有机悬浮物比较难处理，因为其很难经过静置处理被清除。有机物在搅拌过程中会被溶解，并干扰水泥水化过程，减缓凝结过程和强度发展过程。他们还会裹着大量的气体，降低强度。此外，悬浮物还会干扰引气剂的功能。

可溶物固体允许含量视不同的可溶性固体而定，一般情况下溶解性固体含量小于 2000mg/kg 的水大多数情况是可以使用的。事实上，即使是 100mg/kg 的含量也会带来问题，但是在采取了必要的措施后可以配制出令人满意的混凝土。实际上，可溶性盐有时是可以作为外加剂特意添加到混凝土中，如 $CaCl_2$ 可以作为早强剂。可溶性碳酸盐可以用于加快混凝土的凝结速度但是过多的碳酸盐或硫酸盐会降低混凝土的 28d 强度或长期强度。

一些可溶性无机盐会延迟混凝土的凝结和硬化过程，如锌盐、铜盐、铅盐以及轻金属中的镁盐和锡盐，还有磷酸盐、砷酸盐、硼酸盐等。它们的含量小于 500mg/kg 是可以接受的。工业废水常常含有这些可溶性盐，此外矿井处的渗出水也常常含有大量的金属盐。

尽管水是混凝土的主要成分，但是水质却不影响混凝土的质量。水胶比才是影响混凝土质量的主要因素。历史资料证明只要符合饮用要求的水，就能用于制备混凝土，大量的混凝土使用的自来水，其是符合标准的。

《客运专线》中混凝土拌和水氯离子的含量规定必须要小于 350mg/L，但是《混凝土结构耐久性设计与施工指南》(CCES 01:2004)要求在处于氯盐腐蚀环境中，拌和水的氯离子的含量不宜超过 200mg/L。

水中的杂质可能会对混凝土的质量带来负面影响。尽管人们主要关注混凝土流动性是否令人满意，但拌和水中所含的杂质还是对混凝土的凝结时间、干缩或耐久性产生影响，它们还可能在混凝土表面发生泛霜现象。应该避免使用含有大量悬浮物、过量溶解物和大量有机物的水。

5 桥梁用耐久性混凝土配合比设计

5.1 一般规定

5.1.1 桥梁用耐久性混凝土配合比应根据桥梁的结构条件、施工条件和环境条件的要求，在综合耐久性、强度的基础上，提出合适的配合比。

5.1.2 进行混凝土配合比设计时，应根据原材料的性能及混凝土的技术要求进行配合比计算，并通过试验室试配、调整后确定。室内试验确定的配合比尚应根据现场情况进行必要的调整。

5.1.3 进行混凝土配合比计算时，其计算公式和有关参数表格中的数值均以干燥状态集料为基准。当以饱和面干集料为基准进行计算时，则应做相应的修正。

条文说明

混凝土配合比可以以干燥状态集料为基准给出，也可以以饱和面干集料为基准给出。目前我国绝大多数地区均采用以干燥状态集料为基准的配合比，《普通混凝土配合比设计规程》(JGJ 55—2011)也是采用以干燥状态集料为基准的配合比，根据这一情况本手册也以干燥状态的集料为基准进行配合比计算，并规定集料干燥状态的具体指标。

5.1.4 桥梁用耐久性混凝土配合比设计，除应遵守本手册的规定外，尚应符合国家现行有关强制性标准的规定。

5.2 耐久性具体指标的确定

5.2.1 耐久性指标的确定原则

(1)在不同环境作用下,应针对桥梁不同部位的耐久性问题提出适当的耐久性指标,并确定耐久性指标选择的优先考虑顺序。

(2)本手册3.3节提出的以密实性指标、抗蚀性指标和抗裂性指标为代表的三大系列耐久性指标涵盖了桥梁混凝土大部分的耐久性要求,但针对某些具体工程可能还有其他耐久性要求,在进行混凝土配合比设计时应予以考虑。

5.2.2 不同环境条件下耐久性指标的确定

不同环境条件下耐久性指标的选择及其配合比参数的要求参见表5.2-1~表5.2-3。若同时存在两种以上的环境条件,则耐久性指标按最严格的选取,最大水胶比按最小值选取,最小胶凝材料用量按最大值选取。

表5.2-1 耐久性指标及相关配合比参数要求——桥墩

<table>
<tr><th colspan="2">环境类别</th><th colspan="2">耐久性指标</th><th>最大水胶比</th><th>最小胶凝材料用量(kg/m³)</th></tr>
<tr><td rowspan="12">冻融</td><td rowspan="4">B</td><td>抗冻等级</td><td>F350</td><td rowspan="4">0.45</td><td rowspan="4">340</td></tr>
<tr><td>含气量</td><td>≥4.5%</td></tr>
<tr><td>渗水深度(mm)</td><td>30~50</td></tr>
<tr><td>抗裂要求</td><td>一般</td></tr>
<tr><td rowspan="4">C</td><td>抗冻等级</td><td>F350</td><td rowspan="4">0.40</td><td rowspan="4">340</td></tr>
<tr><td>含气量</td><td>≥5.5%</td></tr>
<tr><td>渗水深度(mm)</td><td>6~30</td></tr>
<tr><td>抗裂要求</td><td>高</td></tr>
<tr><td rowspan="4">D</td><td>抗冻等级</td><td>F400</td><td rowspan="4">0.36</td><td rowspan="4">380</td></tr>
<tr><td>含气量</td><td>≥6.0%</td></tr>
<tr><td>渗水深度(mm)</td><td>≤6</td></tr>
<tr><td>抗裂要求</td><td>高</td></tr>
</table>

续上表

环境类别		耐久性指标		最大水胶比	最小胶凝材料用量(kg/m^3)
盐冻	D	抗冻等级	F350	0.45	320
		含气量	≥5.5%		
		渗水深度(mm)	30～50		
		电通量(56d)(C)	<800		
		抗裂要求	一般		
	E	抗冻等级	F350	0.40	340
		含气量	≥6.0%		
		渗水深度(mm)	6～30		
		电通量(56d)(C)	<800		
		抗裂要求	高		
海洋	C	电通量(56d)(C)	<1000	0.45	320
		胶凝材料膨胀率(%)	>0.40		
		抗冻等级(北方)	F300		
	D	电通量(56d)(C)	<1000	0.45	320
		胶凝材料膨胀率(%)	0.35～0.40		
		抗冻等级(北方)	F350		
	E	电通量(56d)(C)	<800	0.40	340
		胶凝材料膨胀率(%)	0.25～0.34		
		抗冻等级(北方)	F350		
	F	电通量(56d)(C)	<800	0.36	360
		胶凝材料膨胀率(%)	<0.25		
		抗冻等级(北方)	F400		
化学腐蚀	C	电通量(56d)(C)	<1000	0.45	320
		氯离子扩散系数 D_{RCM}($10^{-12}m^2/s$)	8～12		
		渗水深度(mm)	30～50		
		胶凝材料膨胀率(%)	>0.40		
		抗裂要求	一般		

续上表

环境类别		耐久性指标		最大水胶比	最小胶凝材料用量(kg/m³)
化学腐蚀	D	电通量(56d)(C)	<800	0.40	340
		氯离子扩散系数 D_{RCM}($10^{-12}m^2/s$)	5~8		
		渗水深度(mm)	6~30		
		胶凝材料膨胀率(%)	0.35~0.40		
		抗裂要求	一般		
	E	电通量(56d)(C)	<800	0.36	360
		氯离子扩散系数 D_{RCM}($10^{-12}m^2/s$)	4~5		
		渗水深度(mm)	≤6		
		胶凝材料膨胀率(%)	0.25~0.34		
		抗裂要求	高		
	F	电通量(56d)(C)	<800	0.32	380
		氯离子扩散系数 D_{RCM}($10^{-12}m^2/s$)	<4		
		渗水深度(mm)	≤6		
		胶凝材料膨胀率(%)	<0.25		
		抗裂要求	高		
碳化	B	电通量(56d)(C)	<1000	0.45	320
		氯离子扩散系数 D_{RCM}($10^{-12}m^2/s$)	8~12		
		渗水深度(mm)	30~50		
		抗裂要求	一般		
	C	电通量(56d)(C)	<800	0.40	340
		氯离子扩散系数 D_{RCM}($10^{-12}m^2/s$)	5~8		
		渗水深度(mm)	6~30		
		抗裂要求	一般		
	D	电通量(56d)(C)	<800	0.36	360
		氯离子扩散系数 D_{RCM}($10^{-12}m^2/s$)	4~5		
		渗水深度(mm)	≤6		
		抗裂要求	高		

续上表

环境类别		耐久性指标		最大水胶比	最小胶凝材料用量(kg/m^3)
碳化	E	电通量(56d)(C)	<800	0.32	380
		氯离子扩散系数 D_{RCM}($10^{-12}m^2/s$)	<4		
		渗水深度(mm)	≤6		
		抗裂要求	高		
磨蚀	C	电通量(56d)(C)	<1000	0.45	320
		氯离子扩散系数 D_{RCM}($10^{-12}m^2/s$)	8~12		
		渗水深度(mm)	30~50		
		砂浆磨蚀率	≤3.6		
		抗裂要求	一般		
	D	电通量(56d)(C)	<800	0.40	340
		氯离子扩散系数 D_{RCM}($10^{-12}m^2/s$)	5~8		
		渗水深度(mm)	6~30		
		砂浆磨蚀率	≤1.8		
		抗裂要求	一般		
	E	电通量(56d)(C)	<800	0.36	380
		氯离子扩散系数 D_{RCM}($10^{-12}m^2/s$)	4~5		
		渗水深度(mm)	≤6		
		砂浆磨蚀率	≤1.0		
		抗裂要求	高		
	F	电通量(56d)(C)	<800	0.32	380
		氯离子扩散系数 D_{RCM}($10^{-12}m^2/s$)	<4		
		渗水深度(mm)	≤6		
		砂浆磨蚀率	≤1.0		
		抗裂要求	高		

表 5.2-2 耐久性指标及相关配合比参数要求——承台

环境类别		耐久性指标		最大水胶比	最小胶凝材料用量(kg/m³)
冻融	B	抗冻等级	F300	0.50	340
		含气量	≥4.5%		
		渗水深度(mm)	30~50		
		抗裂要求	一般		
	C	抗冻等级	F350	0.45	360
		含气量	≥5.5%		
		渗水深度(mm)	6~30		
		抗裂要求	高		
	D	抗冻等级	F350	0.40	380
		含气量	≥5.5%		
		渗水深度(mm)	≤6		
		抗裂要求	高		
盐冻	D	抗冻等级	F350	0.45	320
		含气量	≥5.5%		
		渗水深度(mm)	30~50		
		电通量(56d)(C)	<800		
		抗裂要求	一般		
	E	抗冻等级	F350	0.40	340
		含气量	≥5.5%		
		渗水深度(mm)	6~30		
		电通量(56d)(C)	<800		
		抗裂要求	高		
海洋	C	渗水深度(mm)	30~50	0.50	320
		抗冻等级(北方)	F300		
	D	渗水深度(mm)	30~50	0.45	340
		抗冻等级(北方)	F350		
	E	渗水深度(mm)	6~30	0.40	360
		抗冻等级(北方)	F350		
	F	渗水深度(mm)	≤6	0.36	380
		抗冻等级(北方)	F400		

续上表

环境类别		耐久性指标		最大水胶比	最小胶凝材料用量(kg/m^3)
化学腐蚀	D	电通量(56d)(C)	<1000	0.45	320
		氯离子扩散系数 D_{RCM}($10^{-12}m^2/s$)	8~12		
		渗水深度(mm)	30~50		
		胶凝材料膨胀率(%)	>0.40		
		抗裂要求	一般		
	E	电通量(56d)(C)	<800	0.40	340
		氯离子扩散系数 D_{RCM}($10^{-12}m^2/s$)	5~8		
		渗水深度(mm)	6~30		
		胶凝材料膨胀率(%)	0.35~0.40		
		抗裂要求	一般		
	F	电通量(56d)(C)	<800	0.36	360
		氯离子扩散系数 D_{RCM}($10^{-12}m^2/s$)	4~5		
		渗水深度(mm)	≤6		
		胶凝材料膨胀率(%)	0.25~0.34		
		抗裂要求	高		
碳化	C	电通量(56d)(C)	<1000	0.45	320
		氯离子扩散系数 D_{RCM}($10^{-12}m^2/s$)	8~12		
		渗水深度(mm)	30~50		
		抗裂要求	一般		
	D	电通量(56d)(C)	<800	0.36	360
		氯离子扩散系数 D_{RCM}($10^{-12}m^2/s$)	4~5		
		渗水深度(mm)	≤6		
		抗裂要求	高		
	E	电通量(56d)(C)	<800	0.32	380
		氯离子扩散系数 D_{RCM}($10^{-12}m^2/s$)	<4		
		渗水深度(mm)	≤6		
		抗裂要求	高		

续上表

环境类别		耐久性指标		最大水胶比	最小胶凝材料用量（kg/m³）
磨蚀	C	电通量（56d）（C）	<1000	0.45	320
		氯离子扩散系数 D_{RCM}（$10^{-12}m^2/s$）	8～12		
		渗水深度（mm）	30～50		
		砂浆磨蚀率	≤3.6		
		抗裂要求	一般		
	E	电通量（56d）（C）	<800	0.40	340
		氯离子扩散系数 D_{RCM}（$10^{-12}m^2/s$）	5～8		
		渗水深度（mm）	6～30		
		砂浆磨蚀率	≤1.8		
		抗裂要求	一般		
	E	电通量（56d）（C）	<800	0.36	380
		氯离子扩散系数 D_{RCM}（$10^{-12}m^2/s$）	4～5		
		渗水深度（mm）	≤6		
		砂浆磨蚀率	≤1.0		
		抗裂要求	高		
	F	电通量（56d）（C）	<800	0.32	380
		氯离子扩散系数 D_{RCM}（$10^{-12}m^2/s$）	<4		
		渗水深度（mm）	≤6		
		砂浆磨蚀率	≤1.0		
		抗裂要求	高		

表 5.2-3　耐久性指标及相关配合比参数要求——箱梁

环境类别		耐久性指标		最大水胶比	最小胶凝材料用量(kg/m³)
冻融	B	抗冻等级	F300	0.50	340
		含气量(%)	≥4.5		
		渗水深度(mm)	30~50		
		抗裂要求	一般		
	C	抗冻等级	F350	0.45	360
		含气量(%)	≥5.5		
		渗水深度(mm)	6~30		
		抗裂要求	高		
盐冻	E	抗冻等级	F350	0.40	340
		含气量(%)	≥5.5		
		渗水深度(mm)	6~30		
		电通量(56d)(C)	<800		
		抗裂要求	高		
	F	抗冻等级	F400	0.36	360
		含气量(%)	≥6.0		
		渗水深度(mm)	≤6		
		电通量(56d)(C)	<800		
		抗裂要求	高		
海洋	C	渗水深度(mm)	30~50	0.50	320
		砂浆磨耗率	≤3.6		
	D	渗水深度(mm)	30~50	0.45	340
		砂浆磨耗率	≤1.8		
	E	渗水深度(mm)	6~30	0.40	360
		砂浆磨耗率	≤1.0		
	F	渗水深度(mm)	≤6	0.40	380
		砂浆磨耗率	≤1.0		

续上表

环境类别		耐久性指标		最大水胶比	最小胶凝材料用量(kg/m^3)
化学腐蚀	E	电通量(56d)(C)	<1000	0.45	320
		氯离子扩散系数 D_{RCM}($10^{-12}m^2/s$)	8~12		
		渗水深度(mm)	30~50		
		胶凝材料膨胀率(%)	>0.40		
		抗裂要求	一般		
	F	电通量(56d)(C)	<800	0.40	340
		氯离子扩散系数 D_{RCM}($10^{-12}m^2/s$)	5~8		
		渗水深度(mm)	6~30		
		胶凝材料膨胀率(%)	0.35~0.40		
		抗裂要求	一般		
碳化	D	电通量(56d)(C)	<1000	0.45	320
		氯离子扩散系数 D_{RCM}($10^{-12}m^2/s$)	8~12		
		渗水深度(mm)	30~50		
		抗裂要求	一般		
磨蚀	C	电通量(56d)(C)	<1000	0.45	320
		氯离子扩散系数 D_{RCM}($10^{-12}m^2/s$)	8~12		
		砂浆磨蚀率	≤3.6		
		抗裂要求	一般		
	D	电通量(56d)(C)	<800	0.40	340
		氯离子扩散系数 D_{RCM}($10^{-12}m^2/s$)	5~8		
		砂浆磨蚀率	≤1.8		
		抗裂要求	一般		
	E	电通量(56d)(C)	<800	0.36	380
		氯离子扩散系数 D_{RCM}($10^{-12}m^2/s$)	4~5		
		砂浆磨蚀率	≤1.0		
		抗裂要求	高		
	F	电通量(56d)(C)	<800	0.32	380
		氯离子扩散系数 D_{RCM}($10^{-12}m^2/s$)	<4		
		砂浆磨蚀率	≤1.0		
		抗裂要求	高		

5.3 配制强度的确定

5.3.1 混凝土配制强度按式(5.3-1)计算:

$$f_{cu,0} \geqslant f_{cu,k} + 1.645\sigma \tag{5.3-1}$$

式中:$f_{cu,0}$——混凝土配制强度(MPa);

$f_{cu,k}$——混凝土设计龄期立方体抗压强度标准值(MPa);

σ——混凝土立方体抗压强度标准差(MPa)。

条文说明

现行国家标准及国内各行业混凝土配合比设计及混凝土生产管理,均采用以标准差σ为主要参数的计算方法。《普通混凝土配合比设计规程》(JGJ 55—2011)规定,混凝土配制强度按式(5.3-1)计算。其中1.645为概率度系数,对应于设计龄期为28d时95%的混凝土抗压强度保证率。

5.3.2 混凝土抗压强度标准差σ,宜按同品种混凝土抗压强度统计资料确定。

(1)当具有近1~3个月的同一品种、同一强度等级混凝土的强度资料时,其混凝土强度标准差σ应按下式计算:

$$\sigma = \sqrt{\frac{\sum_{i=1}^{n} f_{cu,i}^2 - n m_{fcu}^2}{n-1}} \tag{5.3-2}$$

式中:$f_{cu,i}$——统计周期内第i组试件抗压强度(MPa);

m_{fcu}——统计周期内n组试件的抗压强度平均值(MPa);

n——统计周期内试件组数,n应大于或者等于30。

(2)对于强度等级不大于C30的混凝土:当σ计算值不小于3.0MPa时,应按照计算结果取值;当σ计算值小于3.0MPa时,σ应取3.0MPa。对于强度等级大于C30且不大于C60的混凝土:当σ计算值不小于4.0MPa时,应按照计算结果取值;当σ计算值小于4.0MPa时,σ应取4.0MPa。

条文说明

参照《普通混凝土配合比设计规程》(JGJ 55—2011),本条给出了按统计方法确定混凝土强度标准差 σ 值的计算公式。同一品种混凝土是指混凝土强度等级相同,且生产工艺和配合比基本相同的混凝土。统计周期可根据实际情况确定,但不宜大于3个月。

5.3.3 当无近期同品种混凝土抗压强度统计资料时,σ 值可按表5.3-1取用。施工中应根据现场施工时段强度的统计结果调整 σ 值。

表5.3-1 抗压强度标准差 σ 选用值

设计龄期混凝土抗压强度标准值(MPa)	<C20	C25~C45	C50~C55
混凝土抗压强度标准差 σ(MPa)	4.0	5.0	6.0

当无近期同品种混凝土强度统计资料时,参照《普通混凝土配合比设计规程》(JGJ 55—2011),本条给出了不同强度等级混凝土的标准差参考值。

5.4 坍落度的确定

5.4.1 桥梁用耐久性混凝土的坍落度应根据桥梁不同部位的混凝土的工作性要求和施工工艺来确定,一般应由设计单位指定。

5.4.2 若设计单位未指定具体的坍落度要求,可按表5.4-1选取。

表5.4-1 桥梁耐久性混凝土坍落度的选取

桥梁部位	钻孔灌注桩	承台	桥墩	箱梁
坍落度(mm)	180~220	140~180	140~180	140~180

5.5 配合比的设计和计算

5.5.1 胶凝材料体系设计

1)胶凝材料体系构成

胶凝材料体系包括水泥和矿物掺和料。水泥种类的选择应符合 4.1 节的规定。水泥强度等级的选择应根据混凝土设计强度等级选取,混凝土设计强度等级低于(包括)C30 时可选择 32.5 级水泥和 42.5 级水泥,混凝土设计强度等级高于(包括)C40 时应选择 42.5 级以上的水泥。矿物掺和料宜采用粉煤灰、磨细矿渣、硅灰等,在保证耐久性和强度的前提下,也可使用其他矿物掺和料。矿物掺和料的选择应符合 4.3 节的规定。

根据矿物掺和料掺加情况,常见的胶凝材料体系包括粉煤灰单掺体系、矿渣单掺体系、粉煤灰—矿渣双掺体系和粉煤灰—矿渣—硅灰三掺体系。

粉煤灰单掺体系适用于冻融环境、硫酸盐侵蚀环境和氯盐侵蚀环境下的 C40 以下的中低强度等级的混凝土。冻融环境下不宜使用大掺量(30%以上)粉煤灰单掺,硫酸盐侵蚀环境和氯盐侵蚀环境下可适当加大粉煤灰掺量。

矿渣单掺体系适用于冻融环境、氯盐侵蚀环境、化学腐蚀环境下的混凝土。冻融环境下和对抗裂性有特殊要求的混凝土不宜使用大掺量(50%以上)矿渣单掺,氯盐侵蚀环境和化学腐蚀环境下的混凝土宜加大矿粉掺量。

粉煤灰—矿渣双掺体系适用于盐冻环境、海洋环境和化学腐蚀环境下的混凝土。对耐久性和强度有较高要求的混凝土宜使用粉煤灰—矿渣双掺体系。

粉煤灰—矿渣—硅灰三掺体系适用于海洋环境下的 C60 以上的高强高性能混凝土。C40 以下的中低强度的混凝土不推荐使用粉煤灰—矿渣—硅灰三掺体系。

对于不同设计强度等级的混凝土,胶凝材料用量有最大用量限制:C40 以下不宜大于 450kg/m^3;C40 ~ C50 不宜大于 500kg/m^3;C60 及以上不宜大于 550kg/m^3。

条文说明

在混凝土中掺入一定量的矿物掺和料,可以有效改善和提高混凝土工作性和耐久性。如大体积混凝土中宜掺用大掺量粉煤灰等矿物掺和料。海洋和近海环境中受氯盐侵蚀的配筋混凝土,亦应采用较大掺量矿物掺和料的混凝土。粉煤灰抗氯盐侵入的能力不亚于矿渣,如能同时加入少许硅灰效果更好。普通硅酸盐水泥中虽然也允许掺入 6% ~15% 的矿物掺和料,但掺量很少，意义不大。单纯用硅酸盐水泥配制的混凝土，即使水灰比较低，其抗侵入的能力也比较差，只有加入较大掺量的粉煤灰、矿渣或一定量的硅灰以后，才能获得根本的改善。国外甚至有研究资料认为，对设计寿命为75年的海洋混凝土结构，如果单纯采用硅酸盐水泥为胶凝材料，则需有C60级的混凝土和100 mm厚度的保护层；若掺入60%矿渣或30%粉煤灰，则仅需50 mm保护层厚度的C40级（掺矿渣）或C50级（掺粉煤灰）混凝土；若掺量分别增至70%或40%，所需强度等级还可进一步降低。但是粉煤灰的良好作用，必须有低水胶比作为前提。

使用矿物掺和料首先是为了混凝土的耐久性需要，而不是单纯地出于降低混凝土成本的目的。认为强度高的混凝土需要减少其矿物掺和料的用量，这其实是一种误解。例如美国加州大学曾在一幢6层楼的剪力墙和基础的加固工程中，分别用160kg/m^3水泥、195kg/m^3粉煤灰（粉煤灰掺量67%）和195g/m^3水泥、195kg/m^3粉煤灰（粉煤灰掺量50%）配制混凝土，用水量只有118kg/m^3，28d抗压强度分别达到相当于我国立方体强度37.6MPa和45.9MPa。清华大学在深圳地铁足尺模型试验中，用45%粉煤灰、10%矿渣和45%硅酸盐水泥配制的混凝土，胶凝材料总量400kg，各组试件28d强度均在54MPa以上。

低水胶比的矿物掺和料混凝土，其优良性能往往受到现行标准试验方法的掩盖而不能体现。例如粉煤灰混凝土的强度发展较慢，对温度和湿度比较敏感，对它采用与普通水泥混凝土相同的标准试验方法成型、养护并检测其强度、抗冻和抗盐冻的性能往往会给出不符合实际的结果。在实际工程中，普通硅酸盐水泥混凝土在养护时的温度较高，其28d强度实际要低于室内标准养护得出的强度，而掺粉煤灰的混凝土正好相反。大量工程现场调查均表明，粉煤灰混凝土的室内标准试验结果和现场条件下的实际表现缺乏一致性，比如室内快速抗冻标准试验结果认为不良的粉煤灰混凝土，在现场的严酷冻融环境条件下却表现良好。但是大掺量矿物掺和料混凝土的水胶比必须要低。

国内外大量研究表明，为有效改善混凝土抗化学侵蚀性能（如氯化物侵蚀、碱—集料反应、硫酸盐侵蚀），粉煤灰最佳替代量一般应在20%以上。现行粉煤灰分级标准的缺点是同时用细度、需水量比和烧失量作为分级的主要标准，而将烧失量很小、需水量比稍小于100%而只是细度不符合一级标准的粉煤灰降到二级，这样并不利于发挥粉煤灰的效用。粉煤灰的品质,应首先注重烧失量和需水量,而细度不必过于苛求。一般说来,粉煤灰的烧失量越大,含碳量越高,混凝土的需水量就大;用电收尘方法收取的灰越细,所含玻璃微珠越多,含碳量低,需水量也小,但产量很少。实际工程选用粉煤灰时,因条件所限不得不采用烧失量较大的粉煤灰时,必须经过混凝土拌和物性能和耐久性试验证明可行,且C50级以下混凝土用粉煤灰的烧失量不得大于8%,C50级及以上混凝土用粉煤灰的烧失量不得大于5%。发电厂的三、四级灰的产量最大,但收取的灰因团聚颗粒和多孔玻璃体含量较多而比表面积较大,需水量较大。国内中南大学等不少单位研究用磨细粉煤灰,打开团聚颗粒,在工程实践中取得很好效果。粉煤灰的最大掺量可到50%或更多,以不超过胶凝材料总量60%为宜。用比表面积来表征粉煤灰的细度并不能完全反映粉煤灰的颗粒细度,后者还可用筛析法表示。

粉磨矿渣单独用于配制混凝土,可使磨细矿渣的细度至少达到和熟料相同。矿渣越细,活性越高。对于高细度的磨细矿渣,在一定掺量范围内,混凝土的强度随掺量的增大而提高,但是混凝土的温升、化学收缩和自收缩也随矿渣掺量的增加而增加,从减少混凝土收缩开裂的角度考虑,这时的磨细矿渣比表面积以不超过45m^2/kg为宜。矿渣的活性和火山灰质材料不同,具有自身水硬性,但需要水泥水化产物中$Ca(OH)_2$和石膏的激发,在矿渣掺量增大到一定数量以后,由于混凝土中的水泥量减少,矿渣水化的速度因缺少足够的激发物而降低,相应的水化热和自收缩就减小。所以当掺量超过约75%以后,可以采用高细度的矿渣。

在水灰比不变的情况下,掺入硅灰可明显提高混凝土强度,但需水量随硅灰掺量增加而增加。硅灰对提高混凝土抗化学腐蚀性有显著效果。但其高活性不仅不会降低混凝土的温升,反而使温升提前,不利于减小温度变形,并且增大混凝土自收缩。硅灰的价格也比较贵,最好和其他需水量小的矿物掺和料复合使用。

还有其他一些矿物掺和料具有较高的活性,并能提高混凝土抗侵入和抗化学侵蚀的能力,如磨细天然沸石岩因其特殊的结构作用,抗碱—集料反应和抗硫酸盐侵蚀能力很强,但这些材料大多有较大的需水性,因此掺量有限。为了避免自收缩和温度应力,也不宜磨得过细。

对于多数矿物掺和料,其掺入混凝土中的效应一般都有微集料效应、形态效应、火山灰效应、界面效应等。但不同的矿物掺和料在不同的效应形式下表现可能是正效应也可能是负效应，这主要取决于矿物掺和料的物理性态、化学组成等特征。如果矿物掺和料物理性能选择、掺量比例控制得当，多元复合矿物掺和料掺入混凝土可以改善混凝土的各项性能指标，特别是抗氯离子侵蚀性能，这可归结为多元复合矿物掺和料的复合效应。可从以下几个方面分析矿物掺和料改善混凝土耐久性的机理。

(1)复合胶凝效应

复合矿物掺和料是根据复合胶凝效应原理，遴选不同种类胶凝特性互补的矿物组成矿物掺和料复合体系。复合胶凝效应包括三方面作用：诱导激活效应、表面微晶化效应和界面耦合效应。

①诱导激活效应

诱导激活是介稳态复合相在水化过程中相互诱导对方能态跃过反应势垒，使介稳态体系活化，使水化动力学加速。诱导激活是介稳相离子基团和分子的化学复合作用。在此以介稳态非典型玻璃相复合体系为例说明，高钙类玻璃相(如：矿渣)与高铝中硅玻璃相(如：粉煤灰)复合体系水化液相主要离子为 Ca^{2+}、AlO_2^- 和 SiO_4^{4-}，当存在 SO_4^{2-} 时，则形成 AFt，AFt 是良好的胶凝产物，具有稳定性好，溶度积小等特点，它的形成将消耗液相中的 Ca^{2+} 和 AlO_2^-，溶液中 Ca^{2+} 浓度降低，促使高钙玻璃相水解反应继续进行，AlO_2^- 浓度降低则促进了高铝中硅玻璃相水解。两类玻璃相水化液相离子互补，使 AFt 形成反应不断加速，同时也加速了高钙玻璃相网络配位离子 Ca^{2+} 和高铝中硅玻璃相网络离子 Al^{3+} 被持续萃取。上述过程循环反复，使玻璃相失去稳定性，活性提高，使非典型玻璃相被相互诱导激活。

②表面微晶化效应

介稳态复合体系在水化过程中若不存在外界干扰，系统中的水化产物只能借助热力学起伏在某局部区域出现，即新相只能通过成核才能形成，当有另一复合相存在时，其微晶核作用降低了成核势垒，产生非均匀成核使水化产物在另一复合相表面沉淀析出，加速了水化过程。

③界面耦合效应

矿物掺和料复合体系通过诱导激活、水化硬化形成稳定的凝聚体系，其显微界面的黏结强度与其宏观物理力学性能密切相关。

普通混凝土的浆体与集料的界面是力学的薄弱环节，界面区显微结构研究结果表明：矿物掺和料掺入混凝土中，可改善水泥浆—集料界面区

$Ca(OH)_2$的取向度。差示扫描量热法(DSC)定量分析结果还表明:"矿物掺和料+水泥"体系的$Ca(OH)_2$含量明显低于纯水泥体系。扫描电子显微镜(SEM)观察水化产物形貌,发现掺矿物掺和料的水泥石$Ca(OH)_2$的晶体尺寸相对比较小。矿物掺和料对水化产物$Ca(OH)_2$数量、尺寸及空间分布排列的影响,均有利于界面黏结强度的改善。因此掺矿物掺和料的混凝土抗压和抗折强度有显著改善,观察矿物掺和料混凝土试件的破坏断口,可以看到断裂界面大部分是石子,浆体—集料界面不是主要破坏界面。因此选用高强度的集料,有望配出超高强混凝土。

(2)微集料效应

混凝土体系可理解为连续级配的颗粒堆积体系,粗集料间隙由细集料填充,细集料间隙由水泥颗粒填充,水泥颗粒之间的间隙,则需更细的颗粒来填充。矿物掺和料的最小粒径在10μm左右,可起到填充水泥颗粒间隙的微集料作用,使混凝土形成细观层次的自紧密体系。试验结果表明:掺矿物掺和料混凝土重度较未掺矿物掺和料的基准混凝土大。

研究表明,硬化水泥浆体的性质与胶凝材料粉体拌水前的堆积状态有密切关系。各种不同颗粒粒径的胶凝材料之间相互填充,可以使得拌水前的胶凝材料粉体实现良好的紧密堆积。在胶凝材料中,水泥颗粒粒径最大,矿粉、粉煤灰次之,硅灰最小。如果胶凝材料粉料经过适当比例的混合,就有可能使得拌水前的混凝土中的粉料具有良好的连续微级配。水化过程中不同粒径的胶凝材料颗粒相互填充,减小邻颗粒间的空隙,从而进一步减小复合胶凝材料体系凝结硬化后的总空隙率,这就能降低混凝土的渗透性。

胶凝材料粉体间填充效果的确定和分析,也可以借助粉体工程学者Horsfield的填充模型。此模型假设所有的堆积颗粒成球状,根据其填充顺序,分别称之为1次、2次、3次球…和6次球,同一次添加大球体直径相同,并且不考虑颗粒间作用力的影响。设半径为r的一次球以六方最紧密堆积方式堆积,则此时体系空隙率为25.94%,然后在1次球的空隙率中添加可容纳的二次球,其半径为$0.414r$,此时粉体的空隙率为20.70%,依次填充。假定水泥的平均粒径为d_1(27.3μm),并视为一次球。根据Horsfield填充模型,计算各次球的平均粒径,并与不同胶凝材料的粒径进行对比,所得结果见表5.5-1。

表 5.5-1 Horsfield 填充模型计算结果及其与实际胶凝材料粉体粒径的对比

Horsfield 填充模型计算结果(水泥为 1 次球时)				实际胶凝材料粉体粒径	
填充次数	半径	空隙率(%)	直径(μm)	粉体种类	平均粒径(μm)
1	1r	25.94	27.3	水泥	27.3
2	0.414r	20.70	11.3	矿粉	13.6
3	0.225r	19.00	6.14	粉煤灰	8.76
4	0.177r	15.80	4.83	硅粉	1.95
5	0.116r	14.90	3.17		
6	min	3.90	min		

表 5.5-1 表明,与 Horsfield 填充模型计算结果比较,填充于水泥颗粒间的矿物掺和料中,矿粉的平均粒径与 2 次填充球相当,而粉煤灰颗粒粒径则介于 2 次和 3 次球之间,硅粉颗粒介于 5 次和 6 次球之间。这说明对于水泥—矿粉—粉煤灰和水泥—矿粉—粉煤灰—硅粉两个复合胶凝材料体系而言,如果对各种填充材料进行必要的优选和加工,可以使得胶凝材料体系中的颗粒之间填充效果达到比较理想的状态。

综上所述,复合矿物掺和料(矿粉、粉煤灰、硅灰)掺入混凝土中可以使得胶凝材料粉体在拌水前的堆积更为紧密,从而使得在胶凝材料的水化、凝结、硬化过程中产生的微集料效应,比单一的矿物掺和料的微集料作用更胜一筹。

由上述分析可知,由于加入矿物掺和料后,使得混凝土的孔结构得到大幅度的改善(从混凝土的孔结构和孔径分布可知),不仅总孔隙率降低,孔径减小,而且孔径分布趋于优化,即大于 20nm 的有害孔的比例下降,而小于 20nm 的无害孔比例增加。从而使混凝土的抗氯离子侵蚀能力得到大幅度的增强。至于孔结构的改善有利于抗氯离子渗透性能可用漫散双电层理论加以解释。

另外,从众多文献得知,C_3A($3CaO \cdot Al_2O_3$)能结合氯离子生成 F 盐($C_3A \cdot CaCl_2 \cdot 10H_2O$)。因而胶凝材料中 Al_2O_3 含量对结合氯离子非常重要,Al_2O_3 含量越高,则结合的氯离子量越多。

所以,掺加矿物掺和料的混凝土抗氯离子侵蚀能力较好的原因可以总结以下几点:a. 掺矿物掺和料高性能混凝土的孔结构得到很大程度的改善,水化产物所形成的双电层作用明显,从而降低了混凝土的渗透性,也包括氯离子的扩散性;b. 矿物掺和料中氧化铝含量比纯硅酸盐水泥的含量要高。

复合矿物掺和料等量取代水泥之后,混凝土的抗氯离子扩散性能改善,而且氯离子结合能力也显著提高,因而抗氯离子侵蚀的能力增强。

2)矿物掺和料掺量比例

矿物掺和料的掺量比例包括矿物掺和料在胶凝材料中的掺量百分比和矿物掺和料之间的掺量比例。

对于粉煤灰单掺体系和矿渣单掺体系只需控制矿物掺和料在胶凝材料中的掺量百分比。冻融环境下粉煤灰单掺的掺量百分比应控制在15% ~30%,硫酸盐侵蚀环境和氯盐侵蚀环境下粉煤灰单掺的掺量百分比可达40% ~50%;冻融环境下和对抗裂性有特殊要求的矿渣单掺的掺量百分比应控制在20% ~40%,氯盐侵蚀环境和化学腐蚀环境下矿渣单掺的掺量百分比宜为50% ~60%。

粉煤灰—矿渣双掺体系的矿物掺和料在胶凝材料中的掺量百分比宜控制在40% ~70%。粉煤灰和矿渣之间的掺量比例可选择4∶6、5∶5和6∶4。

粉煤灰—矿渣—硅灰三掺体系的矿物掺和料在胶凝材料中的掺量百分比宜控制在40% ~60%。粉煤灰、矿渣和硅灰的掺量比例可选择36.8∶55.2∶8和46∶46∶8。

条文说明

矿物掺和料的使用无疑会对混凝土强度产生影响。大量试验数据表明,粉煤灰和矿渣的掺入均会对混凝土早期(7d、28d)强度产生不利影响。尤其是粉煤灰活性较低,其对混凝土强度的影响最严重,因此粉煤灰单掺体系一般只用于C40以下的中低强度等级的混凝土。矿渣相对活性较高,其对混凝土强度影响较小。但是对于掺加超高细度矿渣的混凝土来说,其早期强度可能比不掺加矿物掺和料的混凝土还要高,但随之而来的是混凝土的严重开裂,所以矿渣不宜磨得太细。粉煤灰—矿渣双掺体系的混凝土早期强度一般介于粉煤灰单掺体系和矿渣单掺体系之间,但若比例适当,由于矿物掺和料的复合胶凝效应,其强度有可能比矿渣单掺体系还要高。大量研究表明,当矿物掺和料在胶凝材料中的掺量百分比为50%,粉煤灰与矿渣的掺量比例为4∶6时,混凝土早期强度较好。硅灰由于其高活性,可以明显提高混凝土强度,但会对混凝土耐久性产生不利影响,而且其价格较高,一般不宜单独使用,掺量也不宜太大。通常只有在海洋环境下的C60以上的高强高性能混凝土才使用硅灰,而且都是与粉煤灰和矿渣复合掺加。

3)胶凝材料体系强度效应系数的确定

常用的胶凝材料体系强度效应系数 K,宜根据历史试验资料统计确定,试验方法参见附录 F。如不具备历史试验资料时,K 也可按表 5.5-2 ~ 表 5.5-5 选取,施工中应根据现场施工时段抗压强度的统计结果调整 K 值。

表 5.5-2　粉煤灰单掺体系强度效应系数

粉煤灰掺量	10%	20%	30%	40%	50%
强度效应系数	0.91	0.85	0.73	0.64	0.55

表 5.5-3　矿渣单掺体系强度效应系数

矿渣掺量	20%	30%	40%	50%	60%
强度效应系数	0.94	0.96	0.93	0.90	0.85

表 5.5-4　粉煤灰 - 矿渣双掺体系强度效应系数

掺和料掺量		40%	50%	60%	70%
粉煤灰:矿粉	4:6	0.89	0.96	0.86	0.81
	5:5	0.87	0.88	0.79	0.74
	6:4	0.86	0.83	0.69	0.62

表 5.5-5　粉煤灰 - 矿渣 - 硅灰三掺体系强度效应系数

掺和料掺量		40%	50%	60%
粉煤灰:矿渣:硅灰	36.8:55.2:8	1.05	1.13	1.09
	46:46:8	0.98	1.04	1.01

注:以上各表中的粉煤灰为Ⅱ级粉煤灰,矿渣为 S95 级矿渣。

条文说明

为了确定矿物掺和料对混凝土早期强度的影响,本手册提出胶凝材料体系强度效应系数的概念。胶凝材料体系强度效应系数是指掺加矿物掺和料的胶凝材料胶砂 28d 抗压强度与纯水泥胶砂 28d 抗压强度的比值,用 K 表示。在经典的鲍罗米公式中,混凝土强度与水泥 28d 实测强度成正比。现代混凝土普遍使用矿物掺和料,研究表明,掺加矿物掺和料的混凝土强度与其对应的胶凝材料胶砂 28d 强度成正比关系。由于胶凝材料体系强度效应系数与矿物掺和料的掺量相关，不同掺量对应不同的 K 值，本手册提出根据历史试验资料统计确定不同胶凝材料体系的强度效应系数，以备选用，并规定了胶凝材料体系强度效应系数的测定方法(附录 F)。若没有相关历史试验资料也可按本手册给出的不同胶凝材料体系强度效应系数参考值选取，并应该根据现场施工时段抗压强度的统计结果调整 K 值。

5.5.2 水胶比的确定

1)水胶比的计算

桥梁耐久性混凝土的水胶比 W/B 宜按下式计算：

$$W/B = \frac{\alpha_a \times K \times f_{ce}}{f_{cu,0} + \alpha_a \times \alpha_b \times K \times f_{ce}} \tag{5.5-1}$$

式中：W/B——水胶比；

$f_{cu,0}$——混凝土的配制强度(MPa)；

f_{ce}——水泥 28d 抗压强度实测值(MPa)；

K——胶凝材料体系强度效应系数；

α_a、α_b——回归系数，碎石混凝土分别取 0.46、0.07，卵石混凝土分别取 0.48、0.33。

2)水胶比的调整

按式(5.5-1)计算出的水胶比应与不同环境条件下桥梁不同部位按耐久性指标确定的最大水胶比相比较，参照表 3.3-4 氯盐环境下混凝土配合比参数要求、表 3.3-6 桥梁不同部位混凝土抗氯离子渗透性要求及配合比设计、表 3.3-9 桥梁不同部位混凝土抗压力水渗透性要求及配合比设计、表 3.3-10 桥梁暴露部位构件的耐久性(抗渗性)指标、表 3.3-15 抗冻融性等级要求的配合比参数、表 3.3-21 抗磨蚀性等级要求的配合比参数、表 3.3-24 抗碳化性等级要求的配合比参数、表 3.3-28 抗硫酸盐等级要求的配合比参数中的最大水胶比要求，取其较小值作为试验水胶比。

条文说明

水胶比是耐久性混凝土配合比设计的关键参数，它不仅关系到混凝土的强度，更为重要的是，它在很大程度上影响混凝土的耐久性。

根据国外学者 T. C. Powers 的计算，完全水化的水泥结合水量占水泥质量的 22.7%，此外，还要有一部分的水被限制在胶体空隙中而不能参与化学作用,所以使水泥完全水化而无毛细孔的水胶比为0.379,但在不掺加外加剂和矿物掺和料的情况下,这样低的水胶比是无法拌和水泥的,必须在浆体中保留一定数量的毛细孔作为供水通道,以使水泥完全水化。有研究表明,使水泥完全水化并具有最低毛细孔孔隙率的水胶比为0.437。在混凝土中,水泥浆要润湿和包裹体积占70%以上的集料表面,同时还要填充集料的空隙,在无外加剂和矿物掺和料掺入的情况下,水胶比要大于0.5才能使混凝土具有可施工的流动性。这就是为什么普通混凝土水灰比较高的原因。但实际上,水胶比降到0.38以下时,在一定范围内随水胶比的降低混凝土密实度仍能提高,原因在于未水化的水泥颗粒可作为一种微集料发挥作用。而且随着高效减水剂和矿物掺和料的掺入,水胶比还可以降得更低,而混凝土工作性也不会受到太大影响。

同时,低水胶比是混凝土发挥耐久性的基础。水胶比是判断混凝土渗透性和密实性的一个宏观指标。混凝土要达到低渗透性,首先要考虑降低水胶比以减少混凝土中的毛细孔道。根据T. C. Powers的实验,水胶比为0.38的成熟水泥浆的渗透系数为2.47×10^{-14}m/s,相当于致密暗火成岩的渗透系数,比花岗岩的渗透系数还要低,所以设计使用年限在100年以上的结构都采用水胶比在0.38以下的高性能混凝土。

在按强度设计的混凝土配合比中,水胶比仅仅单一地由强度决定,而没有考虑到耐久性的要求,结果导致大量工程耐久性不足,从而降低了使用寿命。本条首先就按照耐久性指标确定一个最大水胶比,保证了耐久性要求,同时也不完全否定水胶比与强度的关系,把两者结合起来,从而使得水胶比的确定更为合理。

过大的水胶比特别不利于矿物掺和料混凝土的内部微结构发展,同时影响混凝土的耐久性与强度。与硅酸盐水泥相比,粉煤灰和矿渣掺和料对混凝土强度的贡献受水胶比的影响较大,尤其是粉煤灰对水胶比更为敏感。只有在低水胶比(如小于0.40或0.42)的前提下,粉煤灰的作用才得以充分发挥而不是相反。对于普通硅酸盐混凝土,也要强调水胶比的限值。目前我国水泥的实际活性比20多年前高出约两个等级,比如现在的42.5级水泥大体相当于水泥标准修订前的525号水泥,又相当于1979年以前水泥标准的600号水泥。因此配制相同强度等级的混凝土,现在的水灰(胶)比就会加大而不利于混凝土的耐久性。由于水泥强度提高,要想配制出强度低于25MPa或30MPa而同时又要水胶比不能高到影响耐久性的C20级混凝土实际上是不可能的。

5.5.3 单位用水量的确定

混凝土单位用水量,应根据水胶比、集料最大粒径、坍落度、外加剂以及矿物掺和料通过试拌确定。当无试验资料时,其初选用水量 m_{w0} 可按表5.5-6选取。

表 5.5-6 混凝土初选用水量 m_{w0}

水胶比	0.25~0.28	0.29~0.32	0.33~0.36	0.37~0.40
单位用水量	130~140	140~150	150~160	160~170
水胶比	0.41~0.44	0.45~0.49	0.50~0.54	0.55~0.59
单位用水量	170~180	180~190	190~200	200~210

注:①本表适用于细度模数为2.6~3.1的天然中砂。当使用细砂或粗砂时,用水量需增加或减少3~5kg/m^3。

②采用人工砂时,用水量需增加5~10kg/m^3。

条文说明

一般地,配制混凝土应使用细度模数为2.6~3.1的天然中砂,但随着混凝土用量的日益增大,天然砂资源已面临过度开采的状况,部分地区已经很难开采到天然砂,在这种情况下就不得不使用人工砂配制混凝土。由于人工砂级配不如天然砂,需要更多的水来润湿,才能使配制出的混凝土达到良好的工作性能。因此,选用人工砂时,混凝土用水量应适当增加。

随着混凝土技术的发展,特别是高性能混凝土的广泛应用,矿物掺和料的使用已非常普遍。火山灰质掺和料,如粉煤灰、磨细矿渣等,大部分的需水量比都大于100%,也就是比相同用量的水泥需要更多的水,因此掺加火山灰质掺和料时,混凝土用水量应适当增加。但是,对于Ⅰ级粉煤灰,其需水量比为95%,因而掺加Ⅰ级粉煤灰的混凝土用水量可酌情减少。

对于水胶比小于0.40的混凝土以及采用特殊成型工艺制备的混凝土用水量应通过试验确定。高性能混凝土水胶比一般都小于0.40,通常都掺加了高效减水剂和微细矿物掺和料,因其掺量不同从而会很大程度上影响混凝土用水量,因此不便给出参考用水量。

将拌和水的最大用量作为控制混凝土耐久性质量要求的一种标志,要比用最大水胶比(或水灰比)更为适宜。依靠水胶比的控制尚不能解决混凝土中因浆体用量过大而引起收缩和水化热增加的负面影响。在高性能混凝土中,减少浆体量,增加集料所占的比例,是提高混凝土抗渗性或抗氯离子扩散性的重要手段。如果控制拌和水用量,则可同时控制浆体用量(浆集比),就有可能从多个方面体现耐久性的需要。但是这方面的工程经验和研究积累还较少,尤其是国内目前供应的集料级配与粒形普遍很差,不得不用过量的浆体填充,所以本手册仍以水胶比作为混凝土耐久性要求的最主要综合指标。但为了保证重要工程的耐久性质量,应该同时对混凝土拌和水的用量作出限制,对于水胶比很低的混凝土一般不宜超过150kg/m^3,这就需要从以下几个方面采取措施:选用具有良好级配和粒形的粗集料,尽可能降低集料中的含泥量,采用优质外加剂和低需水量的矿物掺和料,降低混凝土拌和料的温度。在日本的标准中,要求各种混凝土的每方用水量最多不超过175kg/m^3。

5.5.4 胶凝材料用量的确定

1)胶凝材料用量计算

每立方米混凝土的胶凝材料用量 m_{b0}、水泥用量 m_{c0} 和矿物掺和料用量 m_{p0} 可按式(5.5-2)~式(5.5-4)计算:

$$m_{b0} = \frac{m_{w0}}{W/B} \tag{5.5-2}$$

$$m_{c0} = (1 - x)m_{b0} \tag{5.5-3}$$

$$m_{p0} = xm_{b0} \tag{5.5-4}$$

式中:m_{b0}——每立方米混凝土的胶凝材料用量(kg/m^3);

m_{c0}——每立方米混凝土的水泥用量(kg/m^3);

m_{p0}——每立方米混凝土的矿物掺和料用量(kg/m^3);

x——矿物掺和料掺量。

2)胶凝材料用量调整

计算出的胶凝材料用量应与不同环境条件下桥梁不同部位按耐久性指标规定的最小胶凝材料用量相比较,参照表3.3-4 氯盐环境下混凝土配合比参数要求、表3.3-6 桥梁不同部位混凝土抗氯离子渗透性要求及配合比设计、表3.3-9 桥梁不同部位混凝土抗压力水渗透性要求及配合比设计、表3.3-10桥梁暴露部位构件的耐久性(抗渗性)指标、表3.3-15抗冻融性等级要求的配合比参数、表3.3-21抗磨蚀性等级要求的配合比参数、表3.3-24抗碳化性等级要求的配合比参数、表3.3-28抗硫酸盐等级要求的配合比参数中的最小胶凝材料用量,并符合本手册5.5.1条第1款规定的胶凝材料最大用量,若在其范围内则确定为试验胶凝材料用量,否则取相应的最小胶凝材料用量或最大胶凝材料用量为试验胶凝材料用量,并按胶凝材料比例计算各胶凝材料用量,同时应该调整单位用水量以保证水胶比不变。

条文说明

胶凝材料包括水泥和矿物掺和料。本条规定参照《混凝土结构耐久性设计与施工指南》(CCES 01:2004)。

减少单方混凝土中胶凝材料用量有利于降低混凝土的渗透性,减少收缩量,所以必须有最高用量的限制。我国对低水胶比混凝土的胶凝材料用量过去一直偏高,如《普通混凝土配合比设计规程》(JGJ 55—2000)规定高强混凝土的最大水泥用量为550kg/m^3,胶凝材料总量最高值为600kg/m^3;《高性能混凝土应用技术规程》(CECS 207:2006)规定胶凝材料总量在450~600kg/m^{3}范围。造成这种现象的主要原因就在于我国目前集料质量控制不好。美国AASHTO规程规定胶凝材料用量不应超过475kg/m^3。

尽可能降低胶凝材料中硅酸盐水泥用量的目的是提倡加大矿物掺和料的用量,减少水泥用量大所带来的负面影响。强度和组分相同但配合比不同的混凝土,其中性能最优的一般应是硅酸盐水泥用量最少的一种。由于过分强调混凝土强度或为了保险而多用水泥,会对耐久性带来不良后果。

规定最低胶凝材料用量是基于以下两点考虑:第一,一定的胶凝材料用量可以保证混凝土拌和物比较均匀,可减少混凝土振捣过程中出现的局部缺陷;第二,一定的胶凝材料用量可以使混凝土保持较高的碱度,使钢筋钝化膜不易破坏。

5.5.5 砂率的确定

桥梁用耐久性混凝土的砂率,应根据单位用水量、集料的颗粒级配以及施工要求通过试拌确定。当无试验资料时,砂率S_m可按表5.5-7选取。

表 5.5-7 砂率 S_m 的选取

单位用水量	130～150	150～170	170～190	190～210
砂率	0.32～0.35	0.35～0.38	0.38～0.41	0.41～0.44

注:①本表数值系中砂的选用砂率,对细砂或粗砂,可相应地减少或增大砂率。

②泵送混凝土砂率应当增大 0.03。

③只用一个单粒级粗集料配制混凝土时,砂率应适当增大。

④使用人工砂配制混凝土时,砂率应适当增大。

⑤对薄壁构件,砂率取偏大值。

⑥本表中的砂率系砂与集料总重的质量比。

条文说明

一般说来,在影响混凝土和易性的诸因素中,砂率是仅次于用水量的一个因素。从混凝土组成结构来看,主要由粗集料形成混凝土的受力骨架,细集料填满粗集料之间的空隙,水泥浆包裹粗细集料的表面并填满其中的空隙。当砂率较大时,因为细颗粒增多,表面积较大,需要的润湿水分增多,在一定用水量的条件下水泥浆黏度增加,从而使混合料流动性能降低;但砂率也不能过分降低,这是因为由适量细集料组成的砂浆在混合料中起润滑的作用,可以减少粗集料之间的摩擦阻力,砂率过低意味着缺乏足够的润滑砂浆量,混合料的流动性也会下降;况且,当砂率过分降低时,还会导致离析泌水等问题。当砂率适宜时,砂不但填满石子空隙,而且还能保证集料间有一定厚度的砂浆层以便减小粗集料的滑动阻力,使拌和物有较好的流动性,这个适宜的砂率值称为合理砂率。采用合理砂率时,在用水量及水泥用量一定情况下,能使拌和物获得最大的流动性,且能保证良好的黏聚性和保水性,或者,在保证拌和物获得所要求的流动性及良好的黏聚性和保水性时,水泥用量为最小。

由此可见,确定砂率的原则是在保证混凝土拌和物具有良好的黏聚性和流动性的前提下,水泥浆最省时的合理砂率。而影响合理砂率大小的因素很多,主要有以下几方面:

(1)集料品种:碎石表面粗糙且空隙率大,故碎石混凝土砂率较卵石混凝土大。

(2)最大粒径:最大粒径大,集料表面积小,空隙率也小,故砂率应相应减少。

(3)细集料粗细程度:细砂的细颗粒较多,混凝土拌和物黏聚性及保水性容易得到保证,故采用细砂时的砂率应比采用粗砂时小。

(4)水灰比及水泥用量:当水灰比较小或水泥用量较多时,水泥浆的稠度大、数量多,也使混凝土拌和物的黏聚性及保水性容易得到保证,故可采用较小的砂率。

(5)外加剂:当掺用减水剂或引气剂时,砂率应相应减小。

(6)施工条件:塑性混凝土的砂率应较干硬性混凝土大,人工振捣的混凝土砂率应较机械振捣的混凝土砂率大。

5.5.6 集料用量的计算

粗集料和细集料的用量,宜采用绝对体积法按式(5.5-5)、式(5.5-6)计算:

$$\frac{m_{c0}}{\rho_c}+\frac{m_{g0}}{\rho_g}+\frac{m_{s0}}{\rho_s}+\frac{m_{p0}}{\rho_p}+\frac{m_{w0}}{\rho_w}+0.01\alpha=1 \tag{5.5-5}$$

$$S_m=\frac{m_{s0}}{m_{s0}+m_{g0}}\times 100\% \tag{5.5-6}$$

式中:m_{c0}——每立方米混凝土的水泥用量(kg/m^3);

m_{g0}——每立方米混凝土的粗集料用量(kg/m^3);

m_{s0}——每立方米混凝土的细集料用量(kg/m^3);

m_{p0}——每立方米混凝土的矿物掺和料用量(kg/m^3);

m_{w0}——每立方米混凝土的用水量(kg/m^3);

ρ_c——水泥密度(kg/m^3);

ρ_g——粗集料的表观密度(kg/m^3);

ρ_s——细集料的表观密度(kg/m^3);

ρ_p——矿物掺和料密度(kg/m^3);

ρ_w——拌和水的密度(kg/m^3);

α——混凝土的含气量百分数,根据不同情况选取,在不使用引气型外加剂时,α 可取为1。

5.5.7 化学外加剂选用和掺量的确定

减水剂可根据混凝土不同设计强度等级和要求的坍落度按表 5.5-8 选择。

表 5.5-8 减水剂减水率的选择

强度等级 坍落度(cm)	C35 以下	C35～C50	C50 以上
3～5			
5～8			
8～12	≥10%	15%～20%	
12～16	10%～15%	15%～20%	20%～25%
16～20	15%～20%	20%～25%	≥25%
20 以上	15%～20%	20%～30%	≥30%

注:根据工程的实际情况,外加剂种类可适当变化或使用不同系列外加剂的复合减水剂。

减水剂的掺量应根据减水率的要求通过试验来确定,试验时可使用厂家推荐掺量的中间值进行,根据减水率要求适当增减,若使用厂家规定的最大掺量仍达不到要求的减水率时则应更换减水剂。考虑混凝土使用环境,混凝土种类并结合不同的减水剂类型,可得出大致的减水剂掺量范围见表 5.5-9。

表 5.5-9 减水剂掺量的选择

<table>
<tr><th colspan="2">减水剂种类</th><th>掺量(%)</th><th>混凝土种类</th><th>环 境 种 类</th></tr>
<tr><td colspan="2">普通减水剂</td><td>0.15～0.3</td><td>泵送混凝土、夏季施工用混凝土、商品混凝土</td><td>抗渗环境及冻融环境</td></tr>
<tr><td rowspan="3">高效减水剂</td><td>萘系</td><td>0.3～1.5</td><td>早强、高强混凝土及流态混凝土</td><td rowspan="3">各种恶劣的环境下</td></tr>
<tr><td>水溶性树脂系</td><td>0.2～2.0
(推荐为 1.5)</td><td>高强、早强混凝土,蒸养混凝土,流态混凝土</td></tr>
<tr><td>聚羧酸系</td><td>0.5～2.0</td><td>预拌泵送混凝土、高强混凝土、大坍落度免振自流平混凝土</td></tr>
<tr><td rowspan="2">引气减水剂</td><td>松香树脂及衍生物</td><td>0.005～0.0015</td><td rowspan="2">大体积混凝土、防水混凝土、自然养护的预制混凝土、抗冻融混凝土、冬季施工用混凝土</td><td rowspan="2">一般冻融环境,盐冻环境,抗渗、防泌水</td></tr>
<tr><td>烷基磺酸钠</td><td>0.005～0.01</td></tr>
</table>

续上表

<table>
<tr><th colspan="2">减水剂种类</th><th>掺量(%)</th><th>混凝土种类</th><th>环境种类</th></tr>
<tr><td rowspan="4">缓凝减水剂</td><td>羟基羧酸及其盐类</td><td>0.03~0.10</td><td rowspan="4">大体积混凝土、夏季施工用混凝土、泵送或滑模混凝土、高温远距离输送的商品混凝土</td><td rowspan="4">热天施工、连续浇筑、降低水化热、泵送、滑模等特殊机械工艺</td></tr>
<tr><td>无机盐</td><td>0.10~0.25</td></tr>
<tr><td>高掺量木质素磺酸盐</td><td>0.3~0.5</td></tr>
<tr><td>糖类及碳水化合物</td><td>0.10~0.30</td></tr>
<tr><td rowspan="4">早强减水剂</td><td>氯盐</td><td>0.5~1.0</td><td rowspan="4">早强混凝土、蒸养混凝土、自然养护的预制混凝土、大模板施工用混凝土、冬季施工用混凝土</td><td rowspan="4">一般冻融环境的抢修工程、提高早期强度的工程</td></tr>
<tr><td>硫酸盐</td><td>0.5~1.5</td></tr>
<tr><td>木质素磺酸盐+硫酸盐</td><td>(0.05~0.25)+(1~2)</td></tr>
<tr><td>萘磺酸盐甲醛聚合物+硫酸盐</td><td>(0.3~0.75)+(1~2)</td></tr>
</table>

注:①对于冻融环境下可以考虑掺加复合减水剂——引气减水剂。

②对于同一种减水剂用于不同混凝土工程掺量也不同,例如,高效减水剂在蒸养混凝土中的掺量为0.3%~0.5%;普通混凝土中的掺量为0.5%;流态混凝土中的掺量为0.75%;高强混凝土掺量为1.0%。

③普通减水剂掺量为占胶凝材料的用量,引气减水剂、缓凝减水剂、早强减水剂的掺量为占水泥的用量。

条文说明

对于有抗冻要求的混凝土,必须掺入引气剂,其掺量应根据引气量的要求通过试验来确定。

在保持水胶比和单位用水量不变的情况下,可调整减水剂的掺量来满足坍落度和坍落度损失要求;对于有抗冻要求的混凝土,还应调整引气剂的掺量来控制引气量和含气量,从而保证混凝土强度要求。

5.6 配合比的试配与调整

5.6.1 混凝土配合比的试配

(1)混凝土试配前应检验混凝土碱含量和氯离子含量,检验计算方法见附录D,若不符合相关要求则应更换原材料。

(2)在混凝土配合比试配时,应采用工程中实际使用的原材料。混凝土的搅拌方法,宜与生产时使用的方法相同。

(3)在混凝土试配时,每盘混凝土的最小拌和量应不小于15L;当采用机械拌和时,其拌和量不宜小于拌和机额定拌和量的1/4。

条文说明

本手册第4章已经规定了原材料的碱含量和氯离子含量的限值,但考虑到如果原材料的碱含量和氯离子含量均取最大允许值,混凝土总体的碱含量和氯离子含量可能会超过要求,因此试配前必须检验混凝土的碱含量和氯离子含量,如果不合格,则应该选择碱含量和氯离子含量低的原材料品种重新进行配合比设计。

5.6.2 混凝土拌和阶段的配合比调整

(1)按计算的配合比进行试拌,根据坍落度、含气量、泌水、离析等情况判断混凝土拌和物的和易性和引气量,对初步确定的用水量、砂率、化学外加剂掺量等进行适当调整。用选定的水胶比和用水量,每次增减砂率1%~2%进行试拌,坍落度最大时的砂率即为最优砂率。用最优砂率试拌,调整化学外加剂掺量至混凝土拌和物满足和易性和引气量要求,提出进行混凝土性能试验用的初步配合比。

(2)在混凝土性能试验阶段至少应采用三个不同的配合比,其中一个为上一步中确定的基准配合比。当基准配合比的胶凝材料用量大于350kg/m^{3}时,保持单位用水量不变,水胶比依次增减,变化幅度应按下列规定确定:当基准水胶比在0.40以下时为0.03,基准水胶比在0.40以上时为0.05。当基准配合比的胶凝材料用量小于350kg/m^{3}时,保持水胶比和胶凝材料用量不变,矿物掺和料在胶凝材料中的掺量百分比依次增减,变化幅度为5%。对这三个配合比分别检验其抗裂性,并进行混凝土性能试验。

条文说明

本条规定混凝土性能试验三个不同的配合比的确定原则。以胶凝材料用量为依据,在基准配合比的基础上另两个配合比的确定有两种方法:调整水胶比法和调整矿物掺和料掺量百分比法。调整水胶比法是在保证单位用水量不变的情况下调整水胶比，其实质是调整胶凝材料用量。在基准配合比的胶凝材料用量大于350kg/m^{3}时可以调整胶凝材料用量，但是当基准配合比的胶凝材料用量小于350kg/m^{3}时就不宜再减少胶凝材料用量，因为如此低的胶凝材料用量已经很难保证混凝土的工作性。所以当基准配合比的胶凝材料用量小于350kg/m^{3}时采取调整矿物掺和料掺量百分比法，即在保持水胶比和胶凝材料用量不变的情况下调整矿物掺和料掺量百分比，以保证混凝土工作性。调整水胶比法中，水胶比的调整幅度应该根据基准水胶比的数值来确定。当基准水胶比为0.40以上时，其调整幅度按《普通混凝土配合比设计规程》(JGJ 55—2011)规定的0.05调整；但是当基准水胶比小于0.40时，水胶比调整幅度不能保持在0.05，否则其低水胶比值可能会到达不可操作区，本手册规定当基准水胶比小于0.40时水胶比调整幅度为0.03。

5.6.3 根据混凝土性能调整配合比

(1)进行混凝土强度试验时，每种配合比至少应制作一组(三块)试件，标准养护到28d时试压。需要时可同时制作几组试件，供快速检验或较早龄期试压，以便提前定出混凝土配合比供施工使用。但应以标准养护28d强度的检验结果为依据调整配合比。

(2)进行混凝土耐久性试验时，每种配合比至少应制作一组(三块)试件，标准养护到耐久性指标规定的龄期，按本手册3.3节规定的耐久性试验方法进行试验，并以此调整配合比。

(3)如果混凝土抗压强度不合格，则应降低水胶比重新设计配合比，降低幅度应根据试验得出的混凝土抗压强度与其相对应的胶水比关系通过作图法确定。如果混凝土抗压强度合格，耐久性指标不合格，则应该改变水胶比或矿物掺和料掺量比例来调整配合比或采取相应的附加措施。如果混凝土抗压强度和耐久性指标都合格，则应根据经济性原则选择配合比。

5.7 配合比的确定

5.7.1 经本手册5.6节确定配合比后，尚应按下列步骤进行校正：

(1)按确定的材料用量用下式计算每立方米混凝土拌和物的质量：

$$m_{c,c} = m_w + m_c + m_g + m_s + m_p \tag{5.7-1}$$

(2)按下式计算混凝土配合比校正系数δ：

$$\delta = \frac{m_{c,t}}{m_{c,c}} \tag{5.7-2}$$

式中：δ——配合比校正系数；

$m_{c,c}$——每立方米混凝土拌和物质量计算值(kg/m^3)；

$m_{c,t}$——每立方米混凝土拌和物质量实测值(kg/m^3)；

m_w——每立方米混凝土的用水量(kg/m^3)；

m_c——每立方米混凝土的水泥用量(kg/m^3)；

m_p——每立方米混凝土的矿物掺和料用量(kg/m^3)；

m_g——每立方米混凝土的粗集料用量(kg/m^3)；

m_s——每立方米混凝土的细集料用量(kg/m^3)。

(3)当混凝土表观密度实测值与计算值之差的绝对值不超过计算值的2%时，按本手册5.6节确定的配合比即为确定的设计配合比；当两者之差超过2%时，应将配合比中每项材料用量均乘以校正系数δ，即为确定的设计配合比。

5.7.2 根据本单位常用的材料，可设计出常用的混凝土配合比备用；在使用过程中，应根据原材料情况及混凝土质量检验的结果予以调整。但遇有下列情况之一时，应重新进行配合比设计：

(1)对混凝土性能指标有特殊要求时。

(2)水泥、外加剂或矿物掺和料品种、质量有显著变化时。

(3)该配合比的混凝土生产间断半年以上时。

6 耐久性混凝土质量控制指标及评定方法

6.1 混凝土拌和物

6.1.1 混凝土拌和物的各项质量指标应按下列规定检验:

(1)各种混凝土拌和物均应检验其稠度。

(2)掺引气型外加剂的混凝土拌和物应检验其含气量。

(3)根据需要应检验混凝土拌和物的水灰比、水泥含量及均匀性。

条文说明

混凝土拌和物稠度的变异,不仅反映各组成材料(特别是水和水泥)的实际用量与原设计配合比有无较大差异及搅拌质量等,而且影响运输、浇筑的质量及结构、构件质量,故规定各种混凝土拌和物均应检验其稠度。为提高混凝土的抗冻融性能或改善混凝土其他性能,在混凝土中掺入引气剂或引气型减水剂时,如果混凝土中含气量过高,将会降低混凝土强度,含气量过低又达不到预期效果,所以对这类混凝土拌和物还应检验其含气量。

水灰比、水泥含量及均匀性等指标与要求值偏差过大不仅对混凝土强度有影响,还会影响到混凝土的耐久性能,因此根据工程的重要性及所处环境等情况,需要时还应检验水灰比、水泥含量及均匀性等。

6.1.2 混凝土拌和物的稠度应以坍落度或维勃稠度表示,坍落度适用于塑性和流动性混凝土拌和物,维勃稠度适用于干硬性混凝土拌和物。其检测方法应按现行国家标准《普通混凝土拌和物性能试验方法标准》(GB/T

50080)的规定进行。

条文说明

1979年国际标准化协会正式颁发了国际标准《混凝土-按稠度分级》(ISO 4193),其中按坍落度值大小将混凝土拌和物划分为S_1、S_2、S_3、S_4四个级别,按维勃稠度大小划分为V_1,V_2,V_3,V_4四个级别。

本手册采用了国际标准的分级方法。为避免与抗渗级别所用符号相重,仅将用于表示坍落度级别的S符号改为T,并结合我国的习惯给出每一级别的名称,见表6.1-1、表6.1-2。其中,坍落度试验适用于集料最大粒径不大于40mm,坍落度值不小于10mm的混凝土拌和物;维勃稠度试验适用于骨料最大粒径不大于40mm,维勃稠度在5~30s之间的混凝土拌和物。

表6.1-1 混凝土按坍落度的分级

级别	名称	坍落度(mm)
T_1	低塑性混凝土	10~40
T_2	塑性混凝土	50~90
T_3	流动性混凝土	100~150
T_4	大流动性混凝土	≥160

注:坍落度检测结果,在分级评定时,其表达取舍至临近的10mm。

表6.1-2 混凝土按维勃稠度的分级

级别	名称	维勃稠度(s)
V_0	低塑性混凝土	≥31
V_1	塑性混凝土	30~21
V_2	流动性混凝土	20~11
V_3	大流动性混凝土	10~5

测定坍落度或维勃稠度的同时,还应观察评定拌和物的黏聚性和保水性,全面评定拌和物的和易性。

6.1.3 掺引气型外加剂混凝土的含气量应满足设计和施工工艺的要求。混凝土拌和物含气量的检测应按现行国家标准《普通混凝土拌和物性能试验方法标准》(GB/T 50080)的规定进行。检测结果与要求值的允许偏差范围应为±1.5%。

条文说明

对于引气混凝土必须用含气量测定仪检验混凝土来料的含气量，从到达现场的混凝土出料口取样，和经过泵送、浇筑与振捣后立即从现场构件的新浇混凝土中取样制作混凝土试样，硬化后用于测定气泡间距系数等数据，但后者最好能从硬化后的实际构件中取芯测定。

6.1.4 混凝土的最大水灰比和最小水泥用量应符合本手册相关规定。混凝土拌和物的水灰比和水泥含量的检测应按现行国家标准《普通混凝土拌和物性能试验方法标准》(GB/T 50080)的规定进行。实测的水灰比和水泥含量，应符合设计要求。

条文说明

在原材料质量、用量和施工条件确定的情况下，混凝土拌和物的实际水灰比的大小和水泥用量的多少，不仅是影响混凝土强度的主要因素，而且还会由于水灰比过大或水泥用量过少降低混凝土的耐久性。因此，对重要工程或处于恶劣环境中的结构用混凝土，宜检测其拌和物的水灰比和水泥含量，其允许偏差值应符合设计要求。

6.1.5 混凝土拌和物应拌和均匀，颜色一致，不得有离析和泌水现象。混凝土拌和物均匀性的检测方法应按现行国家标准《混凝土搅拌机》(GB/T 9142)进行。

条文说明

检查一盘中各个部位混凝土拌和物的均匀性主要是考查搅拌机是否能完成预定功能和搅拌时间控制是否恰当的指标。

混凝土拌和物的各组成材料必须拌和均匀，颜色一致，不得有露砂、漏石和离析泌水等现象，以保证混凝土拌和物具有良好的和易性。

检验一盘混凝土拌和物均匀性时，应于一盘混凝土的卸料过程中，在卸料流的1/4到1/3之间部分采取试样进行检测，其检测结果应符合下列规定：

(1)混凝土拌和物中砂浆密度两次检测结果的相对误差，不应大于0.8%；

(2)单位体积混凝土拌和物中粗集料含量两次侧值的相对误差不应大于5%。

6.2 混凝土强度

6.2.1 混凝土的试样应在混凝土浇筑地点随机采取。每拌制100盘,但不超过100m^3的同配合比混凝土,至少采取试样1次;每工作班拌制的同配合比的混凝土不足100盘时,也至少要采取试样1次。

6.2.2 每个试样的混凝土制作标准养护28d的试件至少1组。此外,还应根据为测定构件的出池、起吊、拆模、预应力钢筋张拉和放松、出厂强度等的需要制作试件,其组数由生产单位按实际需要确定。

6.2.3 用于混凝土强度合格评定的混凝土试件,应按现行国家标准《普通混凝土力学性能试验方法标准》(GB/T 50081)相关规定养护,用于控制混凝土结构或构件养护过程的混凝土试件,应与结构或构件在相同条件下养护。

6.2.4 普通混凝土强度的检测,应按现行国家标准《普通混凝土力学性能试验方法标准》(GB/T 50081)的规定进行。

6.2.5 混凝土强度,除应按现行国家标准《混凝土强度检验评定标准》(GB/T 50107)规定分批进行合格评定外,尚应对一个统计周期内的相同等级和龄期的混凝土强度进行统计分析,计算强度均值(m_{fcu})、标准差(σ)及强度不低于要求强度等级值的百分率(P),以确定企业的生产管理水平。m_{fcu}、σ和P的确定方法可参照现行国家标准《混凝土质量控制标准》(GB 50164)。

条文说明

混凝土强度的质量控制可按下列步骤进行:

1)确定混凝土强度的质量控制目标值

(1)混凝土28d强度和早龄期强度的目标值及相应的强度标准差目标

值，应根据正常生产中测试所得的混凝土强度资料，按月（或季）求得混凝土28d和早龄期强度平均值（28d强度平均值应略高于或等于混凝土配制强度）及其标准差，并从中选择最有代表性的数值作为目标值。

（2）强度不低于要求强度等级值的百分率的目标值，应根据本单位混凝土生产的质量水平确定，一般取值应大于85%。

2）选定与绘制混凝土强度质量管理图

（1）对混凝土强度的质量控制宜采用计量型的单值—极差管理图（X-R_n-R_m）和均值—极差管理图（$X-R$）。在进行统计控制的初级阶段或不易分批的情况下，宜采用单值—极差管理图；当质量开始稳定或可以分批时，可采用均值—极差管理图。

（2）选定管理图后，利用日常生产中积累的同类混凝土强度数据，计算其均值与标准差，求出管理图的各条控制线，绘制管理图，具体方法可以参见《混凝土及预制混凝土构件质量控制规程》（CECS 4092）。

（3）在生产中，应随时根据测试值在管理图上画点，根据图上点的分布状况取得混凝土强度（或其他质量参数）的质量信息，按管理图的判断规则确定生产是否处于控制状态。

（4）为及时提供混凝土生产过程中的质量信息，绘制质量管理图时，混凝土强度的质量指标可采用混凝土快速测定强度或混凝土其他早龄期强度（如出池强度等）。

为便于分析混凝土强度的变异原因，有条件时尚可绘制稠度管理图、水灰比管理图等。

3）分析影响混凝土强度变异的因素

当在管理图上发现异常情况时，应对影响混凝土强度的因素进行分析，可绘制因果分析图。据此确定影响混凝土强度异常的主要因素。

4）确定解决主要问题的对策

针对影响混凝土强度的因素分析和要解决的主要问题，应编制对策表，并检查主要问题的解决情况。

对上述控制内容的执行结果，应定期进行分析和总结。其统计分析期（或称升级循环期）对预制混凝土构件厂和预制混凝土厂可取1个月，对其他类型的建筑企业可根据具体情况确定。分析执行统计管理的效果、存在的主要问题及其原因，确定下个循环的主攻方向和提出下一个循环质量指标的目标值。

6.3 混凝土耐久性

6.3.1 混凝土密实性

(1)从浇筑现场的混凝土拌和料中取样,测定氯离子渗透性的电通量指标或扩散系数。对氯盐环境下的重要桥梁工程,应从到达现场的混凝土取样制作试件。

(2)混凝土的密实性能应符合本手册3.3.1条规定,根据实际情况选择氯离子渗透方法(附录A)或压力水渗透方法测试。

(3)混凝土拌和物中的氯化物总含量(以氯离子含量计)应符合下列规定:

①对素混凝土,不得超过水泥质量的2%。

②对处于干燥环境或有防潮措施的钢筋混凝土,不得超过水泥质量的1%。

③对处在潮湿而不含有氯离子环境中的钢筋混凝土,不得超过水泥质量的0.3%。

④对在潮湿并含有氯离子环境中的钢筋混凝土,不得超过水泥质量的0.1%。

⑤预应力混凝土及处于易腐蚀环境中的钢筋混凝土,不得超过水泥质量的0.06%。

⑥对重要桥梁等基础设施,各种环境下钢筋混凝土的氯离子含量均不超过0.08%。

条文说明

混凝土工程完成后,可以通过测定构件表面混凝土的抗压强度来间接推定混凝土的密实性。测定宜在28d左右的龄期进行,要求测得的强度平均值不低于预先规定的数值,后者应在试验室内通过对比试验确定。

在混凝土中掺用氯盐对促进混凝土早期抗压强度的增长效果显著,且氯盐价格便宜,使用方便,所以很久以来就在混凝土施工,特别是冬季施工中广泛应用;但氯盐又会导致钢筋锈蚀,因此各国的规范、标准中,对氯盐的规定是既允许掺用又对其掺量作了限制。

混凝土中的氯离子含量,可对所有原材料的氯离子含量进行实测,然后加在一起确定;也可以从新拌混凝土和硬化混凝土中取样化验求得。氯离子能与混凝土胶凝材料中的某些成分结合,所以从混凝土中取样测得的水溶氯离子量要低于测自原材料中的数值。为偏于安全,对重要工程也可用酸溶值控制。

6.3.2 混凝土抗化学腐蚀性

(1)从浇筑现场的混凝土拌和料中取样,测定试样中硫酸钠含量,测定方法参照附录 B3 相关规定。

(2)混凝土单位体积碱含量(水溶碱,等效 Na_2O 当量)应满足以下要求:

①对集料无活性且处于干燥环境条件下的混凝土构件,含碱量不应超过 3.5kg/m^3,对于设计使用年限为 100 年的结构物,宜限制混凝土的含碱量不超过 3kg/m^3。

②对于集料无活性但处于潮湿环境(相对湿度≥75%)条件下的混凝土构件,含碱量不超过 3kg/m^3。

③对于集料有活性且处于潮湿环境(相对湿度≥75%)条件下的混凝土构件,应严格控制混凝土含碱量并掺加矿物掺和料。

(3)单位体积混凝土中三氧化硫(SO_3)的最大含量应不超过胶凝材料总量的 4%。

条文说明

矿物掺和料带入混凝土中的碱可按水溶性碱的含量计入,当无检测条件时,对粉煤灰,可取其总碱量的 1/6,磨细矿渣取 1/2。对于使用潜在活性集料并常年处于潮湿环境条件的混凝土构件,可参考加拿大标准 CSAC23.2-27A 针对不同使用年限构件提出的具体要求,包括硅酸盐水泥的最大含碱量、矿物掺和料的最低用量以及粉煤灰掺和料中的 CaO 最大含量。

6.3.3 混凝土抗物理腐蚀性

(1)根据需要测定混凝土的抗冻等级,从现场经过泵送、浇筑和振捣后的新拌混凝土中取样制作试件。混凝土的抗冻性试验应按本手册附录 B2

相关规定进行。实测的混凝土抗冻性指标,不应低于设计要求。

(2)从浇筑现场的混凝土拌和料中取样,参照本手册附录B1相关规定,对混凝土试样的抗碳化性能作出检验。

6.3.4 混凝土抗裂性

(1)设计混凝土配合比后,在混凝土试配期间,应同时参照本手册3.3.3条相关规定,测试设计配合比的抗开裂性能。

(2)为防止混凝土开裂,要求浇筑温度≤30℃,热天可放宽至35℃;混凝土内部的最高温升≤65℃,混凝土内部与表面(或环境)温差≤20℃,混凝土表面与养护水的温差≤15℃。施工过程要进行测温监控。

(3)减少混凝土表面水的蒸发速度。尤其是夏季高温,多风天气中,注意减少或避免混凝土表面的阳光直射,降低混凝土表面的风速等。

条文说明

硅酸盐水泥水化后除生成水化硅酸钙(C-S-H)和氢氧化钙(CH)以外,每千克水泥还要释放500kJ的热量,热量导致混凝土温度升高。在一段时间内至少在验收以前混凝土结构大都存在两个温差:一个是混凝土结构本身内部与表面的温差;一个是混凝土与环境的温差。温差是导致温度应力的根源,温差越大温度拉应力越大,一旦超过混凝土那一时刻的极限拉应力混凝土就开裂了。这种由于温度升降引起的收缩称之为温度收缩。在满足设计要求的同时,尽可能地降低其早期水化热,避免结构出现温度裂缝。

(4)在初凝以后,如果在混凝土表面洒水而水泥浆不流失,则可尽早洒水养护,有条件的情况下可覆盖土工布、草帘等进行保湿养护。

(5)充分合理利用控制缝、后浇带、滑动层、构造配筋等结构手段和措施控制开裂。

条文说明

由于塑性收缩裂缝在混凝土初凝前后都有出现的可能,养护前应注意及时进行表面收光。并应在初凝到终凝这段时间内留意观察表面状况,如果必要再进行一次或一次以上的收光。特别是当由于环境、经济等因素的限制,不能采取措施避免混凝土表面的阳光直射、降低风速以及减少配合比中的粉煤灰用量，或者由于技术上的要求需要使用缓凝剂并掺加粉煤灰以延长混凝土的凝结时间时，更需要多次收光。

(6)现行国家标准《混凝土结构设计规范》(GB 50010)对混凝土荷载作用下的裂缝控制做出了明确的规定。通常，严格执行设计、施工和验收规范，正常荷载作用下，混凝土结构裂缝宽度不应超过规范限值。

附录A　混凝土密实度等级与测定方法

A.1　混凝土电通量快速测试方法

A.1.1　适用范围

(1)本试验方法以电通量指标来快速测定混凝土的抗氯离子渗透性。适用于检验混凝土原材料和配合比对混凝土抗氯离子渗透性的影响。

(2)本试验方法适用于直径为(95±2)mm,厚度为(51±3)mm的素混凝土芯样。

(3)本试验方法不适用于掺亚硝酸钙的混凝土。掺其他外加剂或表面处理过的混凝土,当有疑问时,应进行氯化物溶液的长期浸渍试验。

A.1.2　试验基本原理

在直流电压作用下,氯离子能通过混凝土试件向正极方向移动,以测量流过混凝土的电荷量反映渗透混凝土的氯离子量。

A.1.3　试验设备及材料

1)仪器设备应满足下列要求:

(1)直流稳压电源,可输出60V直流电压,精度±0.1V;

(2)带有注液孔的塑料或有机玻璃试验槽;

(3)20目铜网;

(4)数字式直流表,量程20A,精度±1.0%;

(5)真空泵,真空度可达133Pa以下;

(6)真空干燥器,内径不小于250mm。

2)试验应采用下列材料:

(1)分析纯试剂配制的3.0%氯化钠溶液;

(2)用纯试剂配制的0.3mol/L氢氧化钠溶液;

(3)硅橡胶或树脂密封材料。

A.1.4 试验步骤

(1)制作直径为95mm,厚度为51mm的混凝土试件,在标准条件下养护28d或90d,试验时以三块试件为一组。

(2)将试件暴露于空气中至表面干燥,以硅橡胶或树脂密封材料涂于试件侧面,必要时填补涂层中的孔道以保证试件侧面完全密封。

(3)测试前应进行真空饱水。将试件放入1000mL烧杯中,然后一起放入真空干燥器中,启动真空泵,数分钟内真空度达133Pa以下,保持真空3h后,维持这一真空度注入足够的蒸馏水,直至淹没试件,试件浸泡1h后恢复常压,再继续浸泡(18±2)h。

(4)从水中取出试件,抹掉多余水分,将试件安装于试验槽内,用橡胶密封环或其他密封胶密封,并用螺杆将两试验槽和试件夹紧,以确保不会渗漏,然后将试验装置放在20~23℃的流动冷水槽中,其水面宜低于装置顶面5mm,试验应在20~25℃的恒温室内进行。

(5)将浓度为3.0%的氯化钠和0.3mol/L的氢氧化钠溶液分别注入试件两侧的试验槽中,注入氯化钠溶液的试验槽内的铜网连接电源负极,注入氢氧化钠溶液的试验槽中的铜网连接电源正极。

(6)接通电源,对上述两铜网施加60V直流恒电压,并记录电流初始读数I_0,通电并保持试验槽中充满溶液。开始时每隔5min记录一次电流值,当电流值变化不大时,每隔10min记录一次电流值,当电流变化很小时,每隔30min记录一次电流值,直至通电6h。

A.1.5 试验结果计算

(1)绘制电流与时间的关系图。将各点数据以光滑曲线连接起来,对曲线作面积积分,或按梯形法进行面积积分,即可得到试验6h通过的电量。当试件直径不等于95mm时,则所得电量应按截面面积比的关系换算成直径为95mm的标准值。

(2)取同组3个试件通过电量的平均值,作为该组试件的电通量来评定混凝土抗氯离子渗透性。

A.2　混凝土氯离子扩散系数快速测试方法(RCM法)

按照德国Aachen工业大学建筑材料研究所(ibac)采用的氯离子电迁移快速试验方法,测定混凝土中氯离子非稳态快速迁移的扩散系数。

A.2.1　试验目的

定量评价混凝土抵抗氯离子扩散的能力,为氯离子侵蚀环境中的混凝土结构耐久性设计与施工以及使用寿命的评估与预测提供基本参数。

A.2.2　使用范围

本试验方法适用于试验室制作的集料最大粒径不大于25mm(一般不宜大于20mm)或者从实体结构取芯获得的混凝土试件,试验数据可以用于氯离子侵蚀环境耐久混凝土的配合比设计和混凝土质量检验的评定依据,也可按DuraCrete提出的方法用于结构使用寿命的评估。

A.2.3　试验设备和化学试剂

(1)RCM测定仪(图A.2-1)。

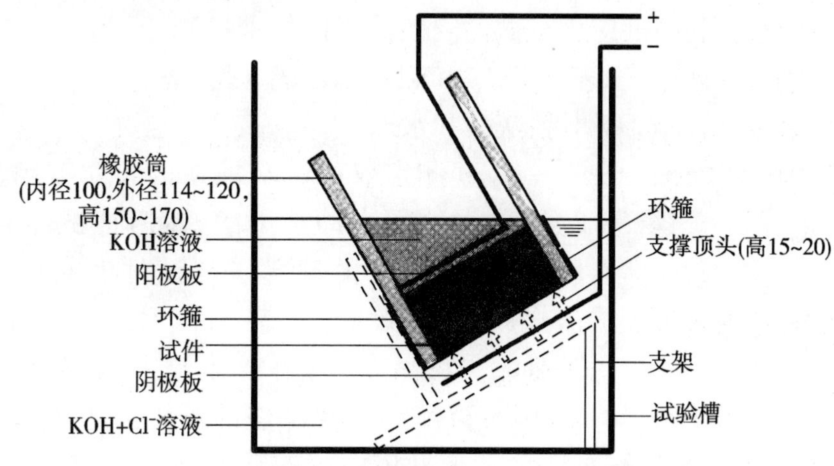

图A.2-1　RCM测定仪示意图(表中尺寸单位:mm)

(2)含5% NaCl的0.2mol/L KOH溶液;0.2mol/L KOH溶液。

(3)显色指示剂;0.1mol/L $AgNO_3$ 溶液。

(4)水砂纸(200~600#);细锉刀;游标卡尺(精度0.1mm)。

(5)超声浴箱;电吹风(2000W);万用表;温度计(精度0.2℃)。

(6)扭矩扳手(20~100N·m,测量误差±5%)。

A.2.4 实验步骤

1)试件准备

试件标准尺寸为直径 $\phi=(100\pm1)$mm,高度 $h=(50\pm2)$mm。试件加工时至少切除混凝土表层20mm。

试件在试验室制作时,一般可使用 ϕ100mm×300mm或150mm×150mm×150mm试模,制作后立即用塑料薄膜覆盖并移至标准养护室,24h后拆模并浸没于标准养护室的水池中。试验前7d加工成标准尺寸的试件,并用水砂纸(200~600号)、细锉刀打磨光滑,然后继续浸没于水中养护至试验龄期。

试件在实体混凝土结构中钻取时,应先切割成标准试件尺寸,再在标准养护室水池中浸泡4d,然后才可以进行试验。

2)试验准备

试验室温度控制在(20±5)℃。试件安装前需进行15min超声浴,超声浴槽事先需用室温饮用水冲洗干净。

试件的直径和高度应该在试件安装前用游标卡尺测量(精度0.1mm),并填入显色深度计算表(表A.2-1)和试验原始记录表(表A.2-2)。安装前的试件表面应该干净,无油污、灰砂和水珠。

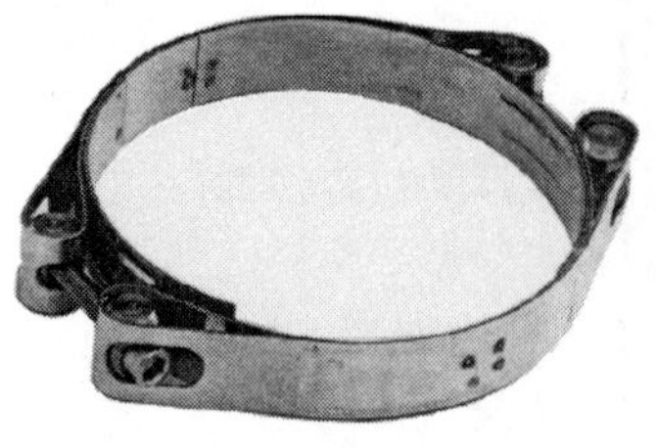

图A.2-2 不锈钢环箍

RCM测定仪的试验槽在试验前需用(40±2)℃的温饮用水冲洗干净,然后把试件装入橡胶筒内,置于筒的底部。与试件齐高(50mm)的橡胶筒外侧处,安装两个环箍(每个箍高25mm,见图A.2-2)并拧紧箍上的螺丝至扭矩达30~35N·m,使试件的侧面处于密封状态。若试件的柱状曲面具有可能会造成液体渗漏的缺陷,则要用密封剂保持其密封性。

表 A.2-1　显色深度计算表

试件编号	直径（mm）	高度（mm）	显色深度（mm）												
			1	2	3	4	5	6	7	8	9	10	11	12	平均值
1															
2															
3															
4															
5															
6															
7															
8															
9															

表 A.2-2　RCM 试验原始记录

编号	试件制作时间	龄期	试验日期	试验时间	超声浴时间	无载电压	电压	电流	初始 KOH 溶液		初始 KOH + Cl^- 溶液		试验持续时间		试件高度 h	显色深度 x_d	最终 KOH 溶液温度
—	—	D	—	—	min	V		mA	℃	mL	℃	mL	h	min	m		℃

3）电迁移试验过程

在无负荷状态下，将 40V/5A 的直流电源调到（30 ±2）V，然后关闭电源。

把装有试件的橡胶筒安装到试验槽中，安装好阳极板，然后在橡胶筒中注入约300mL 的0.2mol/L 的 KOH 溶液，使阳极板和试件表面均浸没于溶液中。

在试验槽中注入含5% NaCl 的0.2mol/L 的 KOH 溶液，直至与橡胶筒中的 KOH 溶液的页面齐平。按图 A.2-3 连接电源、分配器和试验槽，阳极连至橡胶筒中的阳极板，阴极连至试验槽的电解液中阴极板。

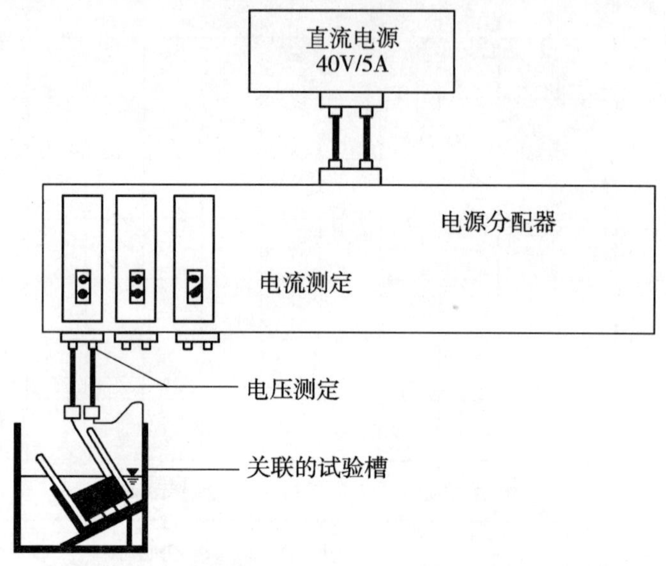

图 A.2-3　RCM 设备接线图

打开电源，记录时间，立即同步测定并联电压、串联电流和电解液初始温度。测量电压时，万用表调到200V 档，让电压偏离(30 ± 1)V，则断开连接，重调电源无荷电压；测量电流时，万用表调到200mA 档；溶液的温度测定应精确到0.2℃。

试验时间按测得的初始电流确定(表 A.2-3)。试验数据填入试验原始记录表(表 A.2-2)。

表 A.2-3　初始电流与试验时间的关系

初始电流 I_0 (mA)	应选定的通电试验时间 (h)	初始电流 I_0 (mA)	应选定的通电试验时间 (h)
$I_0 < 5$	168	$30 < I_0 < 60$	24
$5 < I_0 < 10$	96	$60 < I_0 < 120$	8
$10 < I_0 < 30$	48	$120 < I_0$	4

实验结束时，先关闭电源，测定阳极电解液最终温度，断开连接，取出装有试件的橡胶筒，倒出 KOH 溶液，松开环箍螺丝，然后从上向下移出试件。

4）氯离子扩散深度测定

试件从橡胶筒移出后，立即在压力试验机上劈成两半。在劈开的试件表面喷涂显色指示剂。混凝土表面一般变黄（实际颜色与混凝土颜色相关），其中含氯离子部分明显较亮，表面稍干后喷 0.1mol/L 的 $AgNO_3$ 溶液，然后将试件置于采光良好的实验室中，含氯离子部分不久即变成紫罗兰色（颜色可随混凝土掺和料的不同略有变化），不含氯离子部分一般显灰色。若直接在劈开的试件表面喷涂 0.1mol/L 的 $AgNO_3$ 溶液，则可在约 15min 后观察到白色硝酸银沉淀。

测量显色分界线离底面的距离，将图 A.2-4 所示分界线位置的测定值（精确到 mm）填入表 A.2-1，计算所得的平均值即为显色深度。

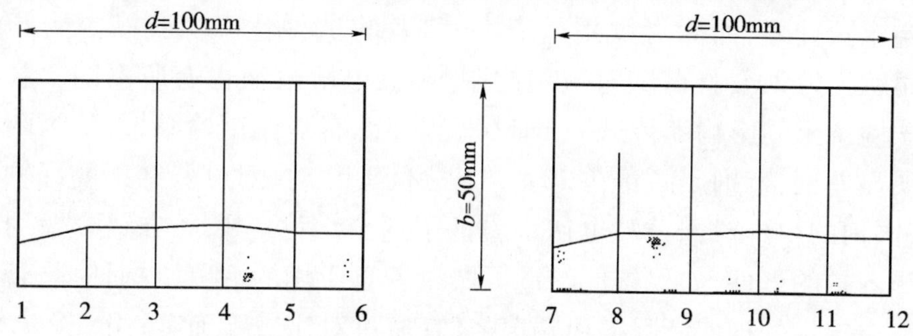

图 A.2-4　显色分界线位置编号

试验后排出试验溶液，结垢或沉淀物用黄铜刷清除，试验槽和橡胶筒仔细用饮用水和洗涤剂冲洗 60s，最后用蒸馏水洗净并用电吹风（用冷风档）吹干。

A.2.5　试验结果计算

混凝土氯离子扩散系数按式（A.2-1）、式（A.2-2）计算（中间运算精确到四位有效数字，最后结果保留三位有效数字）：

$$D_{\mathrm{RCM},0} = 2.872 \times 10^{-6} \frac{Th(x_{\mathrm{d}} - \alpha\sqrt{x_{\mathrm{d}}})}{t} \qquad (\mathrm{A.2\text{-}1})$$

$$\alpha = 3.338 \times 10^{-3}\sqrt{Th} \qquad (\mathrm{A.2\text{-}2})$$

式中：$D_{\mathrm{RCM},0}$——RCM 法测定的混凝土氯离子扩散系数（m^2/s）；

T——阳极电解液初始和最终温度的平均值（K）；

h——试件高度(m);

x_d——氯离子扩散深度(m);

t——通电试验时间(s);

α——辅助变量。

混凝土氯离子扩散系数为3个试验的算术平均值。若任一个测值与中值的差值超过中值的15%,则取中值为测定值;若有两个测值与中值的差值都超过中值的15%,则该组试验结果无效。

A.2.6 说明

氯离子扩散系数快速测定的RCM方法最早由唐路平提出(CTH法),后被定为北欧标准(NT Buid 492)。德国ibac-test采用的RCM法也是以此为依据,但在某些细节上有差别,如前者的试件在试验前要用饱和石灰水做真空饱水预处理,而后者则用超声浴;前者的试件置于实验槽内的倾角为32°,而后者为20°,且试验时采用的阴、阳极电解溶液也有所不同。这些差异对试验结果的影响尚待进一步研究,国外已有对比试验结果,认为两种方法无明显差别,特别当倾角在20°~32°之间变化时,对试验结果的影响可以忽略,国内的少许对比试验也初步验证了这个结论。RCM方法一般用于试验室湿养护的试件,如果试件经过干燥或者自干燥的混凝土构件,是否必须先作真空饱水处理或者只需用超声浴,宜通过对比试验确实。ibac-test为欧盟资助的有关混凝土结构耐久性的联合研究项目DuraCrete所采用,作为一种快速测定氯离子扩散系数的标准试验方法,并已被采纳为瑞士标准SIA262/1。

附录B 混凝土抗蚀性等级与测定方法

B.1 混凝土碳化试验

见《水运工程混凝土试验规程》(JTJ 270—98)P190 ~ P192。

B.2 混凝土抗冻性试验

见《水运工程混凝土试验规程》(JTJ 270—98)P172 ~ P174。

B.3 水泥和混凝土抗硫酸盐腐蚀检测方法

B.3.1 试验目的

(1)检验水泥和胶凝材料抗硫酸盐腐蚀性能,评价其抗硫酸盐腐蚀性能是否合格。

(2)根据选用的胶凝材料配制混凝土,确定相应的水灰(胶)比,确保混凝土具有所需的抗硫酸盐腐蚀性能。

B.3.2 试验方法

(1)检测水泥和胶凝材料抗硫酸盐腐蚀性能采用砂浆棒法。

(2)试件尺寸和制作。

砂浆棒试件尺寸 25mm × 25mm × 285mm。砂浆棒制作时,使用 0.25 ~ 0.5mm 的细砂、水胶比 0.485、胶砂比 1:2.5,在胶砂搅拌机中拌和均匀后,放入两端安放好测头的 25mm × 25mm × 285mm 的三联试模中，然后振捣成型。共制作测长试件 6 条，同时还制作 70.7mm × 70.7mm × 70.7mm 试件 9 块。

(3)试件养护。

将成型好的测长试件和立方体试件放入(35 ±3)℃的养护箱，养护 24 h 后脱模，然后将试件放入饱和的 $Ca(OH)_2$ 溶液中养护，3d 后将 70.7mm × 70.7mm × 70.7mm 的立方体试件进行抗压试验，强度达到 20MPa 后，将 3 条 25mm × 25mm × 285mm 的测长试件和 3 块 70.7mm × 70.7mm × 70.7mm 的立方体试件放入 5% Na_2SO_4 溶液中浸泡，剩余试件均放入水中养护。Na_2SO_4 溶液和水的温度均为(23 ±2)℃。

(4)测长。

测长试件浸入 5% Na_2SO_4 溶液前，测定初始长度。浸入 5% Na_2SO_4 溶液后，前四周，每隔一周测长一次，15 周时测定和计算试件的膨胀率。

B.3.3 抗硫酸盐腐蚀性能的评估

浸泡在 5% Na_2SO_4 溶液中 15 周时，若 6 条试件膨胀率的平均值小于 0.4%，则该种砂浆试件的水泥或胶凝材料的抗硫酸盐腐蚀性能合格。

15 周时，水中和硫酸钠溶液中浸渍的立方体试件，两者的抗压强度比应大于 1.0，可作为参考指标。

B.3.4 混凝土的抗硫酸盐腐蚀

(1)可按 B.3.3 条选择的水泥或胶凝材料配制抗硫酸盐混凝土。

(2)抗硫酸盐腐蚀混凝土的最大水灰(胶)比应符合表 B.3-1 的规定。

表 B.3-1 抗硫酸盐腐蚀混凝土的最大水灰(胶)比

劣化环境	最大水灰(胶)比
水中或土中 SO_4^{2-} 含量大于 0.2% 的环境	0.45
除环境中含有 SO_4^{2-} 外，混凝土还采用含有 SO_4^{2-} 的化学外加剂	0.40

B.4 碱—集料反应活性测试方法

1)碎石或卵石的碱活性试验(快速法)

见《普通混凝土用砂、石质量及检验方法标准》(JGJ 52—2006)P76 ~ P79。

2)集料碱—碳酸盐反应活性试验方法(混凝土柱法)

见《普通混凝土用砂、石质量及检验方法标准》(JGJ 52—2006)P82 ~ P83。

3)矿物掺和料及外加剂抑制碱—集料反应有效性试验方法

(1)范围

本方法适用于评定矿物掺和料和外加剂抑制混凝土碱—硅酸反应的有效性。

(2)原理

将具有碱—硅酸反应活性的集料与硅酸盐水泥、工程实际使用的矿物掺和料或外加剂制成砂浆试件,在 80℃、1mol/L NaOH 溶液中养护,若砂浆试件 28d 龄期时的线性膨胀率不大于 0.10%,则将矿物掺和料及外加剂抑制混凝土的碱—硅酸反应评定为有效。

(3)主要试验设备及材料

①比长仪:量程 275 ~ 300mm,精度 0.01mm。

②恒温水浴或烘箱:温度为(80 ± 2)℃。

③硅酸盐水泥:42.5 级 P·I 型硅酸盐水泥,碱含量不大于 0.84%。当水泥的碱含量小于 0.80% 时,应通过外加 NaOH(分析纯)的方式使水泥的碱含量达到 0.80%。

(4)实验室温度和湿度

实验室温度为(20 ± 2)℃(特别说明的除外),相对湿度大于 50%。

(5)试验步骤

①集料的制备。粗集料应全部破碎至 5mm 以下,细集料应将大于 5mm 的部分破碎至 5mm 以下,将集料筛分后分级洗净烘干后备用。

②称料。将置于(20 ± 2)℃环境中存放 24h 后的原材料按集灰比为 2.25∶1 的比例进行称料(一组三个试件应称取骨料 900g,水泥、矿物掺和料和外加剂共计 400g),其中矿物掺和料与外加剂的用量应参照工程配合比进行计算,集料的各级配用量应按照表 B.4-1 进行称取,用水量应以 10 次/6s 时砂浆流动度为105 ~ 120mm 进行控制。

表 B.4-1　集料级配表

筛孔尺寸(mm)	5.0~2.5	2.5~1.25	1.25~0.63	0.63~0.315	0.315~0.16
分级含量(%)	10	25	25	25	15
分级质量(g)	90	225	225	225	135

③搅拌。按现行国家标准《水泥胶砂强度检验方法(ISO 法)》(GB/T 17671)规定的程序搅拌砂浆。

④成型。将砂浆分两层装入试模内。试模装入砂浆后先用小刀来回划匀胶砂(装入第二层砂浆时,划入深度应透过第一层砂浆的表面),然后用捣棒在试模内顺序往返各捣压 20 次。捣压完毕,将试件表面抹平、编号并标明测定方向。

每组试件按上述方法制作 3 条试件。

当工程中仅是粗集料具有碱—硅酸反应活性时,只取粗集料按上述要求成型一组试件:当工程中仅是细集料具有碱—硅酸反应活性时,只取细集料按上述要求成型一组试件;当工程用粗、细集料均具有碱—硅酸反应活性时,应分别取粗、细集料按上述要求成型二组试件。

⑤拆模。试件成型后应放入标准养护室内养护(24±2)h。取出试模并小心将试件脱模。

⑥预养护。拆模后的试件应迅速放入 80℃的水溶液中预养(24±2)h。

⑦养护与测长。将经过预养护的试件进行初长测试后迅速放入 80℃、1mol/L 的 NaOH 养护液中进行养护(养护容器中试件养护液的体积与试件的体积比应为 4:1)。分别在 3d、7d、14d、21d、28d 龄期时测量试件的长度。试件长度的测量时间(从养护液中取出起计)应控制在 15s 以内。每次测量时,应仔细观察试件表面的变化情况,包括变形、裂缝、表面沉积物或渗出物等。

(6)结果计算与处理

①试件线性膨胀率按式(B.4-1)计算:

$$\Sigma_t = \frac{L_t - L_0}{L_0 - 2\Delta} \times 100 \qquad (B.4\text{-}1)$$

式中:Σ_t——试件在第 t 天龄期时的线性膨胀率(%),精确至 0.01%;

L_t——试件在第 t 天龄期时的长度(mm);

L_0——试件的初长(mm);

Δ——测头的长度(mm)。

②当单个试件的线性膨胀率与同组 3 个试件长度膨胀率的算术平均值之差符合下述两种情况之一的要求时,取 3 个试件线性膨胀率的算术平均值作为试件线性膨胀率。

a. 当平均值小于或等于 0.05% 时,单个试件线性膨胀率与平均值之差的绝对值均小于 0.01%;

b. 当平均值大于 0.05% 时,单个试件线性膨胀率与平均值之差均小于平均值的 20%。

③当单个试件的线性膨胀率与 3 个试件线性膨胀率的算术平均值之差不符合上述要求时,去掉 3 个试件线性膨胀率的最小值,取剩余 2 个试件线性膨胀率的算术平均值作为该组试件的线性膨胀率。

(7)结果评定

当工程中仅是粗集料具有碱—硅酸反应活性时,若取粗集料按本方法试验的 28d 龄期试件线性膨胀率小于 0.10%,则将矿物掺和料或外加剂抑制混凝土碱—硅酸反应评定为有效。

当工程中仅是细集料具有碱—硅酸反应活性时,若取细集料按本方法试验的 28 龄期试件线性膨胀率小于 0.10%,则将矿物掺和料或外加剂抑制混凝土碱—硅酸反应评定为有效。

当工程中粗、细集料均具有碱—硅酸反应活性时,若分别取粗、细集料按本方法试验的 28d 龄期试件线性膨胀率均小于 0.10%,则将矿物掺和料或外加剂抑制混凝土碱—硅酸反应评定为有效。

B.5　混凝土抗含砂水冲刷试验(圆环法)

见《水工混凝土试验规程》(DL/T 5150—2001)P172 ~ P173。

B.6　混凝土抗酸雨试验方法

B.6.1　范围

本方法适用于评定混凝土的抗酸雨性能。

B.6.2 试件尺寸

待测混凝土试块 3 组,试件尺寸要求为 100 mm×100 mm×100 mm。

B.6.3 试验的方法和仪器

为了较好的模拟酸雨对混凝土的腐蚀,本试验采用周期浸泡法。将试件浸泡于模拟酸雨溶液中,4d 后再取出,让其自然干燥 1d,然后再浸泡 4d,干燥 1d,这样交替进行。5d 为一个循环,根据试验的具体情况,进行若干个循环。模拟酸雨溶液的 pH 值每天用酸度计进行测量,然后再用浓硝酸调节到试验所设计的 pH 值。

每两个循环进行一次试验,测量酸化深度。

B.6.4 模拟酸雨的溶液配制

根据西南地区的气象资料表明,酸雨的平均 pH 值在 4 左右,发生频率在 90% 左右,以湖南长沙为例,其酸雨最低的 pH 值为 3.43,发生频率最高值为97.3%。降水中 SO_4^{2-} 是阴离子的主要成分,占被测阴离子总量的 88%,是影响降水酸度的主导因子,西南其他地区的情况也和长沙相类似,本试验正是在这个基础上配制溶液的,溶液的中 SO_4^{2-} 浓度用硫酸铵来调节,pH 值用硝酸来调节。

B.6.5 数据的采集方法

酸化深度用酚酞试剂确定,将酚酞试剂滴在混凝土上,等待一分钟,不变红即是酸化的混凝土。试验数据均采用三个平行试件进行,取三次测试的平均值。

附录 C　混凝土抗裂性能测试及评价方法

C.1　水泥抗裂性能试验(圆环法)

C.1.1　适用范围

本方法适用于测试净水泥、水泥与掺和料组成的复合胶凝材料以及掺加外加剂的水硬性胶凝材料浆体的抗裂性能试验。

C.1.2　抗裂模具

本方法所用抗裂试模的主要部件包括底座、侧模、芯模和上盖(图 C.1-1)。芯模用钢制成,芯模的顶面有凹槽,其他部件用有机玻璃制成。抗裂试模成型的试件的外径为(140 ±1)mm,内径为(90 ±1)mm,高为(25 ±1)mm。

C.1.3　试验方法

(1)水泥抗裂性能试验步骤按以下步骤进行:

①每组至少浇筑三个试件,每个试件的水泥用量为 500g,用水量为 150mL。为减少试验结果的离散性,三个试件所用浆料采用水泥胶砂搅拌机进行一次搅拌,搅拌好的浆料按下述方法成型。

②打开抗裂试模的上盖,将制成的水泥净浆用刮刀分层刮入抗裂试模内,不得带入空气,直至与上口平齐并刮平。

③将上盖盖上并用螺栓拧紧,固定在跳桌上跳 30 次。

④打开上盖,补充水泥净浆并刮平上口。用滴管在芯模的凹槽内滴入

2/3 槽深的水,盖上上盖并用螺栓拧紧。试模搬动时应保持平稳,以防凹槽内水溢入试件中。

⑤将成型好的抗裂试模立即放入温度为(20 ±2)℃、湿度 >90% 的环境中养护(24 ±0.5)h 后脱去上盖和侧模。同批试验的全部试件的成型时间相差不得超过 1h。

⑥脱模后的抗裂试件立即放入温度为(20 ±2)℃、相对湿度(60 ±5)%的环境中,并在试件顶面涂上硅胶进行密封处理。用应变仪或放大镜观察和记录试件环立面第一条裂缝出现的时间,并计算试件从脱模后放入此环境时到裂缝产生的间隔时间。同批试验的全部试件放入此环境的间隔时间不得超过 0.5h。

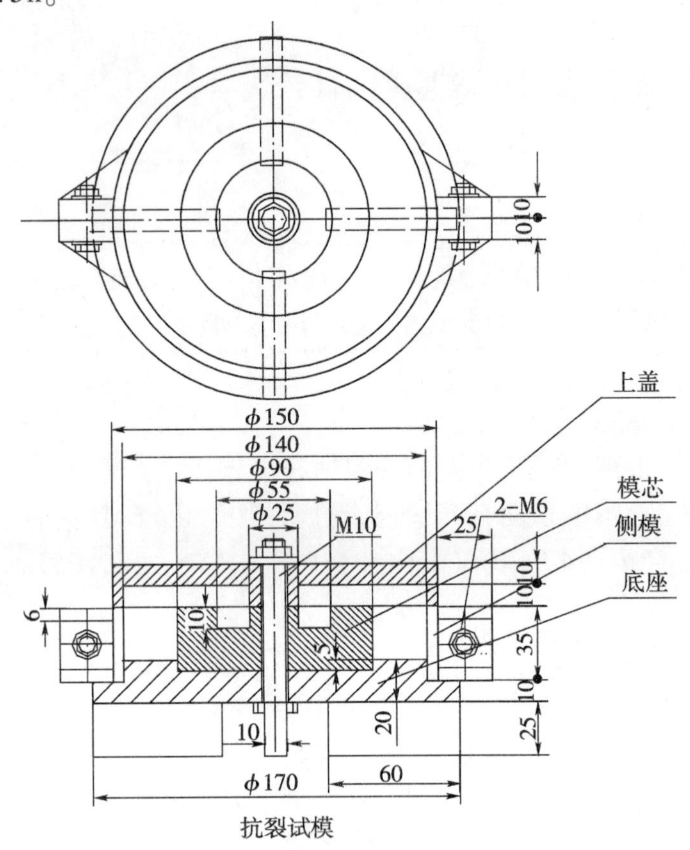

图 C.1-1　水泥抗裂试模(图中所用尺寸单位:mm)

(2)外加剂抗裂性能试验,是检查掺入外加剂后水泥抗裂性能的变化,其步骤与上述基本相同。性能相近的外加剂才能作为同一批选用。单个试件水泥用量为 500g,用水量为 140mL(包括液体外加剂中的水),外加剂掺量为生产厂家推荐掺量的中值，也可在推荐范围内适当调整，使得同一批试验的外加剂水泥净浆流动度的最大值与最小值之差不大于40mm。成型时，不需在跳桌上跳动；按水泥抗裂性能试验中介绍的方法计算裂缝产生的间隔时间。

(3)掺和料抗裂性能试验步骤与水泥抗裂性能试验基本相同，只是把部分水泥替换成被检的掺和料，单个试件水泥和掺和料的总量为500g，用水量为150mL，按水泥抗裂性能试验中介绍的方法计算裂缝产生的间隔时间。

C.1.4　抗裂性能的评价方法

以三个试件测值的算术平均值作为该组试件裂缝产生的间隔时间(精确到0.1h)。如果三个测值中的最大值或最小值中有一个与中间值的差值超过中间值的20%，则把最大及最小值一并舍除，取中间值作为该组试件裂缝产生的间隔时间；如有两个测值与中间值的差均超过中间值的20%，则该组试件的试验结果无效。

同批实验中，环立面裂缝出现的间隔时间最长的试件具有最好的抗裂性能。由于试验环境条件很难做到每次试验都一样，所以试件环立面裂缝出现的间隔时间也随环境条件的变化而变化。为消除试验环境条件的影响，可设立一个标准试样，用被检样品的裂缝出现的间隔时间与标准试样裂缝出现间隔时间之比作为衡量抗裂性能的指标，见式(C.1-1)抗裂性能指标最高的试件具有最好的抗裂性能。

$$KL = \frac{t_j}{t_b} \tag{C.1-1}$$

式中：KL——抗裂性能指标；

t_j——被检试件环立面裂缝出现的间隔时间(h)；

t_b——标准试样环立面裂缝出现的间隔时间(h)。

除裂缝出现的间隔时间外，还可记录试件外侧面开裂模式等参数，作为评价试件抗裂性的依据。

外加剂抗裂性能与水泥的适应性有关，其抗裂性能是指外加剂对特定水泥抗裂性能的影响程度，几种外加剂抗裂性能评价方法与上述方法相同。

掺和料的抗裂性能是指与被测水泥混合后的抗裂性能，几种掺和料抗裂性能评价方法与上述方法相同。

C.2 混凝土抗裂性能试验(圆环法)

C.2.1 适用范围

本方法适用于混凝土的抗裂性能试验。

C.2.2 抗裂模具

本方法所用抗裂试模的主要部件包括底座、侧模、芯模和上盖(图 C.2-1)。芯模用钢制成,其他部件用有机玻璃制成。抗裂试模成型的试件的外径为(370 ±1)mm,内径为(300 ±1)mm,高为(140 ±1)mm。

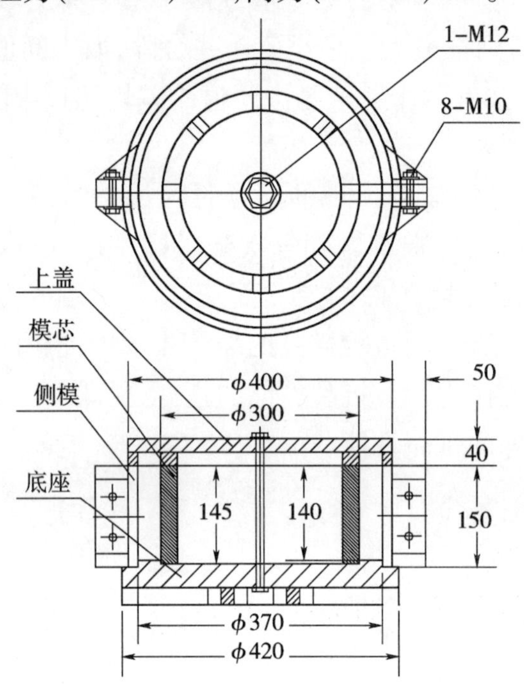

图 C.2-1 抗裂试模(图中所用尺寸单位:mm)

C.2.3 试验方法

混凝土抗裂性能试验按以下步骤进行:

(1)按现行国家标准《普通混凝土力学性能试验方法标准》(GB/T 50081)中的有关规定,严格按被检混凝土配合比拌制被检混凝土拌和物(一次至少 20L)。

(2)打开抗裂试模的上盖,将制成的混凝土拌和物用小铲分两层装入抗裂试模内,每层的装料厚度大致相等,用捣棒均匀地插捣,插捣次数按每 $10000mm^2$ 至少12次,插捣底层时捣棒应至试模底部,插捣上层时,捣棒应插入下层20~30mm,做到试模侧面无任何气泡,上口随缺随加直至与试模平齐并刮平。

(3)将成型好的抗裂试模放入温度为(20±2)℃的环境中养护24h后脱模。

(4)脱模后的抗裂试件立即放入温度为(30±2)℃、相对湿度(50±5)%的环境中,并在试件顶面涂上硅胶进行密封处理。用应变仪或放大镜观察环立面上是否有裂缝产生。并记录裂缝产生的部位、长度与宽度以及裂缝产生的时间。计算环立面第一条贯穿裂缝出现的间隔时间。

C.2.4　抗裂性能的评价方法

混凝土抗裂性能的评价方法是试件环立面出现裂缝的间隔时间越长,说明混凝土的抗裂性能越好。由于试验环境条件很难做到每次试验都一样,试件环立面裂缝出现的间隔时间也随环境条件的变化而变化。为消除试验环境条件的影响,应在同条件下同时试验各种混凝土的抗裂性能,提高试验的复演性。

C.3　混凝土塑性抗裂性能试验(平板法)

C.3.1　适用范围

本方法适用于混凝土塑性抗裂性能试验。

C.3.2　抗裂模具及试验环境

本方法所用抗裂试模的主要部件包括滑动塑料薄膜、模框、固定钢筋网、加热源、风扇等(图C.3-1)。模框用钢制成(图C.3-2),内框尺寸为600mm×900mm×80mm,模框的平面尺寸和厚度也可根据粗集料的最大粒径等不同情况变化。

试验环境:温度(20±2)℃;相对湿度(60±5)%;0.8m上方有两个100W碘钨灯向被测面加热;风扇产生约5m/s的风速经过被试混凝土表面。

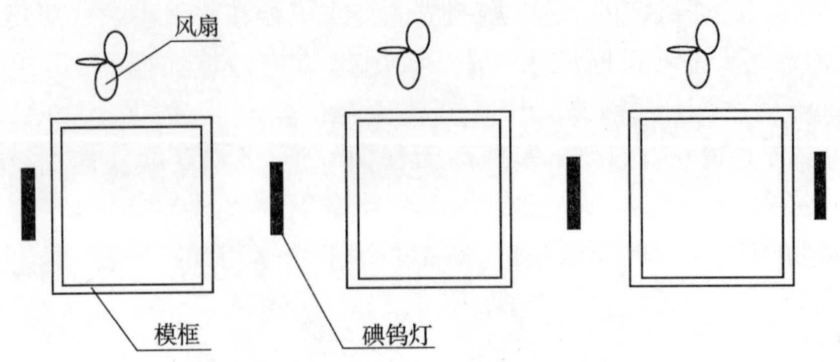

图 C.3-1　塑性抗裂性能装置示意图

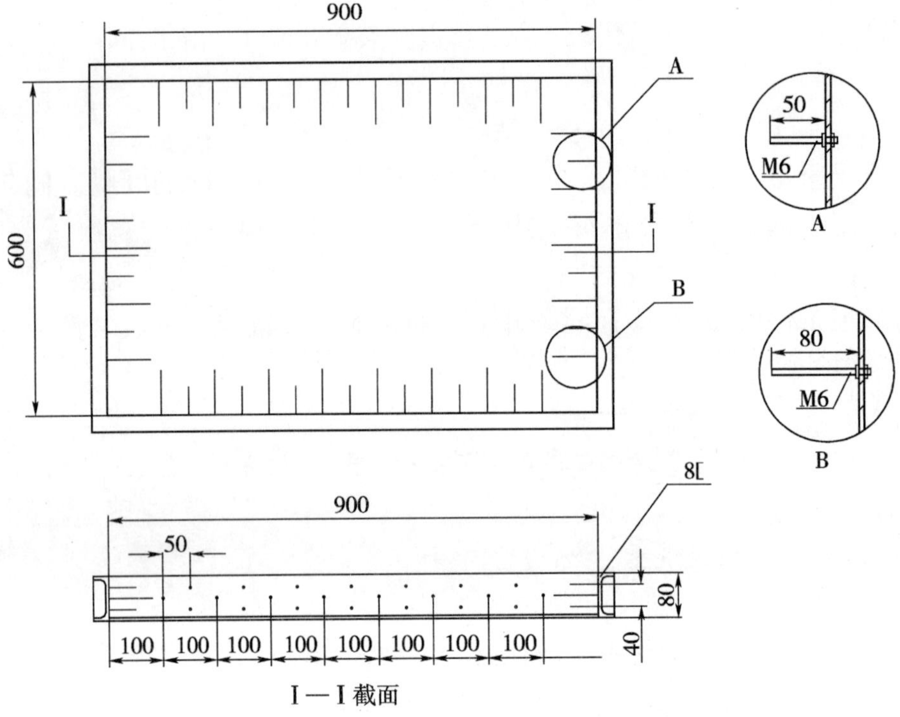

图 C.3-2　模框结构图(图中所用尺寸单位:mm)

C.3.3　试验方法

混凝土塑性抗裂性能试验步骤按以下步骤进行:

(1)将滑动塑料薄膜铺放在水平平面上,再将模框放在塑料薄膜上,拧紧固定模框螺栓,并固定混凝土锚固螺栓。

(2)按现行国家标准《普通混凝土力学性能试验方法标准》(GB/T

50081)中的有关规定,严格按被检混凝土配合比拌制试验所用混凝土拌和物。

(3)将混凝土拌和物均匀地铺放在模框内,并用平板振捣器振实抹平,与模框平齐并计量。

(4)在本手册 C.3.2 条规定的试验环境条件下,观察并记录 24h 内试件裂缝出现的条数、时间、部位以及每条裂缝的长度与宽度。若 24h 内未出现裂缝,再延长时间,每隔 8h 观察一次,最长为 72h。

C.3.4　抗裂性能的评价方法

根据记录的数据,按式(C.3-1)计算下列参数:

$$M = \sum_{i=1}^{k} l_i \cdot \omega_i \tag{C.3-1}$$

式中:M——塑性指数;

l_i——第 i 条裂缝长度(mm);

k——裂缝总条数(条);

ω_i——第 i 条裂缝的裂宽 ω_i 对应的权重值,根据表 C.3-1 来确定。

表 C.3-1　裂缝权重值和最大裂宽的对应表

最大裂宽 w_{max}(mm)	权重值	最大裂宽 w_{max}(mm)	权重值
$w_{max} \leq 0.1$	0.5	$0.1 < w_{max} \leq 0.3$	1
$0.3 < w_{max} \leq 0.4$	2	$0.4 < w_{max} \leq 0.6$	3
$0.6 < w_{max} \leq 0.8$	4	$0.8 < w_{max} \leq 2.0$	5

比较每一块混凝土(砂浆)板的 M 值,即可以比较开裂程度的变化。M 值越大,表明这块板的开裂程度越大,则其早期抗裂性越差。

上述试验方法主要用来比较混凝土在早期塑性收缩下的抗裂性。如果延长覆盖养护时间,这时的裂缝可能会更多地反映干燥收缩和自收缩的影响。

影响混凝土开裂的主要因素是胶凝材料体系,而水泥是混凝土的主要胶凝材料。国外有的学者甚至将混凝土的开裂归因于水泥强度和细度的不断提高。国内外的研究也表明,水泥的细度、强度、碱含量、水化热等确实对混凝土的开裂有一定影响,但目前的水泥标准并没有涉及对水泥开裂性能的评价。因此本手册特别指出在设计混凝土配合比前应按附录 C.1 的方法,对胶凝材料的抗裂性做出比较,择优选用。

混凝土的抗裂性对于抵抗环境作用侵蚀甚为重要,我国现行标准中还没有对水泥(胶凝材料)或混凝土抗裂性检验的规定。通过传统的混凝土干燥收缩试验所获得的收缩数据,并不能全面评价混凝土的抗裂性能,因其还取决于混凝土的抗拉强度、弹性模量特别是徐变或约束状态下的应力松弛能力。采用收缩时受约束的环形试件和平板试件来评定混凝土的抗裂性可在一定程度上克服这些缺点,而且方法简便,但缺乏定量数据,多用于不同原材料和配合比的混凝土之间的相对比较。

本手册参考国内外比较通用的具有较好效果的两种抗裂性试验方法,列在附录C内推荐使用。附录C.1和C.2的圆环法用于测定水泥胶凝材料的抗裂性。这种圆环测试方法叫做环收缩试验,最早是美国R. L. Blaine使用的,用于检测和选择水泥。现在列在附录C.1的试验方法是根据S. P. Shah的方法经过计算改进的。原方法编制了程序与计算机连接,能自动量测并记录应变的发展,但是即使不用自动量测也可通过观察进行比较。考虑到观察法更适合我国国情,本手册结合国内实际和经验,通过同济大学等单位的实际测试,以观察代替原计算机法,并适当对该方法作出修正。该方法可用于砂浆或净浆,测定试件收缩过程中出现开裂的时间,用来相对比较抗裂性能,可为工程推荐抗裂性能相对更好的混凝土原材料(水泥品种、掺和料、外加剂)和浆体的配合比(掺量和水胶比)。本方法改进后也可用以评价其他影响胶凝材料开裂的因素,例如养护时间、养护方法、蒸发速率和温度等。外加剂抗裂性能试验,是检查掺了外加剂后的水泥抗裂性能的变化,其步骤与水泥试验基本相同。矿物掺和料抗裂性能试验步骤与水泥试验基本相同,只是把部分水泥替换成被检的矿物掺和料。本方法测出的试件开裂包含了自收缩和干燥收缩在内的影响,但无法分离出不同的收缩。这种试验在加大环形试件的直径和截面尺寸后也可以推广于混凝土,即附录C.2。

附录C.3是根据日本笠井芳夫提出的用约束平板试件进行混凝土抗裂性试验的方法。这个方法简单易行,原理也较清楚,主要用于评价混凝土的塑性收缩,其中的评价准则中有定量指标。平板试件若经过一定时间的养护再进行抗裂性试验,也可反映干燥收缩和自收缩对开裂的影响。我国已有一些研究单位和工程现场试用过类似尺寸的约束平板试件做试验,一般均能取得很好效果。同圆环法一样,本手册介绍的平板法也根据国内实际情况和应用经验做出了调整。

附录 C.3 中评价混凝土在早期塑性收缩的方法是 1984 年 P. P. Kraai 教授在使用平板法研究砂浆和混凝土早期抗裂性的试验中第一次提出的。他通过设定每一根裂缝的最大宽度(ω_{max})相对应的权重值 ω 引入塑性指数的定义,并以此评判掺与不掺纤维对砂浆和混凝土早期抗裂性的影响。其方法已经被工程界大量采用。但在原试验中 Kraai 教授给出的权重值主要是针对砂浆塑性收缩,砂浆收缩裂缝的最大裂宽一般都比较大,而混凝土由于粗集料的存在,使混凝土环表面水分蒸发受到一定阻碍,从而使混凝土的外表面不能均匀的收缩,再加上粗集料对裂缝限制分散作用,使混凝土表面容易形成不可见的微裂纹,而释放出一部分收缩应力,因此混凝土板可见裂缝的最大宽度较砂浆板要小得多。而且,按近年来桥梁高性能混凝土施工的技术水平来看,即使是作为对比试验用的普通混凝土板,整个板面上的最大裂缝宽度也不过 1 mm 左右,Kraai 教授原方法中的裂缝宽度设置为 0.5 ~ 3mm 已经不适合评价高性能混凝土塑性收缩和开裂程度了。本手册根据国内的统计研究,重新设置了混凝土裂缝不同宽度对应的权重值,新设置的权重值充分考虑了裂缝宽度的影响程度,能有效反应混凝土抗塑性开裂性能的优劣。

德国 Springenschmid 教授开发的开裂试验架法是一种轴约束方法,可以模拟混凝土在初龄期受约束条件下产生的应力,体现混凝土初龄期中弹性模量迅速增长、徐变松弛作用减小等情况。此方法一定程度上可以与圆环法及平板法形成互补,但因其较为复杂,目前在国内还不具备应用条件,综合考虑,未将其收入本手册。

附录D 混凝土碱含量和氯离子含量的检验

D.1 混凝土碱含量检验

D.1.1 水泥碱含量计算

水泥碱含量可按式(D.1-1)计算:

$$A_c = W_c K_c \tag{D.1-1}$$

式中:A_c——水泥提供的碱(kg/m^3);

W_c——水泥用量(kg/m^3);

K_c——水泥平均碱含量(%)。

D.1.2 化学外加剂碱含量计算

化学外加剂碱含量可按式(D.1-2)计算:

$$A_{ca} = \alpha W_c W_a K_{ca} \tag{D.1-2}$$

式中:A_{ca}——外加剂引入混凝土内的碱(kg/m^3);

α——将钠或钾盐的质量折算成相同质量 Na_2O 的系数(可按表D.1-1取值);

W_a——外加剂掺量(%);

K_{ca}——外加剂中钠(钾)盐含量(%)。

表D.1-1 常用钾或钠盐的质量折算成相同质量 Na_2O 的系数

钾钠盐	$NaNO_2$	NaCl	Na_2SO_4	Na_2CO_3	$NaNO_3$	K_2CO_3	K_2SO_4	KCl
α	0.45	0.53	0.44	0.58	0.36	0.45	0.36	0.42

D.1.3　矿物掺和料碱含量计算

矿物掺和料碱含量可按式(D.1-3)计算：

$$A_{ma} = \beta x W_c K_{ma} \tag{D.1-3}$$

式中：A_{ma}——矿物掺和料引入混凝土内的碱(kg/m^3)；

β——矿物掺和料有效碱含量占矿物掺和料碱含量的百分数(%)，对于矿渣、粉煤灰和硅灰分别取50%、15%和50%；

x——矿物掺和料的掺量百分比(%)；

K_{ma}——矿物掺和料碱含量(%)。

D.1.4　集料和拌和水碱含量计算

集料和拌和水碱含量可按式(D.1-4)计算：

$$A_{a\omega} = 0.76(W_a P_{ac} + W_\omega P_{\omega c}) \tag{D.1-4}$$

式中：$A_{a\omega}$——集料和拌和水引入混凝土内的碱(kg/m^3)；

P_{ac}——集料的碱含量(%)；

$P_{\omega c}$——拌和水的碱含量(%)；

W_a——集料用量(kg/m^3)；

W_ω——拌和水用量(kg/m^3)。

D.1.5　混凝土的碱含量计算

混凝土的碱含量按式(D.1-5)计算：

$$A = A_c + A_{ca} + A_{ma} + A_{a\omega} \tag{D.1-5}$$

式中：A——混凝土内的碱含量(kg/m^3)。

D.2　混凝土氯离子含量检验

试拌混凝土中氯离子含量按《水运工程混凝土试验规程》(JTJ 270—98)中7.18节测试求得。

附录E　外加剂试验方法

E.1　混凝土外加剂中含碱量的测定方法(火焰光度法)

1)适用范围

矿物质的混凝土外加剂,如膨胀剂等,不在此范围之内。

2)方法提要

试样用约80℃的热水溶解,以氨水分离铁、铝;以二氧化碳分离钙、镁。滤液中的碱(钾和钠),采用相应的滤光片,用火焰光度计进行测定。

3)试剂与仪器

(1)水:本方法所涉及的水为蒸馏水或同等纯度的水。

(2)试剂:本方法所涉及的化学试剂除特别注明外,均为分析纯化学试剂。

(3)氧化钾、氧化钠标准溶液:精确称取已在130~150℃烘过2h的氯化钾(光谱纯)0.7920g及氯化钠(光谱纯)0.9430g,置于烧杯中,加水溶解后,移入1000mL容量瓶中,用水稀释至标线,摇匀,转移至干燥的带盖的塑料瓶中。此标准溶液每毫升相当于氧化钾及氧化钠0.5mg。

(4)盐酸(1+1)。

(5)氨水(1+1)。

(6)碳酸铵溶液[10%(W/V)]。

(7)甲基红指示剂{[0.2%(W/V)]乙醇溶液}。

(8)火焰光度计。

4)工作曲线的绘制

分别向100mL的容量瓶中注入0.01mL、1.0mL、2.0mL、4.0mL、8.0mL、12.0mL的氧化钾、氧化钠标准溶液(分别相当于氧化钾溶液和氧化钠溶液各 0.005mL、0.50mL、1.00mL、2.00mL、4.00mL、6.00mL)，用水稀释至标线，摇匀，分别于火焰光度计上按仪器使用规程进行测定，根据测得的检流计读数与溶液的浓度关系，分别绘制氧化钾及氧化钠的工作曲线。

5)分析步骤

准确称取一定量的试样置于 150mL 的瓷蒸发皿中，用 80℃左右的热水润湿并稀释至 30mL，置于电热板上加热蒸发，保持微沸 5min 后取下，冷却加 1 滴甲基红指示剂{[0.2%(W/V)]乙醇溶液}，滴加氨水(1+1)，使溶液呈黄色，加入 10mL 碳酸铵溶液[10%(W/V)]，搅拌，置于电热板上加热并保持微沸 10min，用中速滤纸过滤，以热水洗涤，滤液及洗液盛于容量瓶中，冷却至室温，以盐酸(1+1)中和至溶液呈红色，然后用水稀释至标线，摇匀，以火焰光度计按仪器使用规程进行测定。称样量及稀释倍数见表 E.1-1。

表 E.1-1　称样量及稀释倍数

总碱量(%)	称样量(%)	稀释体积(mL)	稀释倍数 n
1.0	0.20	100	1
1.0~1.5	0.10	250	2.5
5.0~10.0	0.05	250 或 500	2.5 或 5.0
10.0	0.05	500 或 1000	5.0 或 10.0

6)氧化钾与氧化钠含量计算

氧化钾百分含量(X_1)及氧化钠百分含量(X_2)按式(E.1-1)计算：

$$\left.\begin{aligned} X_1 &= \frac{G_1 \times n}{G \times 1000} \times 100 \\ X_2 &= \frac{G_2 \times n}{G \times 1000} \times 100 \end{aligned}\right\} \tag{E.1-1}$$

式中：G_1——在工作曲线上查得每 100mL 被测定液中氧化钾的含量(mg)；

G_2——在工作曲线上查得每 100mL 被测定液中氧化钠的含量(mg)；

n——被测溶液的稀释倍数；

G——试样质量(g)。

7)含碱量

外加剂含碱量按式(E.1-2)计算：

$$K_{ca} = 0.658 \times X_1 + X_2 \tag{E.1-2}$$

式中：K_{ca}——外加剂含碱量(%)；

X_1——氧化钾含量(%)；

X_2——氧化钠含量(%)。

8)分析结果的允许误差范围

分析结果的允许误差范围见表 E.1-2。

表 E.1-2　分析结果允许误差范围

含碱量(%)	室内允许误差(%)	室间允许误差(%)
1.0	0.10	0.15
1.0~5.0	0.20	0.30
5.0~10.0	0.30	0.50
10.0	0.50	0.80

9)含碱量的测定

含碱量的测定亦可采用原子吸收光谱法，参见《水泥化学分析方法》(GB/T 176—2008)中第 34 条。

E.2　混凝土外加剂试验方法和检验规则

E.2.1　试验方法

1)材料

(1)水泥

采用本手册附录 C 规定的基准水泥。在因故得不到基准水泥时，允许采用 C_3A 含量 6%~8%，总碱量($Na_2O+0.658K_2O$)不大于 1% 的熟料和二水石膏、矿渣共同磨制的强度等级大于(含)42.5 级普通硅酸盐水泥，但仲裁仍需用基准水泥。

(2)砂

符合《建设用砂》(GB/T 14684—2011)要求的细度模数为 2.6~2.9 的中砂。

(3)粗集料

符合《建设用卵石、碎石》(GB/T 14685—2011)规定的质地坚硬、清洁及级配良好的砾石或碎石，粒径为 5~20mm(圆孔筛)，采用二级配，其中

5 ~ 10mm 占 45%，10 ~ 20mm 占 55%。如有争议，以砾石试验结果为准。

（4）水

符合现行《混凝土用水标准》（JGJ 63）（或饮用水）要求。

（5）外加剂

需要检测的外加剂。

2）配合比

基准混凝土配合比应按现行《普通混凝土配合比设计规程》（JGJ 55）进行设计。掺非引气型外加剂混凝土和基准混凝土的水泥、砂、石的比例不变。配合比设计应符合以下规定：

（1）水泥用量：采用卵石时为（310 ± 5）kg/m^3；采用碎石时为（330 ± 5）kg/m^3。

（2）砂率：基准混凝土和掺外加剂混凝土砂率均为 36% ~ 40%，但掺引气减水剂和引气剂等的混凝土砂率应比基准混凝土低 1% ~ 3%。

（3）外加剂掺量：按科研单位或生产厂推荐的掺量。

（4）用水量：应使混凝土坍落度达（80 ± 10）mm。

3）混凝土搅拌

采用 60L 强制式卧轴搅拌机，全部材料及外加剂一次投入，拌和量应不少于 15L，不大于 45L，搅拌 3min，出料后在铁板上用人工翻拌 2 ~ 3 次再行试验。

各种混凝土材料及试验环境温度均应保持在（20 ± 3）℃。

4）试件制作及试验所需试件数量

（1）试件制作：混凝土试件制作及养护按《公路工程水泥及水泥混凝土试验规程》（JTG E30—2005）中 T 0551 进行，但混凝土预养温度为（20 ± 3）℃。

（2）试验项目及所需数量详见《公路工程水泥混凝土外加剂与掺和料应用技术指南》。

5）混凝土拌和物

（1）坍落度测量

坍落度按照《公路工程水泥及水泥混凝土试验规程》（JTG E30—2005）中 T 0522 规定进行试验。结果以三次试验的平均值表示，精确到 1mm。

（2）减水率测定

减水率为坍落度基本相同时基准混凝土和掺外加剂混凝土单位用水量之差与基准混凝土单位用水量之比。坍落度按《公路工程水泥及水泥混凝土试验规程》（JTG E30—2005）中 T 0522 测定。减水率按式（E.2-1）计算：

$$W_R = \frac{W_0 - W_1}{W_0} \times 100 \qquad (E.2\text{-}1)$$

式中：W_R——减水率(%)；

W_0——基准混凝土单位用水量(kg/m^3)；

W_1——掺外加剂混凝土单位用水量(kg/m^3)。

W_R 以三批试验的算术平均值计，精确到小数点后一位。若三批试验的最大值或最小值中有一个与中间值之差超过中间值的15%时，则把最大值与最小值一并舍去，取中间值作为该组试验的减水率。若有两个测值与中间值之差均超过15%时，则该批试验结果无效，应该重做。

(3)泌水率比测定

泌水率比按式(E.2-2)计算，精确到小数点后一位数。

$$B_R = \frac{B_t}{B_c} \times 100 \qquad (E.2\text{-}2)$$

式中：B_R——泌水率之比(%)；

B_t——掺外加剂混凝土泌水率(%)；

B_c——基准混凝土泌水率(%)。

(常压)泌水率的测定和计算方法如下：

先用湿布润湿容积为5L的带盖筒(内径为185mm，高200mm)，将混凝土拌和物一次装入，在振动台上振动20s，然后用抹刀轻轻抹平，加盖以防水分蒸发。试样表面应比筒口边低约20mm。自抹面开始计算时间，在前60min，每隔10min用吸液管吸出泌水一次，以后每隔20min吸水一次，直至连续三次无泌水为止。每次吸水前5min，应将筒底一侧垫高约20mm，使筒倾斜，以便于吸水。吸水后，将筒轻轻放平盖好。将每次吸出的水都注入带塞的量筒，最后计算出总的泌水量，准确至1g，并按式(E.2-3)、式(E.2-4)计算泌水率：

$$B = \frac{V_w}{(W/G)G_w} \times 100 \qquad (E.2\text{-}3)$$

$$G_w = G_t - G_0 \qquad (E.2\text{-}4)$$

式中：B——泌水率(%)；

V_w——泌水总质量(g)；

W——混凝土拌和物的用水量(g)；

G——混凝土拌和物的总质量(g)；

G_w——试样质量(g)；

G_t——筒及试样质量(g)；

G_0——筒质量(g)。

试验时，每批混凝土拌和物取一个试样，泌水率取三个试样的算术平均值。若三个试样的最大值或最小值中有一个与中间值之差大于中间值的15%，则把最大值与最小值一并舍去，取中间值作为该组试验的泌水率，如果最大与最小值与中间值之差均大于中间值的15%时，则应重做。

(4)含气量测定

按《公路工程水泥及水泥混凝土试验规程》(JTG E30—2005)中T 0526(混合式气压法)规定的含气量测定仪，并按该仪器说明进行操作。

试验时，每批混凝土拌和物取一个试样，含气量以三个试样测值的算术平均值来表示。若三个试样中的最大值或最小值中有一个与中间值之差超过0.5%时，将最大值与最小值一并舍去，取中间值作为该批的试验结果，如果最大值与最小值均超过0.5%，则应重做。

(5)凝结时间差测定

凝结时间差按式(E.2-5)计算：

$$\Delta t = t_t - t_c \tag{E.2-5}$$

式中：Δt——凝结时间之差(min)；

t_t——掺外加剂混凝土的初凝或终凝时间(min)；

t_c——基准混凝土的初凝或终凝时间(min)。

凝结时间按《公路工程水泥及水泥混凝土试验规程》(JTG E30—2005)中T 0527方法规定贯入阻力仪测定，仪器精度为5N，凝结时间测定方法如下：

将混凝土拌和物用5mm(圆孔筛)振动筛筛出砂浆，拌匀后装入上口内径为160mm，下口内径为150mm，净高150mm的刚性不渗水的金属圆筒，试样表面应低于筒口约10mm，用振动台振实(约3～5s)，置于(20±3)℃的环境中，容器加盖。一般基准混凝土在成型后3～4h，掺早强剂的在成型后1～3h，掺缓凝剂的在成型后4～6h开始测定，以后每0.5h或1h测定一次，但在临近初、终凝时，可以缩短测定间隔时间。每次测点应避开前一次测孔，其净距为试针直径的2倍，但至少不小于15mm，试针与容器边缘的距离不小于25mm。测定初凝时间用截面积为100mm^2的试针，测定终凝时间用20 mm^2的试针。贯入阻力按式(E.2-6)计算：

$$R = \frac{P}{A} \tag{E.2-6}$$

式中：R——贯入阻力值(MPa)；

P——贯入深度达25mm时所需的净压力(N)；

A——贯入仪试针的截面积(mm^2)。

根据计算结果，以贯入阻力值为纵坐标，测试时间为横坐标，绘制贯入阻力值与时间关系曲线，求出贯入阻力值达3.5MPa时对应的时间作为初凝时间及阻力值达28MPa时对应的时间作为终凝时间。凝结时间从水泥与水接触时开始计算。

试验时，每批混凝土拌和物取一个试样，凝结时间取三个试样的平均值。若三批试验的最大值或最小值之中有一个与中间值之差超过30min时，则把最大值与最小值一并舍去，取中间值作为该组试验的凝结时间。若两测值与中间值之差均超过30min时，该组试验结果无效，则应重做。

6)硬化混凝土

(1)抗压强度比测定

抗压强度比以掺外加剂混凝土与基准混凝土同龄期抗压强度之比表示，按式(E.2-7)计算：

$$R_s = \frac{S_t}{S_c} \times 100 \tag{E.2-7}$$

式中：R_s——抗压强度比(%)；

S_t——掺外加剂混凝土的抗压强度(MPa)；

S_c——基准混凝土的抗压强度(MPa)。

掺外加剂与基准混凝土的抗压强度按《公路工程水泥及水泥混凝土试验规程》(JTG E30—2005)中T 0553进行试验和计算。试件用振动台振动15~20s，用插入式高频振捣器(ϕ25mm，14000次/min)振捣时间为8~12s。试件预养温度为(20±3)℃。试验结果以三批试验测值的平均值表示，若三批试验中有一批的最大值或最小值与中间值的差值超过中间值的15%，则把最大及最小值一并舍去，取中间值作为该批的试验结果，如有两批测值与中间值的差均超过中间值的15%，则试验结果无效，应该重做。

(2)收缩率比测定

收缩率比以龄期 28d 掺外加剂混凝土与基准混凝土收缩率比值表示，按式(E.2-8)计算：

$$R_{\varepsilon} = \frac{\varepsilon_{t}}{\varepsilon_{c}} \tag{E.2-8}$$

式中：R_{ε}——收缩率比(%)；

ε_{t}——掺外加剂混凝土的收缩率(%)；

ε_{c}——基准混凝土的收缩率(%)。

掺外加剂及基准混凝土的收缩率按《公路工程水泥及水泥混凝土试验规程》(JTG E30—2005)中 T 0566 测定和计算，试件用振动台成型，振动 15 ~ 20s，用插入式高频振捣器(ϕ25mm，14000 次/min)插捣 8 ~ 12s。每批混凝土拌和物取一个试样，以三个试样收缩率的算术平均值表示。

(3)冻融循环试验

按《公路工程水泥及水泥混凝土试验规程》(JTG E30—2005)中 T 0565(快冻法)规定进行，试件采用振动台成型，振动 15 ~ 20s，用插入式高频振捣器(ϕ25mm，14000 次/min)时，应距两端 120mm 各垂直插捣 8 ~ 12s。标准养护 28d 后进行冻融循环试验。

每批混凝土拌和物取一个试样，冻融循环次数以三个试件动弹性模量的算术平均值 P 表示。当 $P \leqslant 60\%$ 或质量损失达 5% 时的冻融循环次数 n，即为试件冻融循环次数。

7)外加剂匀质性

外加剂匀质性试验按现行国家标准《混凝土外加剂匀质性试验方法》(GB/T 8077)进行。外加剂含碱量按本手册附录 A 进行计算。

E.2.2　检验规则

1)取样及编号

(1)试样分点样和混合样。点样是在一次生产的产品中所得试样，混合样是三个或更多的点样等量均匀混合而取得的试样。

(2)生产厂应根据产量和生产设备条件，将产品分批编号，掺量大于 1%(含 1%)同品种的外加剂每一编号为 100t，掺量小于 1% 的外加剂每一编号为 50t，不足 100t 或 50t 的也可按一个批量计，同一编号的产品必须混合均匀。

(3)每一编号取样量不少于0.2t水泥所需用的外加剂量。

2)试样及留样

每一编号取得的试样应充分混匀,分为两等份,一份按《公路工程水泥混凝土外加剂与掺和料应用技术指南》中表4.1.12规定(部分)项目进行试验。另一份要密封保存半年,以备有疑问时提交国家指定的检验机关进行复验或仲裁。

3)检验分类

(1)出厂检验:每编号外加剂检验项目,根据其品种不同按《公路工程水泥混凝土外加剂与掺和料应用技术指南》中表4.1.12项目进行检验。

(2)型式检验:型式检验项目包括匀质性及新拌、硬化混凝土性能指标。有下列情况之一者,应进行型式检验:

①新产品或老产品转厂生产的试制定型鉴定;

②正式生产后,如材料、工艺有较大改变,可能影响产品性能时;

③正常生产时,一年至少进行一次检验;

④产品长期停产后,恢复生产时;

⑤出厂检验结果与上次型式检验有较大差异时;

⑥国家质量监督机构提出进行型式检验要求时。

4)判定规则

产品经检验,若匀质性符合《公路工程水泥混凝土外加剂与掺和料应用技术指南》表4.1.4的要求,各种类型的减水剂的减水率、缓凝型外加剂的凝结时间差、引气型外加剂的含气量及硬化混凝土的各项性能符合表4.1.3要求,则判定该编号外加剂相应等级的产品合格,如不符合上述要求时,则判该编号外加剂不合格。其他项目作为参考指标。

5)复验

复验以封存样进行。若使用单位要求现场取样,应事先在供货合同中规定,并在生产和使用单位人员在场情况下于现场取平均样,复验按照型式检验项目检验。

E.2.3 包装、出厂、储存及退货

1)包装

粉状外加剂应采用有塑料袋衬里的编织袋,每袋重20~50kg。液体外加剂应采用塑料桶、金属桶包装或槽车运输。

所有包装的容器上均应在明显位置注明以下内容：产品名称、型号、净质量或体积（包括含量或浓度）、推荐掺量范围、毒性、腐蚀性、易燃性状况、生产厂名。生产日期及出厂编号应于产品合格证上予以说明。

2）产品出厂

凡有下列情况之一者，不得出厂：不合格品、技术文件不全（产品说明书、合格证、检验报告）、包装不符、质量不足、产品受潮变质，以及超过有效期限。

生产厂随货提供说明书内容应包括产品名称及型号、出厂日期、主要特性及成分、适用范围及推荐掺量、外加剂总碱量、氯离子含量、有无毒性（有毒性的应注明使用防护办法及禁忌）、易燃状况、储存条件及有效期、使用方法和注意事项。

3）储存

外加剂应存放在专用仓库或固定的场所妥善保管，以易于识别、便于检查和提货为原则。

4）退货

（1）使用单位在规定的存放条件和有效期限内，经复验发现外加剂性能与本手册不符时，则应予退回或更换。

（2）实际的质量、体积与规定的质量、体积（按固形物计）有2%的差异时，可以要求退货或补足。粉状的可取50包，液体的可取30桶（其他包装形式由双方协商），称量取平均值计算。

（3）凡无出厂文件或出厂技术文件不全，以及发现实物质量与出厂技术文件不符合，可退货。

E.3 外加剂性能检验用基准水泥技术条件

基准水泥是统一检验混凝土外加剂性能的材料，是由符合下列品质指标的硅酸盐水泥熟料与二水石膏共同粉磨而成的强度等级大于（含）52.5级的硅酸盐水泥。基准水泥必须由经中国水泥质量监督中心确认具备生产条件的工厂供给。

E.3.1 品质指标

除满足42.5级硅酸盐水泥技术要求以外，尚应符合下列规定：

(1)铝酸三钙(C_3A)含量6%~8%。

(2)硅酸三钙(C_3S)含量50%~55%。

(3)游离氧化钙(f-CaO)含量不得超过1.2%。

(4)碱含量($Na_2O+0.658K_2O$)不得超过10%。

(5)水泥比表面积(320±20)m^2/kg。

E.3.2 试验方法

(1)游离氧化钙、氧化钾和氧化钠的测定,按现行国家标准《水泥化学分析方法》(GB/T 176)进行。

(2)水泥比表面积的测定,按《公路工程水泥及水泥混凝土试验规程》(JTG E30—2005)中T 0504进行。

(3)铝酸三钙和硅酸三钙含量由熟料中氧化钙、二氧化硅、三氧化二铝和三氧化二铁含量,按式(E.3-1)~式(E.3-3)计算:

$$p(C_3S)=3.80p(SiO_2)(3KH-2) \tag{E.3-1}$$

$$p(C_3A)=2.65[p(Al_2O_3)-0.64p(Fe_2O_3)] \tag{E.3-2}$$

$$KH=\frac{p(CaO)-p(f\text{-}CaO)-1.65p(Al_2O_3)-0.35p(Fe_2O_3)}{2.80p(SiO_2)} \tag{E.3-3}$$

式中:$p(C_3S)$、$p(SiO_2)$、$p(Al_2O_3)$、$p(Fe_2O_3)$和$p(f\text{-}CaO)$——分别表示该成分在熟料中所占的质量百分数;

KH——表示石灰饱和系数。

E.3.3 验收规则

(1)基准水泥出厂一吨为一编号,每一编号应取三个有代表性的样品,分别测定比表面,测定结果均须符合规定。

(2)凡不符合本技术条件E.3.1中任何一项规定时,均不得出厂。

E.3.4 包装及储运

包装袋应结实牢固和密封良好,采用金属桶装或加有塑料袋的纸袋包装。每袋净重50kg。袋中须有合格证、生产日期、编号。有效储存期为半年。

E.4 外加剂对水泥的适应性检验方法

E.4.1 本检测方法适用于检测各类混凝土减水剂及与减水剂复合的各种外加剂对水泥的适应性,也可用于检测其对矿物掺和料的适应性。

E.4.2 检测所用仪器设备应符合下列规定:

(1)水泥净浆搅拌机。

(2)截锥形圆模:上口内径36mm,下口内径60mm,高度60mm,内壁光滑无接缝的金属制品。

(3)玻璃板:400mm × 400mm ×8mm。

(4)钢直尺:300mm。

(5)刮刀。

(6)秒表,时钟。

(7)药物天平:称量100g;感量1g。

(8)电子天平:称量60g;感量0.06g。

E.4.3 水泥适应性检测方法按下列步骤进行:

(1)将玻璃板放置在水平位置,用湿布将玻璃板、截锥圆模、搅拌器及搅拌锅均匀擦过,使其表面湿而不带水滴。

(2)将截锥圆模放在玻璃板中央,并用湿布覆盖待用。

(3)称取水泥600g,倒入搅拌锅内。

(4)对某种水泥需选择外加剂时,每种外加剂应分别加入不同掺量;对某种外加剂选择水泥时,每种水泥应分别加入不同掺量的外加剂;对不同品种外加剂,不同掺量应分别进行试验。

(5)加入174g或210g水(外加剂为水剂时,应扣除其含水量),搅拌4min。

(6)将拌好的净浆迅速倒入截锥圆模内。用刮刀刮平,将截锥圆模按垂直方向提起,同时,开启秒表计时,至30s,用直尺量取流淌水泥净浆互相垂直的两个方向的最大直径,取平均值作为水泥净浆初始流动度。此水泥净浆不再倒入搅拌锅内。

(7)已测定过流动度的水泥浆应弃去,不再装入搅拌锅中。水泥净浆停放时,应用湿布覆盖搅拌锅。

(8)剩留在搅拌锅内的水泥净浆,至加水后30min及60min时,开启搅拌机,搅拌4min,按有关规范方法分别测定相应时间的水泥净浆流动度。

E.4.4 测试结果应按下列方法分析:

(1)绘制以掺量为横坐标,流动度为纵坐标的曲线。其中饱和点(外加剂掺量与水泥净浆流动度变化曲线的拐点)外加剂掺量低、流动度大,流动度损失小的外加剂对水泥的适应性好。

(2)需注明所用外加剂和水泥的品种、等级、生产厂,试验室温度、相对湿度等。如果水灰比(水胶比)与本规定不符,也需注明。

附录 F　强度效应系数试验方法

F.1　范围

本附录规定了胶凝材料体系强度效应系数试验方法，适用于不同胶凝材料体系强度效应系数的测定。

F.2　原理

按现行国家标准《水泥胶砂强度检验方法(ISO 法)》(GB/T 17671)测定试验胶砂和对比胶砂的 28d 抗压强度，以二者抗压强度之比确定试验胶砂的强度效应系数。

F.3　材料

F.3.1　水泥

工程中实际使用的水泥。

F.3.2　标准砂

符合现行国家标准《水泥胶砂强度检验方法(ISO 法)》(GB/T 17671)规定的中国 ISO 标准砂。

F.3.3　水

洁净的饮用水。

F.4 仪器设备

天平、搅拌机、振实台或振动台、抗压试验机等均应符合现行国家标准《水泥胶砂强度检验方法(ISO 法)》(GB/T 17671)规定。

F.5 试验步骤

F.5.1 胶砂配合比

胶砂配合比按表 F.5-1。

表 F.5-1 胶 砂 配 合 比

胶砂种类	水泥(g)	粉煤灰(g)	矿渣(g)	硅灰(g)	标准砂(g)	水(mL)
对比胶砂	450	—	—	—	1350	225
试验胶砂	$450(1-x_{SL}-x_{SF})$	$450x_{FA}$	$450x_{SL}$	$450x_{SF}$	1350	225

注:x_{FA}为粉煤灰在胶凝材料中的掺量百分比。
x_{SL}为矿渣在胶凝材料中的掺量百分比。
x_{SF}为硅灰在胶凝材料中的掺量百分比。

F.5.2 试验操作

将对比胶砂和试验胶砂分别按现行国家标准《水泥胶砂强度检验方法(ISO 法)》(GB/T 17671)规定进行搅拌、试件成型和养护。

F.5.3 抗压强度测定

试件养护至 28d,按现行国家标准《水泥胶砂强度检验方法(ISO 法)》(GB/T 17671)规定分别测定对比胶砂和试验胶砂的抗压强度。

F.6 结果计算

强度效应系数按式(F.6-1)计算,精确至 0.01。

$$K=\frac{R_{28}}{R_{028}} \qquad (F.6\text{-}1)$$

式中：K——胶凝材料体系强度效应系数；

R_{28}——试验胶砂 28d 抗压强度（MPa）；

R_{028}——对比胶砂 28d 抗压强度（MPa）。

试验胶砂 28d 抗压强度和对比胶砂 28d 抗压强度也可根据现行《水泥强度快速检验方法》（JC/T 738）测定。

参考文献

[1] 中华人民共和国行业标准. JTG D62—2004　公路钢筋混凝土及预应力混凝土桥涵设计规范[S]. 北京:人民交通出版社,2004.

[2] 中华人民共和国国家标准. GB 50010—2010　混凝土结构设计规范[S]. 北京:中国建筑工业出版社,2011.

[3] 中华人民共和国行业标准. JTG/T F50—2011　公路桥涵施工技术规范[S]. 北京:人民交通出版社,2011.

[4] 中国工程建设标准化协会标准. CECS 207:2006　高性能混凝土应用技术规程[S]. 北京:中国计划出版社,2006.

[5] 中华人民共和国电力行业标准. DL/T 5330—2005　水工混凝土配合比设计规程[S]. 北京:中国电力出版社,2005.

[6] 中华人民共和国行业标准. JGJ 55—2011　普通混凝土配合比设计规程[S]. 北京:中国建筑工业出版社,2011.

[7] 中国工程建设标准化协会标准. CECS 220:2007　混凝土结构耐久性评定标准[S]. 北京:中国建筑工业出版社,2007.

[8] 中华人民共和国铁道部. 铁建设[2005]157 号铁路混凝土结构耐久性设计暂行规定[S]. 北京:中国铁道出版社,2005.

[9] 铁道科学研究院. 科技基[2005]101 号客运专线高性能混凝土暂行技术条件[S]. 北京:铁道部科学技术司,2005.

[10] 黑龙江省地方标准. DB 23/T 087—2002　桥梁结构高耐久性混凝土设计与施工规程[S]. 北京:人民交通出版社,2002.

[11] 中国土木工程学会标准. CCES 01:2004　混凝土结构耐久性设计与施工指南[S]. 北京:中国建筑工业出版社,2004.

[12] 中华人民共和国行业标准. JTJ 275—2000　海港工程混凝土结构防腐蚀技术规范[S]. 北京:人民交通出版社,2001.

[13] 中华人民共和国行业推荐性标准. JTG/T B07-01—2006　公路工程混凝土结构防腐蚀技术规范[S]. 北京:人民交通出版社,2006.

[14] 中华人民共和国国家标准. GB 175—2007　通用硅酸盐水泥[S]. 北京:中国标准出版社,2007.

[15] 中华人民共和国国家标准. GB 748—2005 抗硫酸盐硅酸盐水泥[S]. 北京:中国标准出版社,2005.

[16] 中华人民共和国国家标准. GB/T 176—2008 水泥化学分析方法[S]. 北京:中国标准出版社,2008.

[17] 中华人民共和国建材行业标准. JC/T 420—2006 水泥原料中氯离子的化学分析方法[S]. 北京:中国建材工业出版社,2006.

[18] 中华人民共和国国家标准. GB/T 1596—2005 用于水泥和混凝土中的粉煤灰[S]. 北京:中国标准出版社,2005.

[19] 中华人民共和国国家标准. GB/T 18046—2008 用于水泥和混凝土中的粒化高炉矿渣粉[S]. 北京:中国标准出版社,2008.

[20] 中华人民共和国国家标准. GB/T 18736—2002 高强高性能混凝土用矿物外加剂[S]. 北京:中国标准出版社,2002.

[21] 中华人民共和国行业标准. JGJ 52—2006 普通混凝土用砂、石质量及检验方法标准[S]. 北京:中国建筑工业出版社,2007.

[22] 中华人民共和国国家标准. GB/T 14684—2011 建设用砂[S]. 北京:中国标准出版社,2012.

[23] 中华人民共和国铁道行业标准. TB/T 2922. 1—1998 铁路混凝土用集料碱活性试验方法—岩相法[S]. 北京:中国铁道出版社,1998.

[24] 中华人民共和国铁道行业标准. TB/T 2922. 4—1998 铁路混凝土用集料碱活性试验方法—岩石柱法[S]. 北京:中国铁道出版社,1998.

[25] 中华人民共和国铁道行业标准. TB/T 2922. 5—1998 铁路混凝土用集料碱活性试验方法—快速砂浆棒法[S]. 北京:中国铁道出版社,1998.

[26] 中华人民共和国铁道行业标准. TB/T 3054—2002 铁路混凝土工程预防碱—骨料反应技术条件[S]. 北京:中国铁道出版社,2002.

[27] 中华人民共和国国家标准. GB/T 8077—2000 混凝土外加剂匀质性试验方法[S]. 北京:中国标准出版社,2001.

[28] 中华人民共和国国家标准. GB 8076—2008 混凝土外加剂[S]. 北京:中国标准出版社,2009.

[29] 中华人民共和国建材行业标准. JC 473—2001 混凝土泵送剂[S]. 北京:中国建材工业出版社,2001.

[30] 中华人民共和国行业标准. JGJ 63—2006 混凝土用水标准[S]. 北京:中国建筑工业出版社,2006.

[31] 中华人民共和国国家标准. GB/T 50080—2002 普通混凝土拌和物性能试验方法标准[S]. 北京:中国建筑工业出版社,2003.

[32] 中华人民共和国国家标准. GB/T 50081—2002 普通混凝土力学性能试验方法标准[S]. 北京:中国建筑工业出版社,2003.

[33] 中华人民共和国国家标准. GB/T 50082—2009 普通混凝土长期性能和耐久性能试验方法标准[S]. 北京:中国建筑工业出版社,2010.

[34] 中华人民共和国国家标准. GB/T 749—2008 水泥抗硫酸盐侵蚀试验方法[S]. 北京:中国标准出版社,2008.

[35] 中华人民共和国建材行业标准. JC/T 421—2004 水泥胶砂耐磨性试验方法[S]. 北京:中国建材工业出版社,2005.

[36] 中华人民共和国行业标准. JGJ/T 10—2011 混凝土泵送施工技术规程[S]. 北京:中国建筑工业出版社,2011.

[37] 中华人民共和国行业标准. TB 10426—2004 铁路工程结构混凝土强度检测规程[S]. 北京:中国铁道出版社,2004.

[38] 中华人民共和国电力行业标准. DL/T 5150—2001 水工混凝土试验规程[S]. 北京:中国电力出版社,2002.

[39] 中华人民共和国行业标准. JTS 202—2011 水运工程混凝土施工规范[S]. 北京:人民交通出版社,2011.

[40] 中华人民共和国国家标准. GB 50204—2002 混凝土结构工程施工质量验收规范(2011 年版)[S]. 北京:中国建筑工业出版社,2011.

[41] 中华人民共和国行业标准. JTJ 270—1998 水运工程混凝土试验规程[S]. 北京:人民交通出版社,1998.

[42] 中华人民共和国国家标准. GB 50021—2001 岩土工程勘察规范(2009 年版)[S]. 北京:中国建筑工业出版社,2009.

[43] 中华人民共和国铁道行业标准. TB 10424—2003 铁路混凝土与砌体工程施工质量验收规范. 北京:中国铁道出版社,2003.

[44] 中华人民共和国行业标准. TB 10002. 3—2005 铁路桥涵钢筋混凝土和预应力混凝土结构设计规范[S]. 北京:中国铁道出版社,2005.

[45] 中华人民共和国国家标准. GBJ 146—90 粉煤灰混凝土应用技术规范[S]. 北京:中国计划出版社,1991.

[46] 中华人民共和国国家标准. GB/T 208—1994 水泥密度测定方法. 北京:中国标准出版社,1994.

[47] 北京市混凝土协会. DBJ/T 01-64—2002　混凝土矿物掺和料应用技术规程[S]. 北京,2002.

[48] 中华人民共和国国家标准. GB/T 14902—2003　预拌混凝土[S]. 北京:中国标准出版社,2003.

[49] 中华人民共和国电力行业标准. DL/T 5100—1999　水工混凝土外加剂技术规程[S]. 北京:中国电力出版社,2001.

[50] 中华人民共和国行业标准. JTG F30—2003　公路水泥混凝土路面施工技术规范[S]. 北京:人民交通出版社,2003.

[51] 中华人民共和国行业标准. JTJ/T 037.1—2000　公路水泥混凝土路面滑模施工技术规程[S]. 北京:人民交通出版社,2000.

[52] 中华人民共和国国家标准. GB 50119—2003　混凝土外加剂应用技术规范[S]. 北京:中国建筑工业出版社,2003.

[53] 中华人民共和国黑色冶金行业标准. YB/T 9231—2009　钢筋阻锈剂应用技术规程[S]. 北京:冶金工业出版社,2010.

[54] 日本规范. JIS A6205 钢筋混凝土用防锈剂[S].

[55] 中华人民共和国交通行业标准. JT/T 523—2004　公路工程混凝土外加剂[S]. 北京:人民交通出版社,2004.

[56] 中华人民共和国电力行业标准. DL/T 5144—2001　水工混凝土施工规范[S]. 北京:中国电力出版社,2002.

[57] 中华人民共和国国家标准. GB/T 50107—2010　混凝土强度检验评定标准[S]. 北京:中国建筑工业出版社,2010.

[58] 中国工程建设标准化协会标准. CECS 104:99　高强混凝土结构技术规程[S]. 北京:中国计划出版社,2003.

[59] ISO/TC 71. ISO 4193—1979 混凝土按稠度的分级[S].

[60] 中华人民共和国国家标准. GB/T 9142—2000　混凝土搅拌机[S]. 北京:中国标准出版社,2000.

[61] 中华人民共和国国家标准. GB 50164—2011　混凝土质量控制标准[S]. 北京:中国建筑工业出版社,2012.

[62] 中国工程建设标准化协会标准. CECS 40:92　混凝土及预制混凝土构件质量控制规程[S]. 北京:中国计划出版社,1992.

[63] 中华人民共和国国家标准. GB/T 17671—1999　水泥胶砂强度检验方法(ISO 法)[S]. 北京:中国标准出版社,1999.

[64] 中华人民共和国行业标准. JTG E30—2005 公路工程水泥及水泥混凝土试验规程[S]. 北京:人民交通出版社,2005.
[65] 中华人民共和国国家标准. GB/T 14685—2011 建设用卵石碎石[S]. 北京:中国标准出版社,2011.
[66] 中华人民共和国建材行业标准. JC/T 738—2004 水泥强度快速检验方法[S]. 北京:中国建材工业出版社,2004.
[67] 交通部公路科学研究院. 公路工程水泥混凝土外加剂与掺和料应用技术指南[M]. 北京:人民交通出版社,2006.
[68] 吕忠达. 杭州湾跨海大桥专用技术规范[M]. 北京:人民交通出版社,2008.